干部公开选拔竞争上岗实务

Ganbu Gongkai Xuanba Jingzheng Shanggang Shiwu

李 海 ◎ 著

·广州·

版权所有　翻印必究

图书在版编目（CIP）数据

干部公开选拔竞争上岗实务/李海著．—广州：中山大学出版社，2017.3
ISBN 978-7-306-06021-1

Ⅰ．①干…　Ⅱ．①李…　Ⅲ．①国家行政机关—领导干部—招聘—工作—中国　Ⅳ．①D630.3

中国版本图书馆 CIP 数据核字（2017）第 048257 号

出版人：徐　劲
策划编辑：王　睿
责任编辑：王　睿
封面设计：林绵华
责任校对：李培红
责任技编：何雅涛
出版发行：中山大学出版社
电　　话：编辑部 020-84110283，84113349，84111997，84110779
　　　　　发行部 020-84111998，84111981，84111160
地　　址：广州市新港西路 135 号
邮　　编：510275　　　传　真：020-84036565
网　　址：http://www.zsup.com.cn　　E-mail：zdcbs@mail.sysu.edu.cn
印　刷　者：虎彩印艺股份有限公司
规　　格：787mm×1092mm　1/16　15.25 印张　293 千字
版次印次：2017 年 3 月第 1 版　2017 年 3 月第 1 次印刷
定　　价：35.00 元

如发现本书因印装质量影响阅读，请与出版社发行部联系调换

前　言

公开选拔、竞争上岗是党政领导干部选拔任用的方式之一。公开选拔面向社会进行，竞争上岗在本单位或者本系统内部进行。本书所指的干部公开选拔竞争上岗，是指政府有关部门、国有企事业单位、民营企业，面向社会或单位内部，采用公开报名、履历筛选、知识测试、能力测试、心理素质测评、面试、答辩、演讲、综合研判、民主测评、考察、试用、任命和签订聘用合同等方式，选拔党政领导干部、企事业单位中高层管理人员、优秀年轻干部、职业经理人、后备干部等优秀人才的方式。

该书是国内首本系统介绍干部公开选拔竞争上岗的实操类书籍，可助力各级领导选准用好干部，推进国企高管的市场化选聘，把信念坚定、为民服务、勤政务实、敢于担当、清正廉洁的好干部选出来，科学规范测试、测评，突出岗位特点，突出实绩竞争，注重能力素质和一贯表现，防止简单以分数取人。做到以事择人、依岗选人、人岗相适，使事业在优秀干部的推动下兴旺发达。助力提升选人用人的科学化水平，规范干部公开选拔竞争上岗，为拟参选干部提供科学指引，具有较强的实用价值。全书共分为我国干部公开选拔竞争上岗的回顾、干部公开选拔竞争上岗的基本流程、干部公开选拔竞争上岗的实施、干部招聘公开选拔竞争上岗支持系统和干部公开选拔竞争上岗的新方法新模式五个章节。

第一章，主要介绍我国干部公开选拔竞争上岗的起源和有关制度变迁与发展的情况，尽可能客观地向读者展示我国干部公开选拔竞争上岗开展的情况和取得的成效，以及存在的不足。由于干部工作非常严谨，政策性很强，因此本部分的研究全部引用中央已经上网公开的有关文件，以及人民网、新华网和各级人民政府网站上能够检索到的权威资料，向读者展示变迁情况。

第二章，主要介绍党政领导干部公开选拔竞争上岗的流程、国有企事业单位干部公开选拔竞争上岗、高潜优秀年轻干部竞争性选拔、后备干部竞争性选拔和职业经理人竞争性选拔常用的基本流程。

第三章，主要介绍干部公开选拔竞争上岗的具体实施过程。从报名、筛选、履历分析、知识测试、能力测试、面试、小组讨论、综合研判、民主测评、考察、任命等全流程进行详细介绍，该章节也是本书的重点。在该章节中，作者还引入了精益化管理的理念，具有较强的实用价值和可操作性，可以用作实操的工作指南。

第四章，主要介绍干部招聘公开选拔竞争上岗支持系统的功能和开发经验，为从事干部公开选拔竞争上岗的同仁开发此类系统提供一定的参考。

第五章，主要介绍美国高级公务员选拔，美国 GE、Google 公司人才选拔的一些前沿做法，以及大数据和人工智能在干部公开选拔竞争上岗运用的前景展望、改进和创新竞争性选拔干部办法探讨等，为读者提供工作思路和参考。

本书作者自 2005 年以来，一直在央企从事干部公开选拔竞争上岗和人才评价工作，积累了较为丰富的干部公开选拔竞争上岗的理论和实践经验，所参与的干部管理公开选拔竞争上岗方面制度的制定得到了中央组织部的肯定，所负责开发的心理素质测评系统、领导力评价发展 E 化平台、纸质数据采集系统和干部招聘系统等均取得了较好成效，在业内具有一定的领先性和独创性。2015 年，中央组织部干部考试中心曾专门到作者单位进行调研，给予了肯定。其所参与的历次公开选拔竞争上岗所选拔的中高层管理人员、优秀年轻干部等均有较好表现，较好体现了选拔的客观、公正、科学性，具有较高的信度和效度，得到了干部群众和领导的认可。该书详细介绍了干部公开选拔竞争上岗的全部具体操作流程，同时附上了可在实际工作中直接使用的大量实操模板。可为政府机关、中央企业、国有企事业单位开展干部公开选拔竞争上岗提供具体参考；助力推进国企高管的市场化选聘；可以作为干部公开选拔竞争上岗的工具书和作业指导书；拟参与干部公开选拔竞争上岗的同志，可以该书做应聘复习参考用书使用，以更好地展现自己的才华。

作者在撰写该书时，严格遵守《中华人民共和国保守国家秘密法实施条例》及所在单位的保密规定，对书中所有材料进行了仔细鉴别和甄选。严格按照现行的《党政领导干部选拔任用工作条例》，坚持党管干部、党管人才原则进行撰写。该书的出版，凝结了作者多年的工作和研究成果，希望该书能够为进一步规范和促进我国干部公开选拔竞争上岗工作的发展，提升我国选人用人的科学化水平贡献力量。

目　　录

第一章　我国干部公开选拔竞争上岗的回顾 ……………………… 1
　一、干部公开选拔竞争上岗的起源 ………………………………… 1
　二、新中国成立以来我国干部公开选拔竞争上岗的发展情况 …… 2
　三、本章小结 ……………………………………………………… 25

第二章　干部公开选拔竞争上岗的基本流程 ………………………… 29
　一、党政领导干部公开选拔竞争上岗基本流程 ………………… 29
　二、国有企业事业单位公开选拔竞争上岗基本流程 …………… 33
　三、高潜优秀年轻干部竞争性选拔 ……………………………… 42
　四、后备干部竞争性选拔 ………………………………………… 42
　五、职业经理人竞争性选拔 ……………………………………… 44
　六、本章小结 ……………………………………………………… 55

第三章　干部公开选拔竞争上岗的实施 ……………………………… 56
　一、选聘方案编制 ………………………………………………… 56
　二、选聘模型建立 ………………………………………………… 74
　三、发布公告 ……………………………………………………… 102
　四、报名组织和答疑 ……………………………………………… 119
　五、履历筛选和分析 ……………………………………………… 122
　六、组织命题 ……………………………………………………… 128
　七、组织开展知识和能力笔试 …………………………………… 179
　八、心理素质测试 ………………………………………………… 184
　九、组织开展面试 ………………………………………………… 188
　十、汇总计算总成绩，编制相关测评报告 ……………………… 196
　十一、综合研判各阶段人选 ……………………………………… 198
　十二、开展民主推荐、测评、考察、外调，研究提出人选方案 ……… 201

十三、党委（党组）讨论决定 ……………………………… 204
　　十四、履行任职手续 …………………………………………… 204
　　十五、文书档案整理 …………………………………………… 205
　　十六、本章小结 ………………………………………………… 205

第四章　干部招聘公开选拔竞争上岗支持系统 ……………… 206
　　一、建设目的 …………………………………………………… 206
　　二、建设思路 …………………………………………………… 206
　　三、主要功能 …………………………………………………… 207
　　四、主要模块 …………………………………………………… 209
　　五、系统开发 …………………………………………………… 213
　　六、发展方向 …………………………………………………… 214
　　七、本章小结 …………………………………………………… 215

第五章　干部公开选拔竞争上岗的新方法新模式 …………… 216
　　一、美国高级公务员选拔 ……………………………………… 216
　　二、美国 GE 公司人才选拔 …………………………………… 219
　　三、美国谷歌公司人才选拔 …………………………………… 224
　　四、大数据和人工智能运用 …………………………………… 228
　　五、改进和创新竞争性选拔干部办法 ………………………… 230
　　六、本章小结 …………………………………………………… 236

后　　记 ………………………………………………………… 237

第一章
我国干部公开选拔竞争上岗的回顾

组织选拔任用干部和公开选拔竞争上岗选拔干部是当前我国党政机关、国有企事业单位选拔任用干部的两种最主要的方式。公开选拔竞争上岗选拔干部，在我国拥有悠久的历史发展过程。

一、干部公开选拔竞争上岗的起源

中国干部的选拔方式，从发展历史上看，有原始竞选制、贵族世袭制、察举制、贡举制、保举制、九品中正制、科举制、任命制、组织推举制、民主推选制、公推公选制、提名酝酿制、票决制、聘任制、任期制、公开招聘制、合同协议制、竞争上岗制、委任制、选任制等多种形式。但长期占主导地位的还是科举制和任命制两种。当前的主流研究认为，我国干部公开选拔竞争上岗的起源，主要来源于隋唐开始的"科举制"，科举制也是全世界人才选拔的鼻祖。中国的科举制从隋唐开始实行，直至清光绪三十一年（1905年）举行最后一科进士考试为止，前后经历一千三百余年，成为世界延续时间最长的选拔人才的办法。对中国在内的汉文化圈诸多国家，以及西欧国家启蒙影响深远。科举制极大程度地改善了之前的用人制度，彻底打破血缘世袭关系和世族的垄断。"朝为田舍郎，暮登天子堂"，使得部分社会中下层有能力的读书人进入社会上层，获得施展才智的机会。但科举制后期从内容到形式严重束缚了应考者，使许多知识分子不讲求实际学问。后期科举考试的内容主要是八股文，而八股文主要测试的内容是经义，《诗》《书》《礼》《易》《春秋》，从五经里选择一定的题目来进行写作，导致当时的读书人，一门心思地扑在八股文上，只有八股文章才能敲开科举考试的大门，严重束缚思想，制约了科学技术的发展。

中国文明源远流长，早在100年前，中国民主革命先行者孙中山先生指出"现在各国的制度，差不多都是学英国的。穷流溯源，英国的考试制度原来还是从中国学的。"1853年，英国王室任命查理·特罗维廉和斯坦福·诺斯科特两位爵士，负责英国文官制度的改革和方案草拟，他们向国会提交了《关于建立英国常任文官制度的报告》，报告中的主要观点就是建议学习、实行中国的科举制度，通过公开、竞争性的考试手段来招聘官员。英国通过公开、竞争性的考试手段来招聘官员的方式一直延续至今，成为发达国家招聘官员的一种主要方式，其核心就是把这一中国人发明的选拔人才方式进行了改造。中国传统的科举考试内容在千百年来以四书五经等儒家经典为必考科目，呆板、重复、单调，固化了国人的创造性思维。而西方不同，结合当时时代的需要，招聘选拔人才的考试内容丰富而又科学，智力水平、知识结构、实用技能、心理素质等等统统纳入考试的内容，而不仅仅是书本上死记硬背的东西。在英国，常任文官实行公开竞考、择优录取的原则，这同时也是西方国家文官制度中最具代表性的原则之一。文官选拔考试的一般形式包括笔试、口试以及实际操作考试等等。考试分两轮，首轮考试一般多采用笔试，复试则按所招文官的职位、类别的不同，采取相对灵活的录取方式。文官一经录用，非经法定事由或辞职，即可任职终身。不过英国的行政学专家一般都不主张用考试的方法来决定文职人员的升迁。因为实践证明，服务多年的人，其考核成绩一般都不如刚从学校毕业出来人员，而文职人员如把全部精力都放在应付升级的考试上，就很难专心从事他们所服务的工作。

中国科举制度延续一千多年，其产生的影响是极为重大而深远的，不管是利是弊，其不仅仅是对中国，对欧美国家也产生不可磨灭的影响，而且影响了全球用人观，也间接影响到了当前我国干部公开选拔竞争上岗的一些相关组织和选拔模式。对于科举制度，弃其糟粕、取其精华，其预防作弊、规范评分标准等的一些具体做法，已经经过了一千多年的实践检验，证明还是有很强的借鉴参考价值。

二、新中国成立以来我国干部公开选拔竞争上岗的发展情况

在目前的政治体制下，我国坚持的是"党管干部、党管人才"的原则。该原则是中国共产党长期坚持的一项重要原则，是党的组织路线为政治路线服务的一项有力保障，是巩固党的执政地位的一个重要保证，是党和国家干部管理制度的根本原则。我国干部公开选拔竞争上岗在不同的历史时期，有不同的内涵。我国干部公开选拔竞争上岗的发展，与我们党的方针政策高度相关。为此，笔者收集查阅了党的十一届三中全会以来历次中国共产党全国代表大会公告，并进行了分析研究，希望能够给大家一个系统的展示。

（一）干部公开选拔竞争上岗的四个发展阶段

1. 干部公开选拔竞争上岗的"破冰"阶段

笔者通过研究认为，党的十一届三中全会在开启中国全面改革开放新篇章的同时，也开启了我国干部公开选拔竞争上岗的新起点。

1978年12月，中国共产党第十一届中央委员会第三次全体会议，提出应该在党的一元化领导之下，认真解决党政企不分、以党代政、以政代企的问题，实行分级分工分人负责，加强管理机构和管理人员的权限和责任，减少会议公文，提高工作效率，认真实行考核、奖惩、升降等制度。会议认为，过去那种脱离党和群众的监督，设立专案机构审查干部的方式，弊病极大，必须永远废止。会议高度评价了关于实践是检验真理的唯一标准问题的讨论，认为这对于促进全党同志和全国人民解放思想，端正思想路线，具有深远的历史意义。会议同时指出，一个党，一个国家，一个民族，如果一切从本本出发，思想僵化，那它就不能前进，它的生机就停止了，就要亡党亡国。

废除干部终身制，为干部公开选拔竞争上岗奠定了基础。新中国成立以来一直到20世纪80年代，我国干部选拔基本上属组织选拔方式，多采用上级组织委任制的方式进行，部分高级领导岗位甚至存在终身制的情况。1980年8月18日，邓小平同志在中央政治局扩大会议所做的题为《党和国家领导制度的改革》中提出，干部领导职务终身制等各种弊端必须改革。1982年2月，《中共中央关于建立老干部退休制度的决定》（以下简称《决定》）出台。该决定指出，建立老干部离休退休和退居二线的制度，妥善解决新老干部适当交替的问题，是一次干部制度方面的深刻改革，是关系我们党兴旺发达，国家长治久安，社会主义现代化建设事业顺利实现的具有战略意义的重大决策。《决定》规定，担任中央及国家机关部长、副部长，一般不超过65岁，副职一般不超过60岁；担任司局长一级的干部一般不超过60岁。离休、退休的老干部政治待遇不变，生活待遇还要略为从优。随后不久，作为具体配套政策措施的《国务院关于老干部离职休养制度的几项规定》发布。自此，我国开始建立了干部退休制度，其直接结果是，大批老干部离退休或退居二线，大批年轻干部迅速崭露头角，也自此掀起了我国干部选拔制度改革的序幕。

2. 干部公开选拔竞争上岗的"融冰"阶段

笔者通过研究认为，在中国共产党第十二次全国代表大会到中国共产党第十六次全国代表大会之前，为我国干部公开选拔竞争上岗的起步阶段，在这一时期，干部公开选拔竞争上岗开始在国家层面提出，并在各地开始逐步发展和试点。

1982年9月，中国共产党第十二次全国代表大会提出，要加强中等职业教育和高等教育，发展包括干部教育、职工教育、农民教育、扫除文盲在内的城乡各级各类教育事业，培养各种专业人才，提高全民族的科学文化水平。

1987年10月，中国共产党第十三次全国代表大会，提出改革干部人事制度。要对"国家干部"进行合理分解，改变集中统一管理的现状，建立科学的分类管理体制；改变用党政干部的单一模式管理所有人员的现状，形成各具特色的管理制度；改变缺乏民主法制的现状，实现干部人事的依法管理和公开监督。提出建立国家公务员制度，即制定法律和规章，对政府中行使国家行政权力、执行国家公务的人员，依法进行科学管理。国家公务员分为政务和业务两类：①政务类公务员必须严格依照宪法和组织法进行管理，实行任期制，并接受社会的公开监督。党中央和地方各级党委，依照法定程序向全国人民代表大会推荐各级政务类公务员的候选人，监督管理政务类公务员中的共产党员。②业务类公务员按照国家公务员法进行管理，实行常任制。凡进入业务类公务员队伍，应当通过法定考试，公开竞争。他们的岗位职责有明确规范，对他们的考核依法定的标准和程序进行；他们的升降奖惩应以工作实绩为主要依据；他们的培训、工资、福利和退休的权利由法律保障。在提出建立国家公务员制度的同时，还要按照党政分开、政企分开和管人与管事既紧密结合又合理制约的原则，对各类人员实行分类管理，主要有：党组织的领导人员和机关工作人员，由各级党委管理；国家权力机关、审判机关和检察机关的领导人员和工作人员，建立类似国家公务员的制度进行管理；群众团体的领导人员和工作人员、企事业单位的管理人员，原则上由所在组织或单位依照各自的章程或条例进行管理。提出无论实行哪种管理制度，都要贯彻和体现注重实绩、鼓励竞争、民主监督、公开监督的原则。竞争机制引入企业管理，为优秀企业家和各种专门人才的脱颖而出创造了前所未有的条件，已经并将继续引起企业人事制度的一系列变化。应当适应这种形势，不断总结实践经验，使新的企业人事制度建立和完善起来。竞争机制还应当引入对其他专业人员的管理。各行各业，都要按照各种人才成长的不同规律，形成各具特色的管理方式和制度，使各种"专家"和"事业家"能够成批涌现并且迅速成长为各方面的骨干和中坚力量。党内党外，都要创造人员能合理流动、职业有选择余地的社会条件，破除论资排辈等压抑进取心和创造性的陈腐观念。这样，人尽其才，各展所长，大家都有奔头，增强党和国家机关以及全社会的生机和活力就有了希望。

1992年10月，中国共产党第十四次全国代表大会，提出我们党强调必须以正确的组织路线来保证正确的思想路线和政治路线的实现。加强领导班子建设，培养社会主义事业接班人。衡量干部的德和才，主要看其在执行党的基本路线中的表现。对坚决执行党的基本路线，有高度革命事业心和为人民服务的强烈责任感，在改革开放和现代化建设中政绩突出、群众信任的干部，要委以重任；对不负责任、不胜任现职甚至以权谋私干部，要果断地调整下来；对个人主义严重、伸手要官的人，决不能提拔重用。选拔任用干部要发扬民主，走群众路线，严格按规定程序办事，坚决防止和纠正用人问题上的不正之风。选拔大批优秀年轻干部进入各级领导班子，是当前一项紧迫而又重要的任务。要打破论资排辈、求全责备等陈旧观念，放开视野，拓宽渠道。对青年干部要热情爱护，严格要求。重视培养选拔妇女干部和少数民族干部。坚持实行干部交流。认真执行干部离退休制度，继续推进新老干部的交替与合作。

1997年9月，中国共产党第十五次全国代表大会，提出深化人事制度改革，引入竞争激励机制，完善公务员制度，建设一支高素质的专业化国家行政管理干部队伍。会议指出，按照革命化、年轻化、知识化、专业化方针，建设一支适应社会主义现代化建设需要的高素质干部队伍，是我们的事业不断取得成功的关键。要以思想政治建设为重点，把各级领导班子建设成为坚决贯彻党的基本理论和基本路线、全心全意为人民服务、具有领导现代化建设能力、团结坚强的领导集体。加快干部制度改革步伐，扩大民主、完善考核、推进交流、加强监督，使优秀人才脱颖而出，尤其要在干部能上能下方面取得明显进展。选拔干部，必须全面贯彻德才兼备原则，坚持任人唯贤，反对任人唯亲，防止和纠正用人上的不正之风。要把群众公认的坚决执行党的路线、实绩突出、清正廉洁的干部及时选拔到领导岗位上来；那些背离党的路线的人，那些贪图私利、弄虚作假、跑官要官的人，决不能进入领导班子。培养和选拔大批能够跨世纪担当重任的优秀年轻干部，是一项战略任务，必须抓紧做好。要重视培养和选拔妇女干部、少数民族干部和非党员干部。完善干部离退休制度，更好地从政治上关心、生活上照顾老干部，发挥他们的作用。

3. 干部公开选拔竞争上岗的"发展"阶段

从笔者自身的体验和研究的情况看，中国共产党第十六次全国代表大会至第十八次全国代表大会前的一段时间，是我国干部公开选拔竞争上岗全面发展的时期。

2002年11月，中国共产党第十六次全国代表大会，提出深化干部人事制度改革，努力形成广纳群贤、人尽其才、能上能下、充满活力的用人机制，把优秀人才集聚到党和国家的各项事业中来。打破选人用人中论资排辈的观念和做法，促进人才合理流动，积极营造各方面优秀人才脱颖而出的良好环境。建立结构合理、配置科学、程序严密、制约有效的权力运行机制，从决策和执行等环节加强对权力的监督，保证把人民赋予的权力真正用来为人民谋利益。

2004年9月，中国共产党第十六届中央委员会第四次全体会议，提出深化干部人事制度改革，建设一支善于治国理政的高素质干部队伍。坚持党管干部的原则，全面贯彻革命化、年轻化、知识化、专业化的方针。坚持德才兼备、注重实绩、群众公认，坚持任人唯贤、公道正派，把那些政治上靠得住、工作上有本事、作风上过得硬的干部选拔到各级领导岗位上来。继续推行和完善民主推荐、民主测评、差额考察、任前公示、公开选拔、竞争上岗、全委会投票表决、党政领导干部辞职等制度。加大干部交流力度，进一步落实和完善领导干部任职回避制度。抓紧制定体现科学发展观和正确政绩观要求的干部实绩考核评价标准，完善职务和职级相结合的制度，实行党政领导干部职务任期制度，健全公务员制度。完善党内选举制度，改进候选人提名方式，适当扩大差额推荐和差额选举的范围和比例。严格控制选任制领导干部任期内的职务变动。大力培养选拔优秀年轻干部，特别要培养选拔胜任重要岗位的年轻干部。注重培养选拔妇女干部和少数民族干部。有计划地组织和安排干部到艰苦地区、复杂环境和基层一线经受锻炼和考验。实施人才强国战略，贯彻党管人才原则，坚持党政人才、企业经营管理人才和专业技术人才三支队伍一起抓，把各方面优秀人才集聚到党和国家的各项事业中来。

2007年10月，中国共产党第十七次全国代表大会，提出推行地方党委讨论决定重大问题和任用重要干部票决制。不断深化干部人事制度改革，着力造就高素质干部队伍和人才队伍。坚持党管干部原则，坚持民主、公开、竞争、择优，形成干部选拔任用科学机制。规范干部任用提名制度，完善体现科学发展观和正确政绩观要求的干部考核评价体系，完善公开选拔、竞争上岗、差额选举办法。扩大干部工作民主，增强民主推荐、民主测评的科学性和真实性。加强干部选拔任用工作全过程监督。健全领导干部职务任期、回避、交流制度，完善公务员制度。健全干部双重管理体制。推进国有企业和事业单位人事制度改革，完善适合国有企业特点的领导人员管理办法。坚持正确用人导向，按照德才兼备、注重实绩、群众公认原则选拔干部，提高选人用人公信度。加大培养选拔优秀年轻干部力度，鼓励年轻干部到基层和艰苦地区锻炼成长，提高年轻干部的马克思主义理论素养和政治素质。重视培养选拔女干部、少数民族干部。格外关注长期在条件艰苦、工作困难地方努力工作的干部，注意从基层和生产一线选拔优秀干部充实各级党政领导机关。

2009年9月，中国共产党第十七届中央委员会第四次全体会议，提出深化干部人事制度改革，建设善于推动科学发展、促进社会和谐的高素质干部队伍。坚持民主、公开、竞争、择优，提高选人用人公信度，形成充满活力的选人用人机制，促进优秀人才脱颖而出，是培养造就高素质干部队伍的关键。必须坚持党管干部原则，全面贯彻干部队伍革命化、年轻化、知识化、专业化方针，坚持五湖四海，拓宽视野选拔干部，广辟途径培养干部，满腔热情爱护干部，严格要求管理干部，把各方面优秀人才集聚到党和国家事业中来。坚持德才兼备、以德为先的用人标准。把干部的德放在首要位置，是保持马克思主义执政党先进性和纯洁性的根本要求和重要保证。选拔任用干部既要看才更要看德，把政治上靠得住、工作上有本事、作风上过得硬、人民群众信得过的干部选拔上来。从政治品质和道德品行等方面完善干部德的评价标准，重点看是否忠于党、忠于国家、忠于人民，是否确立正确的世界观、权力观、事业观，是否真抓实干、敢于负责、锐意进取，是否作风正派、清正廉洁、情趣健康。注重从履行岗位职责、完成急难险重任务、关键时刻表现、对待个人名利等方面考察干部的德。坚持正确用人导向，使选拔出来的干部组织放心、群众满意，让能干事者有机会、干成事者有舞台，不让老实人吃亏，不让投机钻营者得利。完善干部选拔任用机制。扩大选人用人民主，建立健全主体清晰、程序科学、责任明确的干部选拔任用提名制度。正确分析和运用民主推荐、民主测评结果，增强科学性和真实性。鼓励多种渠道推荐干部，广开举贤荐能之路，拓宽党政干部选拔来源。健全干部考察制度，完善考察标准，落实领导干部任用延伸考察办法，增强考察准确性。完善公开选拔、竞争上岗等竞争性选拔干部方式，突出岗位特点，注重能力实绩。完善差额选拔干部办法，推行差额推荐、考察、酝酿。扩大干部工作信息公开，健全干部选拔任用监督机制和干部选拔任用责任追究制度。坚持党管人才，创新人才工作体制机制，增强人才资源配置机制活力，完善人才培养、吸引、使用、评价、激励办法，以高层次人才、高技能人才为重点统筹抓好各类人才队伍建设。匡正选人用人风气，坚决整治跑官要官、买官卖官、拉票贿选等问题。培养造就大批优秀年轻干部。源源不断培养大批优秀年轻干部是关系党和国家事业的根本大计。加大培养选拔优秀年轻干部力度，重点加强年轻干部党性修养和实践锻炼，使他们切实做到忠诚党的事业、心系人民群众、专心做好工作、不断完善自己。鼓励年轻干部到基层工作，有计划安排年轻干部到艰苦地区、复杂环境和关键岗位砥砺品质，锤炼作风，增长才干。建立来自基层一线党政领导干部培养选拔链，大力选拔经过艰苦复杂环境磨炼和重大斗争考验、实践证明优秀和有培养前途的年轻干部，扎实抓好后备干部队伍建设。

根据2011年9月6日《人民日报》（海外版）报道，自2007年10月党的十七大以来，全国通过公开选拔、竞争上岗方式选拔厅局级以下干部23.4万名，科学化水平显著提高。全国组织工作满意度民意调查也显示，公开选拔、竞争上岗连续3年被干部群众评为最有成效的干部人事制度改革举措。

4. 干部公开选拔竞争上岗的"规范"阶段

从笔者自身的体验和研究的情况看，中国共产党第十八次全国代表大会至今，是我国干部公开选拔竞争上岗进一步规范和完善发展的时期。

2012年11月，中国共产党第十八次全国代表大会，提出深化干部人事制度改革，建设高素质执政骨干队伍。会议指出，坚持和发展中国特色社会主义，关键在于建设一支政治坚定、能力过硬、作风优良、奋发有为的执政骨干队伍。要坚持党管干部原则，坚持五湖四海、任人唯贤，坚持德才兼备、以德为先，坚持注重实绩、群众公认，深化干部人事制度改革，使各方面优秀干部充分涌现、各尽其能、才尽其用。全面准确贯彻民主、公开、竞争、择优方针，扩大干部工作民主，提高民主质量，完善竞争性选拔干部方式，提高选人用人公信度，不让老实人吃亏，不让投机钻营者得利。完善干部考核评价机制，促进领导干部树立正确政绩观。健全干部管理体制，从严管理监督干部，加强党政正职、关键岗位干部培养选拔，完善公务员制度。优化领导班子配备和干部队伍结构，注重从基层一线培养选拔干部，拓宽社会优秀人才进入党政干部队伍渠道。推进国有企业和事业单位人事制度改革。加强和改进干部教育培训，提高干部素质和能力。加大培养选拔优秀年轻干部力度，重视培养选拔妇女干部和少数民族干部，鼓励年轻干部到基层和艰苦地区锻炼成长。全面做好离退休干部工作。坚持党管人才原则，把各方面优秀人才集聚到党和国家事业中来。广开进贤之路，广纳天下英才，是保证党和人民事业发展的根本之举。要尊重劳动、尊重知识、尊重人才、尊重创造，加快确立人才优先发展战略布局，造就规模宏大、素质优良的人才队伍，推动我国由人才大国迈向人才强国。统筹推进各类人才队伍建设，实施重大人才工程，加大创新创业人才培养支持力度，重视实用人才培养，引导人才向科研生产一线流动。充分开发利用国内国际人才资源，积极引进和用好海外人才。加快人才发展体制机制改革和政策创新，建立国家荣誉制度，形成激发人才创造活力、具有国际竞争力的人才制度优势，开创人人皆可成才、人人尽展其才的生动局面。

2013年11月，中国共产党第十八届中央委员会第三次全体会议，提出全面深化改革，需要有力的组织保证和人才支撑。坚持党管干部原则，深化干部人事制度改革，构建有效管用、简便易行的选人用人机制，使各方面优秀干部充分涌现。发挥党组织领导和把关作用，强化党委（党组）、分管领导和组织部门在干部选拔任用中的权重和干部考察识别的责任，改革和完善干部考核评价制度，改进竞争性选拔干部办法，改进优秀年轻干部培养选拔机制，区分实施选任制和委任制干部选拔方式，坚决纠正唯票取人、唯分取人等现象，用好各年龄段干部，真正把信念坚定、为民服务、勤政务实、敢于担当、清正廉洁的好干部选拔出来（见图1-1）。打破干部部门化，拓宽选人视野和渠道，加强干部跨条块、跨领域交流。破除"官本位"观念，推进干部能上能下、能进能出。完善和落实领导干部问责制，完善从严管理干部队伍制度体系。深化公务员分类改革，推行公务员职务与职级并行、职级与待遇挂钩制度，加快建立专业技术类、行政执法类公务员和聘任人员管理制度。完善基层公务员录用制度，在艰苦边远地区适当降低进入门槛。建立集聚人才体制机制，择天下英才而用之。打破体制壁垒，扫除身份障碍，让人人都有成长成才、脱颖而出的通道，让各类人才都有施展才华的广阔天地。完善党政机关、企事业单位、社会各方面人才顺畅流动的制度体系。健全人才向基层流动、向艰苦地区和岗位流动、在一线创业的激励机制。加快形成具有国际竞争力的人才制度优势，完善人才评价机制，增强人才政策开放度，广泛吸引境外优秀人才回国或来华创业发展。

图1-1　好干部标准

中国共产党第十八届中央委员会第三次全体会议，提出推动国有企业完善现代企业制度。国有企业属于全民所有，是推进国家现代化、保障人民共同利益的重要力量。国有企业总体上已经同市场经济相融合，必须适应市场化、国际化新形势，以规范经营决策、资产保值增值、公平参与竞争、提高企业效率、增强企业活力、承担社会责任为重点，进一步深化国有企业改革。准确界定不同国有企业功能。国有资本加大对公益性企业的投入，在提供公共服务方面做出更大贡献。国有资本继续控股经营的自然垄断行业，实行以政企分开、政资分开、特许经营、政府监管为主要内容的改革，根据不同行业特点实行网运分开、放开竞争性业务，推进公共资源配置市场化。进一步破除各种形式的行政垄断。健全协调运转、有效制衡的公司法人治理结构。建立职业经理人制度，更好地发挥企业家作用。深化企业内部管理人员能上能下、员工能进能出、收入能增能减的制度改革。建立长效激励约束机制，强化国有企业经营投资责任追究，探索推进国有企业财务预算等重大信息公开措施。国有企业要合理增加市场化选聘比例，合理确定并严格规范国有企业管理人员薪酬水平、职务待遇、职务消费、业务消费。

2015年10月，中国共产党第十八届中央委员会第五次全体会议，提出提高党员干部法治思维和依法办事能力，把法治建设成效作为衡量各级领导班子和领导干部工作实绩重要内容纳入政绩考核指标体系，把能不能遵守法律、依法办事作为考察干部的重要内容。

2016年10月，中国共产党第十八届中央委员会第六次全体会议，审议通过了《关于新形势下党内政治生活的若干准则》和《中国共产党党内监督条例》，会议提出，坚持正确选人用人导向，是严肃党内政治生活的组织保证。选拔任用干部必须坚持德才兼备、以德为先，坚持五湖四海、任人唯贤，坚持信念坚定、为民服务、勤政务实、敢于担当、清正廉洁的好干部标准。党的各级组织必须自觉防范和纠正用人上的不正之风和种种偏向。党的各级组织要旗帜鲜明为敢于担当的干部担当，为敢于负责的干部负责。坚决禁止跑官要官、买官卖官、拉票贿选等行为，坚决禁止向党伸手要职务、要名誉、要待遇行为，坚决禁止向党组织讨价还价、不服从组织决定的行为。

（二）中国共产党几代领导人关于干部选拔的有关讲话精神

我们党长期坚持任人唯贤的干部路线和德才兼备的干部标准，不同历史时期，对干部德才的具体要求又有所不同。1937年，毛泽东同志提出党的干部应该具有的"性格和作风"，实际上是对干部标准的初步论述。之后，毛泽东同志还提出了"才德兼备""又红又专"等标准；邓小平同志提出了干部队伍方针；江泽民同志提出了"以德治国"重要思想，要求领导干部要讲学习、讲政治、讲正气；胡锦涛同志强调选人用人要坚持德才兼备、以德为先，培养造就一支政治上靠得住、工作上有本事、作风上过得硬、人民群众信得过的干部队伍。

党的十八大以来，习近平总书记坚持和运用马克思主义立场观点方法，围绕培养选拔党和人民需要的好干部这条主线，提出一系列选人用人的新思想、新观点、新要求，丰富和发展了党的干部路线，形成具有鲜明时代特色的选人用人思想。如着眼于我们党正在进行的具有许多新的历史特点的伟大斗争、实现"两个一百年"奋斗目标和中华民族伟大复兴的中国梦，提出好干部"二十字"标准，即信念坚定、为民服务、勤政务实、敢于担当、清正廉洁；同时，又向各级领导干部提出"严以修身、严以用权、严以律己，谋事要实、创业要实、做人要实"的作风要求（见图1-2），强调县委书记要做到"心中有党、心中有民、心中有责、心中有戒"。习近平总书记多次强调，优化干部成长路径事关干部队伍的良性发展，并深刻指出："好干部不会自然而然产生。成长为一个好干部，一靠自身努力，二靠组织培养。"

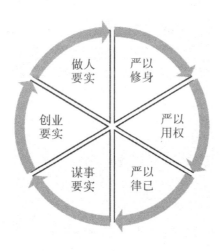

图1-2 三严三实

习近平总书记对干部工作以及干部的公开选拔竞争上岗工作一直以来高度重视，十分关心。习近平总书记关于干部要求的讲话较多，根据笔者的学习，涉及干部公开选拔竞争上岗的讲话，最重要的一次是在2013年6月参加全国组织工作会议上所做的讲话，是指导当前干部公开选拔竞争上岗的一次纲领性的讲话。根据新华网在2013年6月29日的报道，习近平总书记在全国组织工作会议上强调："面对复杂多变的国际形势和艰巨繁重的国内改革发展任务，实现党的十八大确定的各项目标任务，进行具有许多新的历史特点的伟大斗争，关键在党，关键在人。关键在党，就要确保党在发展中国特色社会主义历史进程中始终成为坚强领导核心。关键在人，就要建设一支宏大的高素质干部队伍。"习近平指出，用一贤人则群贤毕至，见贤思齐就蔚然成风。选什么人就是风向标，就有什么样的干部作风，乃至就有什么样的党风。各级党委及组织部门要坚持党管干部原则，坚持正确用人导向，坚持德才兼备、以德为先，努力做到选贤任能、用当其时，知人善任、人尽其才，把好干部及时发现出来、合理使用起来。要坚持全面、历史、辩证地看干部，注重一贯表现和全部工作。要改进考核方法手段，既看发展又看基础，既看显绩又看潜绩，把民生改善、社会进步、生态效益等指标和实绩作为重要考核内容，再也不能简单地以国内生产总值增长率来论英雄了。要树立强烈的人才意识，寻觅人才求贤若渴，发现人才如获至宝，举荐人才不拘一格，使用人才各尽其能。习近平指出，把好干部选用起来，需要科学有效的选人用人机制。要紧密结合干部工作实际，认真总结，深入研究，不断改进，努力形成系统完备、科学规范、有效管用、简便易行的制度机制。要特别注意研究新情况新问题；要把加强党的领导和充分发扬民主结合起来，发挥党组织在干部选拔任用工作中的领导和把关作用；要完善工作机制，推进干部工作公开，坚决制止简单以票取人的做法，确保民主推荐、民主测评风清气正。习近平强调，培养选拔年轻干部，事关党的事业薪火相传，事关国家长治久安。加强和改进年轻干部工作，要下大气力抓好培养工作。对那些看得准、有潜力、有发展前途的年轻干部，要敢于给他们压担子，有计划安排他们去经受锻炼。在 2013 年 6 月的全国组织工作会议上，习近平总书记一针见血地指出了一段时期干部工作中出现的"四唯"（唯票、唯分、唯生产总值、唯年龄取人）问题的要害。就解决唯票问题，习近平总书记指出，推荐票只能作为用人的重要参考，不能作为用人的唯一依据。领导班子、分管领导和组织部门最了解干部的德才和实绩，他们在推荐干部方面的权重应该适当加强。就解决唯分问题，习近平总书记指出，公开选拔和竞争上岗的范围和规模要合理，不宜硬性规定竞争性选拔比例，更不能搞什么"凡提必竞"。

习近平总书记在庆祝中国共产党成立 95 周年大会上的讲话中强调，选用干部要坚持事业为上。2016 年 10 月，在全国国有企业党的建设工作会议上，习近平总书记强调国有企业领导人员是党在经济领域的执政骨干，是治国理政复合型人才的重要来源，肩负着经营管理国有资产、实现保值增值的重要责任。国有企业领导人员必须做到对党忠诚、勇于创新、治企有方、兴企有为、清正廉洁。国有企业领导人员要坚定信念、任事担当，牢记自己的第一职责是为党工作，牢固树立政治意识、大局意识、核心意识、看齐意识，把爱党、忧党、兴党、护党落实到经营管理各项工作中，见图 1-3。

图1-3 国有企业领导人的要求

（三）干部公开选拔竞争上岗的制度和文件规定的发展变化

我国干部公开选拔竞争上岗的相关制度和文件规定的发展经历了一个不断丰富和完善的过程，主要有党的十六大和十七大期间印发的相关规定，以及党的十八期间的相关规定和配套文件。

1. 党的十八大前的相关规定和文件

（1）《党政领导干部选拔任用工作条例》（2002年版）。1995年，中共中央颁布了《党政领导干部选拔任用工作暂行条例》；2002年，中共中央又颁布了《党政领导干部选拔任用工作条例》（2002年版），该条例共13章74条，是党的十八大以前我国干部管理工作的核心制度，文件规定选拔任用党政领导干部，必须坚持下列原则："（一）党管干部原则；（二）任人唯贤、德才兼备原则；（三）群众公认、注重实绩原则；（四）公开、平等、竞争、择优原则；（五）民主集中制原则；（六）依法办事原则。"该条例列出了专门章节对干部公开选拔竞争上岗进行了规定。明确公开选拔、竞争上岗是党政领导干部选拔任用的方式之一。公开选拔、竞争上岗主要适用于选拔任用地方党委、政府工作部门的领导成员或者其人选，党政机关内设机构的领导成员或者其人选，以及其他适于公开选拔、竞争上岗的领导职务。公开选拔面向社会进行，竞争上岗在本单位或者本系统内部进行。报名参加公开选拔、竞争上岗人员的基本条件和资格，应当符合党政领导干部应当具备的基本条件，提拔担任党政领导职务的，应当具备相应的资格条件。公开选拔、竞争上岗工作在党委（党组）领导下进行，由组织（人事）部门组织实施，应当经过下列程序："（一）公布职位、报考人员的资格条件、基本程序和方法等；（二）报名与资格审查；（三）统一考试（竞争上岗须进行民主测评）；（四）组织考察，研究提出人选方案；（五）党委（党组）讨论决定。"

（2）《公开选拔党政领导干部工作暂行规定》《党政机关竞争上岗工作暂行规定》。2004年4月8日，中共中央办公厅关于印发公开选拔党政领导干部工作暂行规定等五个法规文件的通知，主要包括《公开选拔党政领导干部工作暂行规定》《党政机关竞争上岗工作暂行规定》《党的地方委员会全体会议对下一级党委、政府领导班子正职拟任人选和推荐人选表决办法》《党政领导干部辞职暂行规定》《关于党政领导干部辞职从事经营活动有关问题的意见》等五个法规文件。中央印发五个法规文件，是积极推进政治体制改革的实际步骤，是深化干部人事制度改革的重要举措，有利于进一步拓宽选人视野，引进竞争机制，调动各方面的积极性，促使优秀人才脱颖而出；有利于加强干部的监督管理，规范党政领导人才的正常流动，推进领导干部能上能下、能进能出；有利于扩大党员和群众对干部选拔任用的知情权、参与权、选择权和监督权，防止和克服用人上的不正之风。

《公开选拔党政领导干部工作暂行规定》共7章42条，从各个方面对公开选拔党政领导干部进行了规定。例如，规定公开选拔适用于选拔地方党委、人大常委会、政府、政协、纪委工作部门或者工作机构的领导成员或者其人选，以及其他适于公开选拔的领导成员或者其人选。公开选拔党政领导干部应当根据领导班子和干部队伍建设的需要，有计划地进行，逐步做到经常化、制度化。有下列情形之一的，一般应当进行公开选拔："（一）为了改善领导班子结构，需要集中选拔领导干部；（二）领导职位空缺较多，需要集中选拔领导干部；（三）领导职位出现空缺，本单位无合适人选；（四）选拔专业性较强职位和紧缺专业职位的领导干部；（五）其他需要进行公开选拔的情形。"规定公开选拔工作应当经过下列程序："（一）发布公告；（二）报名与资格审查；（三）统一考试（包括笔试和面试）；（四）组织考察，研究提出人选方案；（五）党委（党组）讨论决定；（六）办理任职手续。"规定考试分为笔试和面试。笔试主要测试应试者对领导干部应具备的基本理论、基本知识、基本方法和专业知识的掌握程度，特别是运用理论、知识和方法分析解决领导工作中实际问题的能力。面试主要测试应试者在领导能力素质、个性特征等方面对选拔职位的适应程度。笔试、面试依据《党政领导干部公开选拔和竞争上岗考试大纲》命题。

命题前应当进行职位分析，增强命题的针对性。试题一般从全国领导干部考试通用题库以及经认定合格的省级组织部门题库中提取。笔试分为公共科目考试和专业科目考试，采用闭卷方式进行。根据笔试成绩，从高分到低分确定面试人选。面试人选与选拔职位的比例一般为5:1。面试应当根据需要选择适当的测评方法，注重科学性。面试由面试小组负责考试和评分。面试小组由有关领导、专家、组织人事干部等人员组成，一般不少于七人。同一职位的面试一般由同一面试小组负责考试和评分。

《党政机关竞争上岗工作暂行规定》共7章31条，规定主要适用于选拔任用中央、国家机关内设的司局级、处级机构领导成员，县级以上地方各级党委、人大常委会、政府、政协、纪委、人民法院、人民检察院机关或者工作部门的内设机构领导成员。通过竞争上岗选拔党政机关内设机构领导成员，一般在本机关内部实施，也可根据需要允许所属机关、事业单位符合条件的人员参加。竞争上岗工作必须坚持《党政领导干部选拔任用工作条例》规定的原则，坚持公开、公平、公正，坚持考试与考察相结合，坚持个人意愿与组织安排相结合。竞争上岗一般应当经过下列程序："（一）制定并公布实施方案；（二）报名与资格审查；（三）笔试、面试；（四）民主测评、组织考察；（五）党委（党组）讨论决定；（六）办理任职手续。"笔试、面试与民主测评的操作顺序，可根据实际情况确定。竞争上岗应当进行笔试、面试并量化计分。笔试、面试可依据《党政领导干部公开选拔和竞争上岗考试大纲》命题。笔试、面试结束后应将成绩通知本人。笔试主要测试竞争者履行竞争职位职责所必备的基本知识以及调研综合、办文办事、文字表达等能力。笔试一般由本单位组织实施。有条件的地方，可由党委组织部门和政府组织人事部门统一组织。面试主要测试竞争者履行竞争职位职责所必备的基本素质和能力，应当根据需要采取适当的测评方法进行。面试由面试小组实施。面试小组一般由本单位领导、干部（人事）部门和相关单位领导及专家组成，一般不得少于七人，其中外单位人员应占一定比例。面试小组成员应当挑选公道正派、政策理论或者专业水平高、熟悉相关业务的人员担任。面试小组成员要实行回避制度。面试前应当对面试小组成员进行培训。面试应当允许本单位人员旁听。对竞争上岗人员应当进行民主测评并量化计分。民主测评结果应当通知本人。民主测评主要对竞争者的德才表现及其对竞争职位的适应程度进行评价，地方党政机关一般在机关全体工作人员中进行，单位规模较大、竞争者所在内设机构人员较多的，可在该内设机构中进行；中央、国家机关一般以司局为单位进行。参加民主测评的人数必须达到应参加人数的80%以上。民主测评内容包括德、能、勤、绩、廉等项，每项可细分为若干要素，每个要素划分为若干档次，每档确定相应的分值，由参加测评人员无记名填写评价分数，由干部（人事）部门汇总计算每位竞争者的平均分数。考察对象一般通过综合遴选的方式择优确定，即竞争者参加笔试、面试、民主测评各个环节的竞争，依据总分高低，按照一定比例择优确定考察对象并公布名单以及最低入围分数。笔试、面试成绩和民主测评结果应当按照一定比例计入总分。参加竞争的人数较多时，可通过逐轮遴选的方式择优确定考察对象。采用逐轮遴选方式，应当公布每轮遴选入围者的名单以及最低入围分数。民主测评在笔试、面试之后的，可与组织考察结合进行。确定考察对象时，可适当考虑竞争者的资历、学历（学位）及近年来年度考核情况等因素。对民主测评分数过低的人员，可不列为考察对象。民主测评在笔试、面试之前的，对民主测评分数过低的人员，可取消其参加笔试、面试的资格。列入考察对象的人选数，应当多于竞争职位数。考察工作由干部（人事）部门组织进行。考察要坚持德才兼备原则，考察内容包括考察对象的德、能、勤、绩、廉情况及其政治业务素质与竞争职位的适应程度，注重考察工作实绩和群众公认程度。

（3）《2010—2020年深化干部人事制度改革规划纲要》。2009年12月3日，中共中央印发了《2010—2020年深化干部人事制度改革规划纲要》，提出要健全竞争择优机制，促进优秀人才脱颖而出。广开举贤荐能之路，选人用人渠道进一步拓宽，选拔任用方法进一步完善，竞争性选拔力度进一步加大，形成各类人才公平竞争和优秀人才不断涌现、健康成长的生动局面。该纲要提出，加大竞争性选拔干部工作力度。完善公开选拔、竞争上岗制度，积极探索多种形式竞争性选拔干部办法。坚持标准条件，突出岗位特点，注重能力实绩，完善程序方法，改进考试测评工作，提高竞争性选拔干部工作的质量。到2015年，每年新提拔厅局级以下委任制党政领导干部中，通过竞争性选拔方式产生的，应不少于1/3。该纲要提出，统筹推进国有企业、事业单位人事制度改革。深化国有企业人事制度改革，要坚持党管干部原则，以改革和完善企业领导人员管理制度为重点，逐步完善与公司治理结构相适应的企业领导人员管理体制，健全符合中国特色现代国有企业制度要求的企业人事制度。国有企业人事制度改革的主要任务是：健全中央和地方党委对国有重要骨干企业领导班子和领导人员的管理体制，积极探索建立符合现代企业制度要求的企业领导人员管理办法，依法落实董事会和企业经营管理者的选人用人权。完善企业领导人员选拔方式，把组织选拔与市场化选聘结合起来。建立企业领导人员任期制。着眼促进科学发展，建立以任期目标为依据，全面反映企业经济责任、政治责任、社会责任以及企业领导人员履职表现、廉洁从业情况的综合考核评价机制。健全以考核评价为基础，与岗位职责和工作业绩挂钩，精神激励与物质激励并重，短期激励与中长期激励相结合的企业领导人员激励办法。规范和完善企业领导人员薪酬管理办法。健全企业领导人员监督约束机制，建立企业领导人员责任追究制度。深化企业内部人力资源管理改革。推进国有金融机构人事制度改革，建立符合中国特色现代金融企业特点的人事制度。

2002年版干部选拔任用条例，与其配套的《公开选拔党政领导干部工作暂行规定》《党政机关竞争上岗工作暂行规定》，以及2009年印发的上述干部规划文件，成为贯穿2002年至2012年这十年间全国干部公开选拔竞争上岗工作的主线，全国上下按照中央的部署掀起了轰轰烈烈的干部公开选拔竞争上岗的热潮，总体上取得较好的成效。各省自治区、国有企事业单位，纷纷围绕上述要求制定了各自的干部管理规定以及公开选拔竞争上岗管理办法，在干部公开选拔竞争上岗方面做了一定的探索和创新，取得了较好的成果。

以2010年我国改革开放的前沿城市深圳市为例，6月份一次性给出罗湖区区长等8个市管正局级领导职位，面向全市进行公开推荐选拔；9月份给出福田区副区长等22个副局级领导职位进行公开推荐选拔。深圳市公开推荐选拔工作按以下八项程序进行：①公布职位、条件、程序和要求；②接受推荐及资格审查、市委组织部接受组织推荐和个人自荐，按规定进行资格审查，汇总提出符合条件人选名单；③召开市委全委（扩大）会议，采用无记名投票方式民主推荐各职位拟任人选考察对象；④召开市委常委会议，按每个职位1:3的比例确定拟任人选考察对象；⑤组织考察；⑥召开市委常委会议，按每个职位1:2的比例研究提出拟任建议人选；⑦市委全委会议差额票决产生拟任人选；⑧任前公示，按法律、章程等有关规定办理任免手续。深圳市不仅创新选拔方式，引入了评价中心技术和非结构化面试方式。无领导小组讨论、演讲、案例分析等新的面试方式被广泛采用；而且创新面试评委机制。传统的干部选拔面试，考官一般在5~7人左右，由于考官人数少，一些考生在面试前不是认真准备面试，而是想方设法打听考官组的人员组成，提前打招呼。甚至出现面试组织者私下向考生透露考官名单的违纪行为，严重影响了面试的公正性。2010年9月的福田区副局级领导干部公开推荐选拔的面试采用了50人以上的大评委制，从机制上堵住了这一不良现象。200多名面试考官考前临时抽签分组，极大地增加了考生的投机成本，让考前打招呼的想法几乎成为泡影。此外，考官组成也具有广泛性，大评委团队由市委委员和候补委员以及市级党代表、市区组织人事部门领导、给出职位的单位主要负责人组成，进行现场评分。深圳市同时创新了面试测评方式方法，广泛地采用了评价中心技术和非结构化面试方式，比较好地解决了结构化面试的弊端，以能力评价为中心，丰富了领导干部选拔的方式方法。从深圳市的有关总结资料的情况看，采用干部公开选拔竞争上岗，走出"在少数人中选人，由少数人选人"的圈子，形成一种好的选人机制，让更多人去选更多人，让相马变赛马，让会场变赛场，让干部被动式等待转变为主动参与，让群众心里明白，让干部心里服气；无论是干部队伍还是广大市民，对这些做法普遍持肯定态度。

2. 党的十八大至今的相关规定和文件

党的十八大以来，对此前干部的干部管理条例和公开选拔竞争上岗有关规定进行了总结完善，进一步研究出台了条例和文件规定，成为今后一段时期干部管理和干部公开选拔竞争上岗的纲领性文件。

（1）《党政领导干部选拔任用工作条例》（2014年版）。2014年，中共中央又与时俱进，及时重新修订印发了《党政领导干部选拔任用工作条例》（2014年版），共13章71条。条例规定：选拔任用党政领导干部，必须坚持下列原则："（一）党管干部原则；（二）五湖四海、任人唯贤原则；（三）德才兼备、以德为先原则；（四）注重实绩、群众公认原则；（五）民主、公开、竞争、择优原则；（六）民主集中制原则；（七）依法办事原则。"较2002年版条例增加了任人唯贤、德才兼备原则，"公开、平等、竞争、择优原则"继续保留不变。2014年版条例相对2002年版条例，对干部公开选拔竞争上岗做了更为详细的规定，加上了适用条件；同时，对如何推荐和考察干部也做了详细规定。由于该条例在未来的一些年里，将是我们党政干部和国有企事业单位干部公开选拔竞争上岗的核心依据，因此笔者专门把其中的第五章"考察"、第九章"公开选拔和竞争上岗"的一些条款单独摘录出来，供大家阅读参考。第五章在干部公开选拔竞争上岗中具有十分重要的作用，这一环节不仅是党政领导干部和国有企事业单位干部公开选拔竞争上岗的必须环节，同时也是公开选拔竞争上岗测评环节，需要努力通过测评中心技术等环节，从另一个角度来诠释德、能、勤、绩、廉的情况。

确定考察对象，应当根据工作需要和干部德才条件，将民主推荐与平时考核、年度考核、一贯表现和人岗相适等情况综合考虑，充分酝酿，防止把推荐票等同于选举票、简单以推荐票取人；考察党政领导职务拟任人选，必须依据干部选拔任用条件和不同领导职务的职责要求，全面考察其德、能、勤、绩、廉。突出考察政治品质和道德品行，深入了解理想信念、政治纪律、坚持原则、敢于担当、开展批评和自我批评、行为操守等方面的情况。注重考察工作实绩，深入了解履行岗位职责、推动和服务科学发展的实际成效。考察地方党政领导班子成员，应当把有质量、有效益、可持续的经济发展和民生改善、社会和谐进步、文化建设、生态文明建设、党的建设等作为考核评价的重要内容，更加重视劳动就业、居民收入、科技创新、教育文化、社会保障、卫生健康等的考核，强化约束性指标考核，加大资源消耗、环境保护、消化产能过剩、安全生产、债务状况等指标的权重，防止单纯以经济增长速度评定工作实绩。考察党政工作部门领导干部，应当把执行政策、营造良好发展环境、提供优质公共服务、维护社会公平正义等作为评价的重要内容。加强作风考察，深入了解为民服务、求真务实、勤勉敬业、奋发有为，反对形式主义、官僚主义、享乐主义和奢靡之风等情况。强化廉政情况考察，深入了解遵守廉洁自律有关规定，保持高尚情操和健康情趣，慎独慎微，秉公用权，清正廉洁，不谋私利，严格要求亲属和身边工作人员等情况。考察党政领导职务拟任人选，应当听取考察对象所在单位组织（人事）部门、纪检监察机关、机关党组织的意见，根据需要可以听取巡视机构和其他相关部门意见。组织（人事）部门应当就考察对象的党风廉政情况听取纪检监察机关的意见。对拟提拔的考察对象，应当查阅个人有关事项报告情况，必要时可以进行核实。对需要进行经济责任审计的考察对象，应当委托审计部门按照有关规定进行审计。考察党政领导职务拟任人选，必须形成书面考察材料，建立考察文书档案。已经任职的，考察材料归入本人档案。考察材料必须写实，全面、准确、清楚地反映考察对象的情况，包括下列内容："（一）德、能、勤、绩、廉方面的主要表现和主要特长；（二）主要缺点和不足；（三）民主推荐、民主测评等情况。"

公开选拔、竞争上岗是党政领导干部选拔任用的方式之一。公开选拔面向社会进行，竞争上岗在本单位或者本系统内部进行，应当从实际出发，合理确定选拔职位、数量和范围。一般情况下，领导职位出现空缺且本地区、本部门没有合适人选的，特别是需要补充紧缺专业人才的，可以进行公开选拔；领导职位出现空缺，本单位本系统符合资格条件人数较多且人选意见不易集中的，可以进行竞争上岗。公开选拔县处级以下领导干部，一般不跨省（自治区、直辖市）进行。公开选拔、竞争上岗方案设置的条件和资格，不得因人设置资格条件。资格条件突破规定的，应当事先报上级组织（人事）部门审核同意。公开选拔、竞争上岗工作在党委（党组）领导下进行，由组织（人事）部门组织实施，应当经过下列程序："（一）公布职位、资格条件、基本程序和方法等；（二）报名与资格审查，参加公开选拔的应当经所在单位同意；（三）采取适当方式进行能力和素质测试、测评，比选择优（竞争上岗也可以先进行民主推荐）；（四）组织考察，研究提出人选方案；（五）党委（党组）讨论决定；

（六）履行任职手续。"公开选拔、竞争上岗应当科学规范测试、测评，突出岗位特点，突出实绩竞争，注重能力素质和一贯表现，防止简单以分数取人。

（2）《关于深化国有企业改革的指导意见》。2015年8月，中共中央、国务院印发了《关于深化国有企业改革的指导意见》，提出建立国有企业领导人员分类分层管理制度。坚持党管干部原则与董事会依法产生、董事会依法选择经营管理者、经营管理者依法行使用人权相结合，不断创新有效实现形式。上级党组织和国有资产监管机构按照管理权限加强对国有企业领导人员的管理，广开推荐渠道，依规考察提名，严格履行选用程序。根据不同企业类别和层级，实行选任制、委任制、聘任制等不同选人用人方式。推行职业经理人制度，实行内部培养和外部引进相结合，畅通现有经营管理者与职业经理人身份转换通道，董事会按市场化方式选聘和管理职业经理人，合理增加市场化选聘比例，加快建立退出机制。推行企业经理层成员任期制和契约化管理，明确责任、权利、义务，严格任期管理和目标考核。

提出实行与社会主义市场经济相适应的企业薪酬分配制度。企业内部的薪酬分配权是企业的法定权利，由企业依法依规自主决定，完善既有激励又有约束、既讲效率又讲公平、既符合企业一般规律又体现国有企业特点的分配机制。建立健全与劳动力市场基本适应、与企业经济效益和劳动生产率挂钩的工资决定和正常增长机制。推进全员绩效考核，以业绩为导向，科学评价不同岗位员工的贡献，合理拉开收入分配差距，切实做到收入能增能减和奖惩分明，充分调动广大职工积极性。对国有企业领导人员实行与选任方式相匹配、与企业功能性质相适应、与经营业绩相挂钩的差异化薪酬分配办法。对党中央、国务院和地方党委、政府及其部门任命的国有企业领导人员，合理确定基本年薪、绩效年薪和任期激励收入。对市场化选聘的职业经理人实行市场化薪酬分配机制，可以采取多种方式探索完善中长期激励机制。健全与激励机制相对称的经济责任审计、信息披露、延期支付、追索扣回等约束机制。严格规范履职待遇、业务支出，严禁将公款用于个人支出。

提出深化企业内部用人制度改革。建立健全企业各类管理人员公开招聘、竞争上岗等制度，对特殊管理人员可以通过委托人才中介机构推荐等方式，拓宽选人用人视野和渠道。建立分级分类的企业员工市场化公开招聘制度，切实做到信息公开、过程公开、结果公开。构建和谐劳动关系，依法规范企业各类用工管理，建立健全以合同管理为核心、以岗位管理为基础的市场化用工制度，真正形成企业各类管理人员能上能下、员工能进能出的合理流动机制。

（3）《关于在深化国有企业改革中坚持党的领导加强党的建设的若干意见》。

2015年9月，中共中央印发了《关于在深化国有企业改革中坚持党的领导加强党的建设的若干意见》（以下简称"《若干意见》"）。《若干意见》共8部分16条，坚持党管干部原则是实现党对国有企业领导的根本保证，任何时候不能动摇。《若干意见》回答了坚持党管干部原则与董事会、经营管理者依法行使用人权，与市场化选聘、建立职业经理人制度的关系问题。他们之间不是对立的关系，关键是要有机结合。《若干意见》提出，有序推进董事会选聘经理层成员工作，上级党组织及其组织部门、国有资产监管机构党委应当在董事会选聘经理层成员工作中发挥确定标准、规范程序、参与考察、推荐人选等作用。关于发挥市场机制作用方面，《若干意见》提出，进一步完善坚持党管干部原则与市场化选聘、建立职业经理人制度相结合的有效途径，扩大选人用人视野，合理增加市场化选聘比例；同时，为避免职业经理人队伍固化和标签化，进一步激发企业内部经营管理者队伍活力，《若干意见》提出，实行内部培养和外部引进相结合，推进职业经理人队伍建设。

（4）《关于深化人才发展体制机制改革的意见》。2016年3月，中共中央印发了《关于深化人才发展体制机制改革的意见》（以下简称"《意见》"），并发出通知，要求各地区各部门结合实际认真贯彻落实。该意见提出以下几个方面的要点：

1）坚持党管人才。充分发挥党的思想政治优势、组织优势和密切联系群众优势，进一步加强和改进党对人才工作的领导，健全党管人才领导体制和工作格局，创新党管人才方式方法，为深化人才发展体制机制改革提供坚强的政治和组织保证。

2）突出市场导向。充分发挥市场在人才资源配置中的决定性作用和更好地发挥政府作用，加快转变政府人才管理职能，保障和落实用人主体自主权，提高人才横向和纵向流动性，健全人才评价、流动、激励机制，最大限度激发和释放人才创新、创造、创业活力，使人才各尽其能、各展其长、各得其所，让人才价值得到充分尊重和实现。

3）健全市场化、社会化的人才管理服务体系。构建统一、开放的人才市场体系，完善人才供求、价格和竞争机制。深化人才公共服务机构改革。大力发展专业性、行业性人才市场，鼓励发展高端人才猎头等专业化服务机构，放宽人才服务业准入限制。积极培育各类专业社会组织和人才中介服务机构，有序承接政府转移的人才培养、评价、流动、激励等职能。充分运用云计算和大数据等技术，为用人主体和人才提供高效便捷服务。扩大社会组织人才公共服务覆盖面。完善人才诚信体系，建立失信惩戒机制。

4）创新人才评价机制，突出品德、能力和业绩评价。制定分类推进人才评价机制改革的指导意见。坚持德才兼备，注重凭能力、实绩和贡献评价人才，克服唯学历、唯职称、唯论文等倾向。不将论文等作为评价应用型人才的限制性条件。建立符合中小学教师、全科医生等岗位特点的人才评价机制。改进人才评价考核方式。发挥政府、市场、专业组织、用人单位等多元评价主体作用，加快建立科学化、社会化、市场化的人才评价制度。基础研究人才以同行学术评价为主，应用研究和技术开发人才突出市场评价，哲学社会科学人才强调社会评价。注重引入国际同行评价。应用型人才评价应根据职业特点突出能力和业绩导向。加强评审专家数据库建设，建立评价责任和信誉制度。适当延长基础研究人才评价考核周期。

5）畅通党政机关、企事业单位、社会各方面人才流动渠道。研究制定吸引非公有制经济组织和社会组织优秀人才进入党政机关、国有企事业单位的政策措施，注重人选思想品德、职业素养、从业经验和专业技能综合考核。

6）优化企业家成长环境。遵循企业家成长规律，拓宽培养渠道。建立有利于企业家参与创新决策、凝聚创新人才、整合创新资源的新机制。依法保护企业家财产权和创新收益，进一步营造尊重、关怀、宽容、支持企业家的社会文化环境。合理提高国有企业经营管理人才市场化选聘比例，畅通各类企业人才流动渠道。研究制定在国有企业建立职业经理人制度的指导意见，完善国有企业经营管理人才中长期激励措施（见图1-4）。

图1-4　深化人才发展体制机制改革

（5）《关于防止干部"带病提拔"的意见》。2016年8月，中共中央办公厅印发了《关于防止干部"带病提拔"的意见》，该意见对于干部公开选拔竞争上岗而言，也是一个非常重要的文件规定。该意见规定，党委（党组）在向上级党组织推荐报送拟提拔或进一步使用的人选时，要认真负责地对人选的廉洁自律情况提出结论性意见，实行党委（党组）书记、纪委书记（纪检组组长）在意见上签字制度。

1）强调要深化日常了解。坚持经常性、近距离、有原则地广泛接触干部，深入了解干部的日常品行和表现，多渠道、多层次、多侧面识别干部。通过调研、平时考核、年度考核、任期考核、民主生活会、述职述廉等渠道，及时掌握干部的德才表现、重要情况和群众口碑，注重了解干部在重大事件、重要关头、关键时刻的表现。多与干部谈心谈话，改进谈话方法，提高谈话质量，观察干部的见识见解、禀性情怀、境界格局、道德品质和综合素质。

2）强调要注重分析研判。充分运用日常了解掌握的情况，根据干部一贯表现，突出对政治品质、道德品行、作风表现、履行选人用人职责、廉洁自律等情况的综合分析，发现线索，查找问题。根据问题线索，及时对干部进行谈话或函询，认真调查核实情况。对干部有关问题及其性质、程度等进行会诊辨析、筛查甄别，做出判断。对现任党政正职、党政正职拟任人选、近期拟提拔或进一步使用人选、问题反映较多的干部要重点研判。开展经常性分析研判，党委（党组）书记应当注意听取研判情况汇报，并有针对性地参加专题研判，全面深入掌握干部情况。

3）强调加强动议审查。规范动议主体职责权限和程序，按照民主集中制原则，形成合理方案，提出符合好干部标准的人选。坚持先定规矩后议人选，按照以事择人、按岗选人的要求，对领导班子优化方向、拟选拔职位资格条件和人选产生范围等进行充分酝酿，在此基础上比选择优，研究意向性人选。对纳入考虑范围的有关人选，提前审核其政治表现和廉洁自律等情况，充分听取有关方面意见，重视研究不同意见，认真进行分析，对有问题疑点但经核实不影响使用的，可以列为意向性人选。积极探索领导班子成员在动议环节实名推荐干部办法和差额酝酿党政正职岗位人选办法。

4）强调强化任前把关。考察工作要突出针对性、增强灵活性、提高有效性，针对不同考察对象的具体情况，细化考察内容，改进考察方式，力争考察结果全面、客观、准确。选好配强考察工作人员，明确考察谈话保密与承诺责任，营造讲真话的氛围，提高考察质量。根据考察对象履历、家庭关系、社会背景等情况，抓住重要行为特征，有针对性地找知情人谈话。适当拉开考察与会议讨论的时间间隔，采取民意调查、专项调查、延伸考察、实地走访、家访等办法，广泛深入地了解干部。改进考察对象公示和任职前公示方式，探索扩大公示内容、范围和延长公示时间，充分接受干部群众监督。强化审核措施，做到干部档案"凡提必审"，个人有关事项报告"凡提必核"，纪检监察机关意见"凡提必听"，反映违规违纪问题线索具体、有可查性的信访举报"凡提必查"。前移审核关口，做到动议即审，该核早核。对发现问题影响使用的，及时中止选拔任用程序；疑点没有排除、问题没有查清的，不得提交会议讨论或任用。对一时存疑、暂未使用的干部，要本着高度负责的态度，及时查清问题、做出结论，为那些受到诬告、诽谤、陷害的干部澄清正名，严肃处理打击报复、诬告陷害行为。坚持事业为上、公道正派，保护作风过硬、敢作敢为、锐意进取的干部，对那些想干事、能干事、敢担当、善作为的干部要旗帜鲜明地撑腰鼓劲、大胆使用。

（6）《关于新形势下党内政治生活的若干准则》和《中国共产党党内监督条例》。2016年10月，党的十八届六中全会通过的《关于新形势下党内政治生活的若干准则》确立了"党要管党必须从党内政治生活管起，从严治党必须从党内政治生活严起"的管党治党指导思想，强调坚持正确选人用人导向是严肃党内政治生活的组织保证。必须严格标准、健全制度、完善政策、规范程序，使选出来的干部组织放心、群众满意、干部服气，形成能者上、庸者下、劣者汰的选人用人导向。《中国共产党党内监督条例》明确，严格执行干部考察考核制度，全面考察德、能、勤、绩、廉表现，既重政绩又重政德，重点考察贯彻执行党中央和上级党组织决策部署的表现，履行管党治党责任，在重大原则问题上的立场，对待人民群众的态度，完成急难险重任务的情况。在考察考核中，党组织主要负责人应当对班子成员实事求是做出评价。严把干部选拔任用"党风廉洁意见回复"关，综合日常工作中掌握的情况，加强分析研判，实事求是地评价干部廉洁情况，防止"带病提拔""带病上岗"。

（7）《党委（党组）讨论决定干部任免事项守则》。2016年12月，为贯彻落实习近平总书记关于干部工作的一系列新思想、新理念、新要求和党的十八届六中全会精神，坚持全面从严治党要求，进一步规范党委（党组）讨论决定干部任免事项议事规则和决策程序，中组部修订印发了《党委（党组）讨论决定干部任免事项守则》（以下简称"《守则》"）。《守则》明确，选拔任用干部必须坚持党章规定的干部条件，坚持党管干部原则，坚持德才兼备、以德为先，坚持五湖四海、任人唯贤，坚持事业为上、公道正派，坚持注重实绩、群众公认，坚持信念坚定、为民服务、勤政务实、敢于担当、清正廉洁的好干部标准，强化党委（党组）的领导和把关作用，树立正确的用人导向。《守则》还明确了"凡提四必"和"三个不上会""两个不得""五个不准"的要求。"凡提四必"，即讨论决定前，对拟提拔或进一步使用人选的干部档案必审、个人有关事项报告必核、纪检监察机关意见必听、线索具体的信访举报必查，坚决防止"带病提拔"。"三个不上会"，即讨论决定时，没有按规定进行酝酿动议、民主推荐、组织考察的不上会，没有按规定核实清楚有关问题的不上会，没有按规定向上级报告或报告后未经批复同意的干部任免事项不上会。"两个不得"，即不得以个别征求意见、领导圈阅等形式代替党委（党组）会集体讨论决定干部任免，党委（党组）主要负责人不得凌驾于组织之上，反对和防止个人或者少数人专断。"五个不准"，即不准任人唯亲，不准突击提拔调整干部，不准临时动议决定干部，不准超职数配备、超机构规格提拔任用干部，不准泄露讨论决定情况，坚决防止和纠正选人、用人上的不正之风。中组部在印发《守则》时强调，各级组织人事部门开展干部选拔任用工作监督检查时，要把贯彻执行《守则》情况作为一项重要内容，确保落到实处。

三、本章小结

从笔者上面收集的各类资料，读者不难看出党的十六大和十七大期间，各地普遍加大了竞争性选拔干部力度，是我国干部公开选拔竞争上岗发展的一个黄金时期。按照中央的部署，各级地方政府和企事业单位全面开展干部公开选拔竞争上岗工作，不断创新干部公开选拔竞争上岗的方式方法，取得了一定的成效。以国务院国资委为例，2010年8月30日，中共中央组织部（以下简称"中央组织部"）、国务院国有资产监督管理委员会发布《招聘公告》，组织12家中央企业面向海内外公开招聘12名高级经营管理者。经过自愿报名、资格审查、统一考试、考察了解、确定人选等程序，除香港中旅（集团）有限公司总经理职位无合适人选外，通过公开选拔竞争上岗确定了东风汽车公司等3家企业总经理考察公示人选，中国中纺集团公司等8家企业总经理、副总经理（副局长）、总会计师人选。2011年4月8日，根据中央企业和中管金融企业选人用人工作满意度推进会资料显示，党的十六大以来至2011年4月，中组部、国资委已在112家中央企业开展了竞争性选拔领导班子成员工作，共选拔了148人，其中正职10人。2010年，中组部还在中管金融企业采取委托推荐的方式招聘了一名副行长，这些措施，为企业引进和延揽大批优秀人才，得到了业内外广泛好评。问卷调查中，中管企业和中管金融企业分别有50.1%和46.7%的调查对象认为，本企业人事制度改革应当采取的重点措施是推行竞争性选拔。这段时期的干部公开选拔竞争上岗，在取得很好成绩的同时，也存在一些需要改进和完善的地方。

从笔者研究和作为亲身从业者的体验认为，主要存在以下几个需要改进的方面：一是适用范围扩大化。比如有的地方，一哄而上，扩大适用范围，把多数岗位都拿出来进行公开选拔竞争上岗，出现了"凡提必竞"的情况。甚至有的地方选科长、乡长也拿出来进行全国公开选拔，耗费了大量的人力和财力。二是选拔程序不规范。有的地方在进行招聘时，对干部公开选拔竞争上岗的规定，没有吃透，在组织报名、资格审查、考试、面试时组织随意，造成了不好影响。甚至存在"萝卜招聘"、泄露考题、面试专家信息、徇私舞弊等情况，给本来十分严肃的干部公开选拔竞争上岗工作，带来了恶劣的影响。三是组织水平参差不齐。由于此阶段的干部公开选拔竞争上岗，按照干部管理权限，多数由各单位自行组织完成，受到了许多方面的制约，同时由于此项工作又是一项开创性的工作，在组织能力水平上存在一定差异，因此导致了一些地方的干部公开选拔竞争上岗的效果打了折扣。四是考试测评水平参差不齐。干部公开选拔竞争上岗，特别是知识测试、能力测试、面试等的出题和评分是一项难度较高的工作，若要真正考出干部的基本素质和实际能力，需要把考试和考察更好地结合起来，全面准确地了解干部的德才表现和工作实绩。五是存在一定的"干得好不如考得好"的情况存在。从现实的情况看，确实存在一部分人特别擅长考试，而一部分人不擅长考试的情况。干部公开选拔竞争上岗，打击了一部分踏实干活，但是不善于考试的人员，同时也诱导了少部分人，不踏实干工作，天天准备参加干部公开选拔考试的情况存在。存在夸夸其谈的"马谡"，考试面试均不错，但不适应实际工作。六是组织选择余地变小，存在唯分论情况。此期间的干部公开选拔竞争上岗，存在一定的"唯分论"情况，一般需要考分进入前三分之一的人选才有希望进入下一轮考察。因此，有时组织重点培育基层一线干部、优化班子搭配等意图，受制于考试的分数，干部的其他优势得不到发挥。

党的十八大以来，中央结合在干部公开选拔竞争上岗中总结出来的经验，进一步对干部公开选拔竞争上岗进行了规范。2013年11月，中国共产党第十八届中央委员会第三次全体会议通过的《中共中央关于全面深化改革若干重大问题的决定》提出"改进竞争性选拔干部办法，改进优秀年轻干部培养选拔机制，区分实施选任制和委任制干部选拔方式，坚决纠正唯票取人、唯分取人等现象"。因此，中共中央及时修订了《党政领导干部选拔任用工作条例》（2014年版），对上面提及的问题进行了规范：一是限定了适用条件。规定一般情况下，领导职位出现空缺且本地区本部门没有合适人选的，特别是需要补充紧缺专业人才的，可以进行公开选拔；领导职位出现空缺，本单位、本系统符合资格条件人数较多且人选意见不易集中的，可以进行竞争上岗。使适用范围大幅度缩小。二是限制了选拔范围。规定公开选拔县处级以下领导干部，一般不跨省（自治区、直辖市）进行。三是规范了资格条件。规定公开选拔、竞争上岗方案设置的条件和资格，不得因人设置资格条件。资格条件突破规定的，应当事先报上级组织（人事）部门审核同意。四是规范了选拔程序。规定公开选拔、竞争上岗工作在党委（党组）领导下进行，由组织（人事）部门组织实施，应当经过下列程序："（一）公布职位、资格条件、基本程序和方法等；（二）报名与资格审查，参加公开选拔的应当经所在单位同意；（三）采取适当方式进行能力和素质测试、测评，比选择优（竞争上岗也可以先进行民主推荐）；（四）组织考察，研究提出人选方案；（五）党委（党组）讨论决定；（六）履行任职手续。"五是明确了重点。规定公开选拔、竞争上岗应当科学规范测试、测评。特别是规定了要突出岗位特点，突出实绩竞争，注重能力素质和一贯表现，防止简单以分数取人。

2016年颁布的《关于防止干部"带病提拔"的意见》，对如何防止干部"带病公开选拔竞争上岗"也指明了改进方向，提出了具体要求。一是要关注廉洁自律的情况。提出党委（党组）在向上级党组织推荐报送拟提拔或进一步使用的人选时，要认真负责地对人选廉洁自律情况提出结论性意见，实行党委（党组）书记、纪委书记（纪检组组长）在意见上签字制度。这点对于改进干部公开选拔竞争上岗的资格审查，能力素质测评，后阶段考察、任用均十分关键。二是充实干部公开选拔竞争上岗的测试维度。如该意见指出，要观察干部的见识见解、禀性情怀、境界格局、道德品质和综合素质。突出政治品质、道德品行、作风表现、履行选人用人职责、廉洁自律等情况的综合分析。三是完善了后续考核考察的内容和方法。如该意见指出要选好配强考察工作人员，明确考察谈话保密与承诺责任，营造讲真话的氛围，提高考察质量。根据考察对象履历、家庭关系、社会背景等情况，抓住重要行为特征，有针对性地找知情人谈话。适当拉开考察与会议讨论的时间间隔，采取民意调查、专项调查、延伸考察、实地走访、家访等办法，广泛深入地了解干部。这些要求对于下一步如何更好地开展干部公开选拔竞争上岗均有很强的操作层面的指导意义。

干部公开选拔竞争上岗工作，自2012年以来，进入了一个平稳发展的时期，2012年至2015年期间，各级地方政府公开招聘领导职务大幅度减少，仅有少量的单位，如地方规划部门招聘规划总工程师等职务，极少见招聘处级及以上职务。中央企业自2012年以来，也大幅度减少了公开选拔竞争上岗干部的数量。但是自从党的十八届三中全会后，我国干部公开选拔竞争上岗工作开始逐步恢复启动。进入2015年8月后，随着中央《关于深化国有企业改革的指导意见》的印发，提出推行职业经理人制度，实行内部培养和外部引进相结合。提出深化企业内部用人制度改革。建立健全企业各类管理人员公开招聘、竞争上岗等制度，对特殊管理人员可以通过委托人才中介机构推荐等方式，拓宽选人用人视野和渠道。建立分级分类的企业员工市场化公开招聘制度，切实做到信息公开、过程公开、结果公开。特别是2016年3月，在中共中央印发了《关于深化人才发展体制机制改革的意见》后，各中央企业的干部公开选拔竞争上岗工作，开始全面重启。以国务院国资委网站"央企招聘"专栏公布的招聘信息为例，进入2016年以来，相关中央企业不断加大干部公开选拔竞争上岗力度。例如，2016年8月9日，中国航空发动机集团有限公司（以下简称"中国航发"）为满足业务发展需要，对中国航发公司领导干部岗位进行招聘，共涉及中国航发公司12个部门共21个领导干部岗位，包括9个部门副职级岗位和12个处级岗位。2016年8月5日，中国船舶重工集团公司（以下简称"中船重工"）3个二级单位公开招聘总经理职位。8月25日，中船重工又发布招聘公告，为进一步加快推进中船重工干部员工选拔任用制度改革，着力打造"军民融合、技术领先、产融一体的创新型领军企业"，吸引聚集国际国内优秀人才为该集团公司改革发展服务，决定对该公司8个部门副主任（职）、16个处长、13个副处长岗位面向社会招聘。中国旅游集团公司、中国工艺集团、中国储备粮管理总公司、招商局、冶金地质总局、新兴际华集团有限公司也拿出了多个二级单位总经理、公司部门主任、处级岗位进行公开选拔竞争上岗。

第二章

干部公开选拔竞争上岗的基本流程

干部公开选拔竞争上岗的流程，经过多年的发展，目前常用流程有编制方案、制订实施计划、发布公告、接受报名、履历筛选、履历分析、知识测试、能力测试、心理素质测试、领导力测试、半结构化面试、无领导小组讨论、情景模拟、演讲、实地调研、综合研判、民主推荐、考察、任用（聘任）、试用期考核、正式任用（聘任）等环节，针对党政机关、国有企事业单位、职业经理人、年轻干部选拔、后备干部选拔等不同的类型和单位，又会有一定的不同。在公开选拔与竞争上岗工作过程中，应坚持科学选人，择优选人；坚持综合研判，要研判所有参与竞争人选，以便好中选优、优中选适；认真挑选职位，不断提高层次。不断完善招聘条件，标准化筛选履历。出好笔试和面试题目，实行一岗一卷。坚持规范操作，体现公开招聘和竞争上岗工作全过程公开、公平、公正，严格按程序操作，保证应聘人员的公平竞争，考务工作应坚持物理隔离，抓好招聘过程的监督工作；坚持以人为本，为应聘人员提供良好的服务，为应聘人员做好保密工作，确保应聘人员及时了解招聘进程，认真做好有关服务工作。

一、党政领导干部公开选拔竞争上岗基本流程

根据《党政领导干部选拔任用工作条例》（2014年修订）第五十二条规定："公开选拔、竞争上岗工作在党委（党组）领导下进行，由组织（人事）部门组织实施，应当经过下列程序：（一）公布职位、资格条件、基本程序和方法等；（二）报名与资格审查，参加公开选拔的应当经所在单位同意；（三）采取适当方式进行能力和素质测试、测评，比选择优（竞争上岗也可以先进行民主推荐）；（四）组织考察，研究提出人选方案；（五）党委（党组）讨论决定；（六）履行任职手续。"党政领导干部公开选拔竞争上岗基本流程，见图2-1。

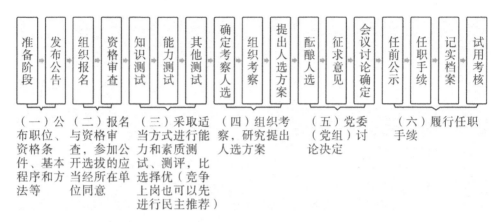

图2-1 党政领导干部公开选拔竞争上岗基本流程

（一）公布职位、资格条件、基本程序和方法等

古语云"纲举目张"，该过程是干部公开选拔竞争上岗的重要环节，就如房子的设计一样，方案设计的好坏，直接影响到结果的产生，是整个公开选拔竞争上岗成功的重要环节之一，该过程主要包含方案制定、进行岗位分析、根据干部管理规定研究制定资格条件、确定选拔的程序、确定时间节点、选择合适的测评工具、编制命题、制定面试方案和待遇方案、统一答疑等。

（二）报名与资格审查，参加公开选拔的应当经所在单位同意

选择好的传媒渠道，组织好报名工作，让符合条件的优秀人才能够知晓并积极参与报名，形成积极踊跃、生动活泼的竞争氛围，十分关键。通过办公自动化OA系统、文件、报刊、网站进行公布；报名人员可通过现场报名、邮件报名、邮寄纸质资料报名，也可通过专用报名系统等模式进行报名。认真组织好统一答疑，做好相关记录。严格按照方案和公布的条件进行审查，杜绝不符合条件的人选进入下一环节，这也是提升干部公开选拔竞争上岗公信力的重要环节。

（三）采取适当方式进行能力和素质测试、测评，综合研判，比选择优

这个环节是整个干部公开选拔竞争上岗技术含量最高，也是影响选拔效果、提升选拔的科学性有效性的关键环节。主要包括岗位分析，建立测评测试模型（要点），收集考试素材，封闭命题，组织开展知识测试、能力测试，组织开展

判卷，组织开展面试、无领导小组讨论，组织开展心理素质测评、领导力测评、职业兴趣等测评，综合成绩汇总，结合招聘资格条件，组织部门进行综合研判，比选择优，按管理权限来酝酿、请示、确定进入下一阶段的考察人选。在竞争性选拔时，要研判所有参与竞争人选，以便好中选优、优中选适。

（四）组织考察，研究提出人选方案

组织考察，把组织考察结果和知识考试、能力测试、心理素质测评和考察更好地结合起来，全面准确地了解干部的德才表现和工作实绩，防止凭印象起用夸夸其谈的"马谡"，也是干部公开选拔竞争上岗的重要工作。组织考察程序，在《党政领导干部选拔任用工作条例》（2014年修订）第五章中已经做了明确规定，公开选拔竞争上岗也必须严格按照该程序组织开展考察。其主要程序为："（一）组织考察组，制定考察工作方案；（二）同考察对象呈报单位或者所在单位党委（党组）主要领导成员就考察工作方案沟通情况，征求意见；（三）根据考察对象的不同情况，通过适当方式在一定范围内发布干部考察预告；（四）采取个别谈话、发放征求意见表、民主测评、实地走访、查阅干部档案和工作资料、同考察对象面谈等方法，广泛深入地了解情况，根据需要进行民意调查、专项调查、延伸考察；（五）综合分析考察情况，与考察对象的一贯表现进行比较、相互印证，全面准确地对考察对象做出评价；（六）向考察对象呈报单位或者所在单位党委（党组）主要领导成员反馈考察情况，并交换意见；（七）考察组研究提出人选任用建议，向派出考察组的组织（人事）部门汇报，经组织（人事）部门集体研究提出任用建议方案，向本级党委（党组）报告。考察党政领导职务拟任人选，应当听取考察对象所在单位组织（人事）部门、纪检监察机关、机关党组织的意见，根据需要可以听取巡视机构和其他相关部门的意见。

组织（人事）部门应当就考察对象的党风廉政情况听取纪检监察机关的意见。对拟提拔的考察对象，应当查阅个人有关事项报告情况，必要时可以进行核实。对需要进行经济责任审计的考察对象，应当委托审计部门按照有关规定进行审计。对于考察对象是外单位、外系统的人员，考察时还需发函请对方单位进行协助开展考察。

（五）党委（党组）讨论决定

党委（党组）讨论决定程序，在《党政领导干部选拔任用工作条例》（2014年修订）第六章中已经做了明确规定。党政领导职务拟任人选，在讨论决定或者决定呈报前，应当根据职位和人选的不同情况，分别在党委（党组）、人大常委会、政府、政协等有关领导成员中进行酝酿。工作部门领导成员拟任人选，应当征求上级分管领导成员的意见。非中共党员拟任人选，应当征求党委统战部门和民主党派、工商联主要领导成员、无党派代表人士的意见。部门与地方双重管理干部的任免，主管方应当事先征求协管方意见，进行酝酿。征求意见一般采用书面形式进行。协管方自收到主管方意见之日起一个月内未予答复的，视为同意。双方意见不一致时，正职的任免报上级党委组织部门协调，副职的任免由主管方决定。

党委（党组）讨论决定干部任免事项，应当按照下列程序进行："（一）党委（党组）分管组织（人事）工作的领导成员或者组织（人事）部门负责人，逐个介绍领导职务拟任人选的推荐、考察和任免理由等情况，其中涉及破格提拔的人选，应当说明破格的具体情形和理由；（二）参加会议人员进行充分讨论；（三）进行表决，以党委（党组）应到会成员超过半数同意形成决定。"

2016年，根据中共中央办公厅印发的《关于防止干部"带病提拔"的意见》规定，党委（党组）在向上级党组织推荐报送拟提拔或进一步使用的人选时，要认真负责地对人选廉洁自律情况提出结论性意见，实行党委（党组）书记、纪委书记（纪检组组长）在意见上签字制度。考核评价党委（党组）和组织人事部门、纪检监察机关以及有关领导干部，要把履行选人用人职责情况作为重要内容。

（六）履行任职手续

履行任职手续程序，在《党政领导干部选拔任用工作条例》（2014年修订）第七章中已经做了明确规定，即实行党政领导干部任职前公示制度。提拔担任厅局级以下领导职务的，除特殊岗位和在换届考察时已进行过公示的人选外，在党委（党组）讨论决定后、下发任职通知前，应当在一定范围内进行公示。公示内容应当真实准确，便于监督，涉及破格提拔的，还应当说明破格的具体情形和理由。公示期不少于五个工作日。公示结果不影响任职的，办理任职手续。实行任职谈话制度。对决定任用的干部，由党委（党组）指定专人同本人谈话，肯定成绩，指出不足，提出要求和需要注意的问题。

在干部公开选拔竞争上岗过程中，收集整理好选聘过程中的纸质文字、音像、网页、录像、图片等资料，对选聘过程进行全程纪实也是一个非常关键的环节。

通过公开选拔竞争上岗的干部，实行党政领导干部任职试用期制度。提拔担任非选举产生的厅局级以下领导职务的,试用期为一年,试用期满后,经考核胜任现职的,正式任职;不胜任的,免去试任职务,一般按试任前职级安排工作。

二、国有企业事业单位公开选拔竞争上岗基本流程

从笔者的从业经历和研究的情况看,在当前我国"党管干部,党管人才"的现行体制下,目前国有企事业单位干部公开选拔竞争上岗基本上是参照《公开选拔党政领导干部工作暂行规定》《党政机关竞争上岗工作暂行规定》开展相关工作;2016年以来,又根据《党政领导干部选拔任用工作条例》(2014版)进行了一定的调整。

按照《党政领导干部选拔任用工作条例》,当前国有企事业单位公开选拔竞争上岗,应结合工作实际表现情况,综合研判,坚决纠正唯票取人、唯分取人等现象,用好各年龄段干部,真正把信念坚定、为民服务、勤政务实、敢于担当、清正廉洁的好干部选拔出来。重点是要把握好应聘人员是否"对党忠诚、勇于创新、治企有方、兴企有为、清正廉洁",是否"坚定信念、任事担当",是否"牢固树立政治意识、大局意识、核心意识、看齐意识",是否"把爱党、忧党、兴党、护党落实到经营管理各项工作中",其主要包括六个方面的流程。

(一)公布职位、资格条件、基本程序和方法等

此流程主要包含11个环节:分析职位空缺和需要情况;制定选拔工作方案和实施方案;审定工作方案;汇报工作方案;听取工作方案汇报;选择第三方测评机构;开展职位分析;制定访谈方案;实施职位访谈;确定招聘职位职责和要求,建立胜任能力模型;研究制定招聘公告。

1. 分析职位空缺和需要情况

这是干部管理部门分析职位空缺和需要情况的过程。按照中央组织部、国务院国资委有关部署,以及招聘单位公开选拔、竞争上岗管理办法的有关要求;根据招聘单位改革发展、班子建设、队伍建设需要,分析职位空缺和需要情况。

2. 制定选拔工作方案和实施方案

这是干部管理负责人及业务人员制定选拔工作方案及实施方案的过程。选拔工作方案需要明确:工作目的、选拔职位、资格条件、选拔程序、组织领导、时间安排等。实施方案需要在工作方案的基础上,进一步明确:指导思路、资格条件(基本条件和资格条件)、职责和要求、细化选拔工作阶段及时间安排、组织领导、费用预算等。制定选拔工作方案与实施方案,组织人事部门内部审

核后，提交招聘单位党委审定。

3. 审定工作方案

这是招聘单位党委或领导小组审定工作方案的过程，主要审定选拔职位、资格条件、选拔范围、选拔方式等内容。党组或领导小组审核、确定选拔工作方案；审核发现问题的，退回组织人事部门进行修订；交组织人事部门组织实施。

4. 汇报工作方案

这是招聘单位党委或组织人事部门负责人向上级汇报工作的过程。招聘单位的干部公开选拔与竞争上岗需要向上级单位汇报；对重要职位和规模较大、涉及范围较广、影响较大的公开选拔与竞争上岗工作，需要向上级单位汇报。以书面或电话方式，向上级单位汇报公开选拔与竞争上岗工作方案。

5. 听取工作方案汇报

这是上级单位组织人事部门听取工作方案汇报的过程。按照干部管理有关规定，听取下级单位公开选拔与竞争上岗工作方案汇报，并对工作方案提出建议和意见。

6. 选择第三方测评机构

这是为使公开选拔工作更加科学和规范，干部管理部门按照招投标有关规定选择第三方测评机构的过程。第三方测评机构选择应满足以下基本条件，以确保测评质量和效果：一是经验丰富、从事过相关测评项目、资信良好；二是测评工具效度和信度高；三是测评人员具有较高的职业素养与职业道德；四是提供的测评方案和服务内容满足工作要求。根据招标确定的供应商名录，择优选定第三方测评机构。

7. 开展职位分析

这是干部管理部门和第三方测评机构及有关部门开展职位分析，确定具体职责与要求的过程。结合招聘单位已有的干部选拔标准，以及招聘单位战略、招聘单位文化等，对拟聘职位进行战略文化分析、工作职责分析：一是开展招聘单位战略分析；二是开展招聘单位文化分析；三是开展职位职责分析；四是明确职位职责与要求。

8. 制定访谈方案

这是干部管理部门针对选拔职位制定访谈方案的过程。制定访谈方案，访谈对象一般分为招聘单位高管、领域内主要负责人、组织人事部门领导、岗位现职人员四类。制定访谈方案需经组织人事部门内部审核。

9. 实施职位访谈

这是干部管理部门与第三方测评机构组织实施职位访谈的过程。主要采取关键事件访谈法实施访谈，主要内容包括：一是招聘单位战略对目标岗位的工作要求如何；二是目标岗位在组织架构中所处的位置；三是目标岗位的职责定位以及相应所需的素质能力要求；四是现职岗位上所面临的挑战与困难，或目前重点关注的问题。主要内容为：联系访谈对象，说明访谈目的；实施访谈，整理访谈记录。

10. 确定招聘职位职责和要求，建立胜任能力模型

这是分析访谈内容，建立职位胜任能力模型的过程。侧重于三方面：一是一般遵循评估模型指标在 7±2 原则筛选指标；二是界定不同指标的权重和测评方法；三是测评模型应体现岗位核心胜任能力，一般分为专业素养、核心能力、个性风格三大板。主要内容为：对访谈内容的演绎分析、指标筛选验证、确立体现岗位核心能力为主的素质测评模型、确定履历分析模板、制定报名表样式。

11. 研究制定招聘公告

这是干部管理部门制定招聘公告的过程。需要明确以下内容：职位及要求、报名基本条件、招聘程序、报名时间及方式。主要内容包括研究制定招聘公告、组织人事部门领导审核通过招聘公告。

（二）报名与资格审查，参加公开选拔的应当经所在单位同意

此流程主要包含发布公告、组织报名、组织资格审查、组织履历分析 4 个环节。

1. 发布公告

这是选择内部及外部媒体，发布招聘公告的过程。外部媒体可选择《人民日报》、国资委网站、相关行业报纸等；内部媒体可选择××报、招聘单位内部网站、OA 系统等。可视具体情况选择合适的媒体发布招聘公告。

2. 组织报名

这是根据招聘公告要求，组织开展报名的过程。面向社会报名时间一般为 20～30 天，面向招聘单位系统的报名时间一般为 10～15 天。为做好该项工作：一是要制定《答疑纲要》；二是接受报名；三是登记来电咨询的各类问题，按统一口径进行答复；四是及时向领导汇报报名汇总情况。

3. 组织资格审查

这是对报名人员进行资格审核的过程。审查内容包括职位层次、所在企业规模、工作经历、年龄、技术职称、外语水平、学历层次等。核心是看应聘人员"是否达到公告任职资格要求""干过什么，干成过什么"，按照招聘公告公布的招聘条件和职位要求对报名人员进行资格审查，确定符合招聘职位要求的

报名人员名单。

4. 组织履历分析

这是对通过资格审查的报名人员进行履历分析的过程。根据与工作要求相关性的高低，按事先确定履历中各项内容的权重，计算履历分析得分。根据履历分析模板，对符合报名资格要求的人员进行履历分析；对履历分析结果进行排名，确定进入笔试阶段人员名单。

（三）采取适当方式进行能力和素质测试、测评，综合研判，比选择优

此流程主要包含组织出题、组织笔试、组织素质测评、组织半结构化面试、组织无领导小组讨论、汇总计算总成绩、提出差额考察人选方案、审核差额考察人选方案8个环节。

1. 组织出题

这是组织有关专家进行出题的过程。一般应实行一岗一卷，以能够满足招聘单位的实际需要，贴近招聘单位工作要求为原则，针对不同职位来设计考题，在题目的设计上特别强调"管理能力与专业能力并重"的思路；邀请有关专家进行命题、审题，提高试题质量和针对性；对外公开招聘题目要兼顾内外考生的公平，避免出现带有招聘单位显著特征的题目；笔试考试题型一般由主客观题组成，包括单项选择题、判断题、论述题、案例分析题四种类型，侧重于核心专业知识抽查以及运用专业知识、技能解决案例问题的能力；出题时要严格做好保密与监督工作，应进行封闭出题，出题专家与考生、考官与考生、招聘工作人员与考题做到物理隔离。一般应根据岗位素质测评模型进行命题情境设计，编制命题素材搜集文件，发送给招聘单位系统内部专家进行命题前准备；专家发送搜集的素材给顾问，由顾问进行素材整理，命制题本初稿；进入封闭环境中集中完成命题修订、审核，整个过程都应在招聘单位纪检组、监察局监督人员的随同下进行；在封闭场所下进行所有题本及流程文件的打印、封装工作。

2. 组织笔试

这是组织报名人员参加笔试的过程。笔试时间一般为2～3个小时，笔试时间安排应坚持以人为本原则，方便考生时间安排。组织笔试一般包含制定笔试考务方案、联系考试场地、通知考生、确定参考人员、发放准考证、培训考务人员、组织开展考试、组织阅卷、统计成绩。

3. 组织素质测评

这是组织报名人员参加素质测评的过程。一般来说，素质测评应针对候选

人的个性特点和工作风格、发展潜质、道德品质等进行测评。对进入面试的候选人一般应出具专家分析报告，基本流程包括以下内容：选择测评工具软件，根据职位胜任能力模型对测评指标进行组合上线；组织参加笔试人员参加素质测评；形成测评报告；根据履历分析、笔试成绩、素质测评情况，综合研判，确定参加半结构化面试人员。

4. 组织半结构化面试

这是组织报名人员参加半结构化面试的过程。应由招聘单位主要领导、分管领导和行业专家做主考官，体现权威性；按照物理隔离原则，做好考官与考生的隔离保密工作，考官不接触考生，提前对考官进行封闭式管理。流程一般包括以下内容：制定半结构化面试及无领导小组讨论的考务方案；联系确定考官和考务人员、考场等，布置网络和考场；培训考务人员和考官；组织面试，考官签字确认成绩；统计面试成绩。

5. 组织无领导小组讨论

这是组织报名人员参加无领导小组讨论的过程。一般应由招聘单位主要领导、分管领导和行业专家做主考官，体现权威性；按照物理隔离原则，做好考官与考生的隔离保密工作，考官不接触考生，提前对考官进行封闭式管理。流程一般包括组织开展无领导小组讨论、考官签字确认成绩、统计无领导小组讨论成绩。

6. 汇总计算总成绩

这是组织汇总计算总成绩的过程。总成绩计算一般按以下权重计算：第一阶段设置履历分析占30%、知识测试占30%、能力测试占40%，据实计分，进行综合研判，取前八名进入面试环节；第二阶段半结构化面试占70%、无领导小组讨论占30%；按照第一阶段综合成绩占30%、第二阶段综合成绩占70%，计算总成绩。根据各阶段的考试、测试结果，汇总计算各考生总成绩。

7. 进行综合研判，提出差额考察人选方案

这是干部管理负责人根据考试总成绩情况，提出差额考察人选的过程。综合研判，提出差额考察人选方案；经组织人事部门负责人审核后，报党组审核。

8. 审核差额考察人选方案

这是党组审核考察人选方案的过程。根据总成绩和工作需要，按照干部管理权限审核、确定差额考察人选方案；对部门处室（科室）负责人，一般需要征求部门主要负责人意见。党组审查、核准差额考察人选方案。审核发现问题的，交组织人事部门调整差额考察人选方案；审核通过的，交组织人事部门组织差额考察。

(四) 组织考察，研究提出人选方案

此流程主要包含制定差额考察方案、组织开展差额考察、综合研判并撰写差额考察材料、酝酿任用建议、提出任用建议方案5个环节。

1. 制定差额考察方案

这是干部管理负责人制定差额考察工作的过程。差额考察工作方案主要包括主要任务、考察方式、考察分组、日程安排等。由干部管理业务人员制定差额考察方案，经组织人事部门负责人审核通过后，组织实施。

2. 组织开展差额考察

这是组织开展差额考察的过程。对同一职位应由同一考察组进行考察，对系统内人选采取民主测评和个别谈话相结合的谈话方式进行考察；对系统外人选，在征求本人意见的基础上，采取个别谈话、查阅有关资料相结合的方法进行考察。对系统内人员，重点考察是否能够胜任应聘职位、能力特长、性格、品行、作风、为人处事、廉洁从业情况；对系统外人员，重点考察是否能够胜任应聘职位、品行、作风、为人处事、廉洁自律、近三年来的工作业绩和年度考核情况。考察一般环节为：系统内单位发布考察预告和通知，系统外单位发布考察工作联系函；组织开展考察；查阅干部人事档案和有关资料，核实考察人选信息等。

3. 综合研判并撰写差额考察材料

这是综合考察情况，综合研判，撰写差额考察材料的过程。考察材料必须实事求是，全面、准确地反映考察对象的情况。考察组综合考察情况，撰写差额考察材料。

4. 酝酿任用建议

这是干部管理负责人酝酿任用建议的过程。根据考试总成绩、组织考察情况、职位匹配度、综合素质、发展潜力等，酝酿任用建议人选及任用建议。

5. 提出任用建议方案

这是干部管理负责人提出任用建议方案的过程。根据考试总成绩、组织考察情况、职位匹配度、综合素质、发展潜力、工作需要等，提出任用建议人选。编制任用建议方案，明确各选拔职务的拟任人选。

(五) 党委（党组）讨论决定

此流程一般包括如下12个环节：经充分酝酿后向主要领导和分管领导报告建议方案；分管领导和主要领导酝酿；在领导班子成员中进行酝酿，征求意见；

汇总酝酿意见；修订任用建议方案；酝酿、审核修订方案，向主要领导和分管领导报告；分管领导和主要领导酝酿；按规定向上级单位沟通请示；按规定征求纪检监察意见；编制上会材料；在党组会上汇报考试测评情况和考察情况；党组会议讨论决定。

1. 经充分酝酿后向主要领导和分管领导报告建议方案

这是组织人事部门负责人酝酿与报告的过程。组织人事部门负责人充分参考干部管理负责人的建议方案进行酝酿。向主要和分管领导报告建议方案。

2. 分管领导和主要领导酝酿

这是分管领导和主要领导酝酿过程。分管领导和主要领导根据考试总成绩、组织考察情况、职位匹配度、综合素质、发展潜力、工作需要等进行酝酿，拟任人选。

3. 在领导班子成员中进行酝酿，征求意见

这是向领导班子其他成员征求意见的过程。广泛征求领导班子其他成员的意见，进行充分酝酿。

4. 汇总酝酿意见

这是干部管理业务人员汇总酝酿意见的过程。干部管理负责人应及时收集、汇总招聘单位主要领导、分管领导及领导班子其他成员的酝酿意见。

5. 修订任用建议方案

这是干部管理负责人根据汇总后的酝酿意见，修订任用建议方案的过程。干部管理负责人根据招聘单位领导的酝酿意见，修订各招聘职位拟任用人员方案。

6. 酝酿、审核修订方案，向主要领导和分管领导报告

这是组织人事部门领导酝酿、审核修订方案，向主要领导和分管领导报告的过程。主要环节包括：酝酿、审核修订任用建议方案；审核发现问题，加注审核意见返回修订环节；审核通过后，加注审核意见，并向招聘单位主要领导和分管领导汇报任用建议方案；最后向主要领导和分管领导报告。

7. 分管领导和主要领导酝酿

这是分管领导和主要领导根据新的建议方案进行酝酿的过程。分管领导和主要领导再次酝酿，通过沟通对拟任人员达成一致意见。如果有分歧，停止任用建议酝酿；分歧小或无分歧，需要按规定与上级单位进行沟通。

8. 按规定向上级单位沟通请示

按照《所属单位干部备案管理和报告办法》要求，向上级单位沟通请示，征求意见。下述两种情况，在上党组或联席会前，需要与上级单位组织人事部门沟通，取得上级单位组织人事部门同意后，再上会研究：①需要任前备案请示干部任免事项，在该环节需要和上级单位进行沟通；②需征求意见的干部任免事项，在该环节需进行沟通并上报征求意见的相关资料。

9. 按规定征求纪检监察意见

这是按规定向纪检组（纪委）征求拟任人选廉洁从业意见的过程。纪检组（纪委）收到组织人事部门听取意见的函件后，应按规定尽快函复。了解拟聘人员的廉洁从业情况，听取对其使用的建议。对招聘单位系统内人员，按照《领导人员任职前人事部门听取纪检组（纪委）意见的办法》进行办理；对招聘单位系统外人员，尽量从各个方面了解其廉洁从业情况。

10. 编制上会材料

这是干部管理负责人编制上会材料的过程。编制上会材料，包括《招聘单位干部任免建议》《招聘单位干部任免建议一览表》《拟任免干部名册》《关于领导人员任职前听取意见的复函》等。干部管理负责人负责编制干部公开选拔与竞争上岗拟任人选的上会材料。

11. 在党组会上汇报考试测评情况和考察情况

这是组织人事部门在党组会上汇报初始提名推荐情况和考察情况的过程。组织人事部门负责人负责工作汇报，在党组会上，汇报初始提名推荐情况和考察情况、征求纪检组（纪委）的情况等。

12. 党组会议讨论决定

最终人选由招聘单位党委根据考察人选的履历和岗位匹配度情况，考绩与实绩、临场表现与一贯表现的情况，综合管理能力和发展潜力情况来确定人选，切实避免简单地以考试分数取人。领导班子决定干部任免采用会议表决方式进行。①会议表决时，必须有2/3以上党组（党委）成员参加方可进行；②要保证与会成员有足够时间听取情况介绍、充分发表意见，与会成员应当发表同意、不同意或者缓议等明确意见；③集体决定必须采取表决方式进行，缺席的人员不得委托他人代为表决，以应到会成员一半及以上人数同意为通过；④对意见分歧较大或者有重大问题不清楚的，应暂缓表决，需要复议的，应经应到会成员超过半数同意后方可进行。

（六）履行任职手续

此流程主要包含以下6个环节：备案请示，征求协管方意见；公示；向主要领导和分管领导报告公示情况；任前谈话；办理任职工作；组织试用期考核。

1. 备案请示，征求协管方意见

按单位干部备案管理和报告办法要求办理备案请示、征求协管方意见。内容包括备案请示，征求协管方意见。

2. 公示

公示手续应在党组（党委）会或者党政联席会讨论同意后尽快办理。需征求协管方意见的拟任人选，在征求意见的同时或待协管方复函后进行公示。任前公示期按规定进行，遇重大节假日顺延；对招聘单位系统外人员，一般在发布招聘公告的网站上进行公示。公示过程如下：发布公示通告；受理个人和单位反映情况及问题；归纳整理反映的情况及问题；调查核实、提出意见；填写公示情况登记表；向主要领导和分管领导报告公示情况；公示通过。

3. 向主要领导和分管领导报告公示情况

组织人事部门负责人向招聘单位主要领导和分管领导汇报公示期间的问题及处理情况。公示未通过，暂缓任用；公示通过的，办理任职手续。

4. 任前谈话

任前谈话的主要任务，是将党组（党委）的任职决定通知干部本人，对干部提出希望和要求，使干部明确肩负的职责和需要注意的问题，到新的工作岗位后更好地开展工作。被聘任（任命）或解聘（免职）的领导人员，由招聘单位主要领导或指定专人进行任免谈话，招聘单位组织人事部门负责人参与。任前谈话可与公示同时进行。

5. 办理任职工作

这是干部负责人在任前谈话结束后，为任职人员办理任职手续的工作过程。除完成干部任职聘任文件等事项外，还需要完成干部选拔全程纪实档案的整理归档。主要包括以下内容：办理聘任文件或推荐文件；组织开展干部任职宣布；通知有关部门和单位办理调动手续；填写干部任免审批表；通知干部填写家庭成员情况表和干部履历表；整理干部选拔任用全程纪实文书档案材料；转递干部人事档案。

6. 组织试用期考核

这是指干部任职试用期满后的试用考核工作过程。招聘单位竞争上岗干部任职试用期按规定进行，任职时间自发文之日起计算。试用期考核可采取民主测评、个别谈话等方式进行。试用期满，按照干部管理权限，由组织人事部门组织对干部进行考核，并整理试用期考核材料等工作；试用期考核材料需经招聘单位党委（党委）会议集体研究通过；试用期考核通过的，无特殊情况，不另行发文；试用期考核未通过的，按有关规定处理。

三、高潜优秀年轻干部竞争性选拔

(一) 高潜优秀年轻干部选拔的重要意义

毛泽东同志说:"政治路线确定之后,干部就是决定的因素。因此,有计划地培养大批的新干部,就是我们的战斗任务。"邓小平同志指出:"要在坚持社会主义道路的前提下,使我们的干部队伍年轻化、知识化、专业化,并且要逐步制定完善的干部制度来加以保证。"习近平总书记强调:"培养选拔年轻干部,事关党的事业薪火相传,事关国家长治久安。加强和改进年轻干部工作,要下大气力抓好培养工作。对那些看得准、有潜力、有发展前途的年轻干部,要敢于给他们压担子,有计划安排他们去经受锻炼。对年轻干部中确有真才实学、成熟较早的,也要敢于大胆破格使用,不能缩手缩脚。"

(二) 高潜优秀年轻干部选拔的有关规定

2009年,中组部印发了《关于加强培养选拔年轻干部工作的意见》,提出要进一步形成优秀年轻干部脱颖而出的选拔机制。解放思想,创新机制,大力破除妨碍优秀年轻干部脱颖而出的思想、舆论、制度阻力。认真贯彻《公开选拔党政领导干部工作暂行规定》和《党政机关竞争上岗工作暂行规定》,坚持民主、公开、竞争、择优,深化干部人事制度改革,完善竞争性选拔制度。认真研究优秀年轻干部成长规律,探索建立破格提拔制度。进一步拓宽选拔优秀年轻干部渠道,加大从基层一线选拔力度,注重从国有企业、高等院校和科研院所选拔。凡是在中国特色社会主义建设实践中涌现出来的优秀人才,都应纳入选拔视野,实现在更广范围、更大领域的选贤任能。因此在许多单位,特别是国有企事业单位,应有计划系统地选拔高潜质的优秀年轻干部进行集中培养。

(三) 高潜优秀年轻干部选拔的基本流程

选拔高潜质优秀年轻干部基本流程和干部公开选拔竞争上岗的流程基本一致。

四、后备干部竞争性选拔

(一) 后备干部选拔的发展情况

我国的后备干部制度产生于20世纪80年代初,主要是为了解决当时迫在眉睫的新老干部正常交替问题。1982年，邓小平提出了干部队伍"四化"方针，指出"实现干部的革命化、年轻化、知识化、专业化，是革命建设的战略需要"。显然，培养选拔大批优秀中青年干部已成为当时一项紧迫任务。同年，党的十二大提出了建设各级领导班子第三梯队的重大战略决策。中央提出，为了使国家能够长治久安，使党和国家的方针、政策能有连续性，必须抓紧各级领导班子第三梯队的建设。因此，一定要建立和健全后备干部制度。1983年10月5日，中组部发布《关于建立省部级后备干部制度的意见》，这个重要的指导性文件成为后备干部制度正式确立的标志。1994年，党的十四届四中全会集中讨论党的建设问题，并通过了《中共中央关于加强党的建设几个重大问题的决定》，明确指出要进一步做好后备干部工作，重视各级党政领导班子主要负责人的选拔培养，为各级领导班子培养出质量合格、数量充足的后备干部。

（二）后备干部选拔的有关规定

中组部2000年9月2日印发的《党政领导班子后备干部工作暂行规定》，对党政领导班子后备干部的条件、数量、结构以及选拔、培养和管理原则做出了详细的规定，后备干部制度成为党政人才选拔培养的重要制度，并逐步发展和规范化。该文件第四章第八条规定："选拔后备干部，应充分发扬民主，广开推荐渠道，扩大选人视野。不仅要从党政机关挑选，还应从国有大中型企业和高等院校、科研院所挑选。不仅要从国内培养的各类人才中挑选，还要注意从优秀留学回国人员中挑选。市（地）级以上党政机关各部门的后备干部，可以在全系统范围内选拔。"第九条规定："选拔后备干部的程序是：民主推荐，确定考察对象；组织（人事）部门考察；党委（党组）讨论提出建议人选名单并在一定范围内公示；报上级党委组织（人事）部门考察认定。正职后备干部由上级党委组织（人事）部门在民主推荐和认真考察的基础上，报党委（党组）讨论认定。"第十一条规定："选拔后备干部的工作可以单独进行，也可以结合领导班子换届、届中考察、调整工作一并进行。对在公开选拔领导干部和在竞争上岗中发现的优秀年轻干部，一时不能提拔使用的，可按规定程序列入后备干部名单。"第十三条规定："按照公开、平等、竞争、择优的原则，积极探索选拔后备干部的新方法、新途径。"

2009年2月，中央印发了《2009—2020年全国党政领导班子后备干部队伍建设规划》，这是中央首次制定后备干部队伍建设规划。该规划对怎样选拔后备干部也做出了详细规定，严格选拔工作程序。正职后备干部，由上级组织（人事）部门在一定范围内进行民主推荐或个别谈话推荐的基础上，提出建议人选名单。副职后备干部，由呈报单位党委（党组）依据民主推荐情况和班子结构要求，集体研究提出建议人选名单，在此基础上由上级组织（人事）部门商定后备干部，呈报单位党委（党组）提出考察对象人选，实行差额考察认定。完善选拔工作程序，注意运用体现科学发展观要求的党政领导班子和领导干部综合考核评价办法。拓宽选拔渠道，扩大选人视野。不仅要从党政机关选拔后备干部，还应当重视从国有骨干企业、高等学校、科研院所等单位选拔后备干部。逐步探索采用竞争性选拔方式，把不同行业、不同领域的各类优秀人才聚集到后备干部队伍中来。公开选拔和竞争上岗中的优秀干部符合后备干部条件的，可以按规定程序列入相应的后备干部名单。

（三）后备干部竞争性选拔流程

根据中央关于"逐步探索采用竞争性选拔方式，把不同行业、不同领域的各类优秀人才聚集到后备干部队伍中来"的文件要求，2009年以来，也有许多党政机关和国有大型企事业单位探索采用竞争性选拔的方式选拔各层级后备干部，选拔高潜质优秀年轻干部的基本流程和干部公开选拔竞争上岗的流程基本一致。

五、职业经理人竞争性选拔

（一）我国职业经理人的发展情况

学界对于职业经理人的定义也有多种。职业经理人一般是指在一个所有权、法人财产权和经营权分离的企业中承担法人财产的保值增值责任，全面负责企业经营管理，对法人财产拥有绝对经营权和管理权的职业，由企业在职业经理人市场（包括社会职业经理人市场和企业内部职业经理人市场）中聘任，而其自身以受薪、股票期权等为获得报酬主要方式的职业化企业经营管理专家。一般认为，将经营管理工作作为长期职业，具备一定职业素质和职业能力，并掌握企业经营权的群体就是职业经理人。

国外的职业经理人发展较早，也非常成熟。通常认为职业经理人的起源在美国。1841年，两列客车的相撞，使美国人意识到铁路企业的业主没有能力管理好这种现代企业，应该选择有管理才能的人来担任企业的管理者，世界上第一个经理人就这样诞生了。美国作为经理人的发源地，经过170多年的发展到今天，已经形成了十分成熟的职业经理人阶层，对美国经济的发展乃至世界经济的发展都起着至关重要的作用。比如GE的杰克·韦尔奇、IBM的郭士纳等都是十分著名的职业经理人。改革开放以来，我国的职业经理人市场获得了较快发展，特别是随着民营企业的发展，在一批民营企业中，率先走出了一批职业经理人。比较有名的如唐骏作为中国最成功的职业经理人之一，身价愈10亿元，成为中国的"打工皇帝"。

2016年6月30日，根据《经济参考报》报道，该报记者从国务院国有资产监督管理委员会（以下简称"国资委"）了解到，《关于开展市场化选聘和管理国有企业经营管理者试点工作的意见》已经由国务院国有企业改革领导小组审议通过，并待中央审批后出台。下一步，国资委将在文件的基础上，在国资委直接监管的国有独资、国有控股的一级企业（不含金融、文化等国有企业）中再选择3~5家开展试点。这意味着央企、国企的"一把手"或更多地从市场中产生，同时国企高管薪酬将与其选聘方式挂钩，即政府任命的由政府定价，市场选拔的由市场定价。据该报了解，从20世纪末开始，我国就在积极探索符合现代企业制度要求的国有企业选人用人新机制。国资委成立以来，先后七次面向全球公开招聘中央企业高管，共为100多家企业招聘了138名高级经营管理者和高层次科研管理人才。由于董事会还不完善，并没有实现由董事会依法选择经营管理者。为进一步推动国企改革，从2014年开始，国务院国资委在宝钢、新兴际华、中国节能、中国建材、国药集团五家中央企业落实了董事会选聘和管理经营层成员的职权。按照党组织推荐、董事会选择、市场化选聘、契约化管理的基本思路，新兴际华董事会选聘了总经理，宝钢、中国节能、国药集团选聘了6名副总经理，新兴际华董事会近期又市场化选聘了全部经理层副职。

由此可见，作为党的十八大以来国企改革的重要组成部分，推进市场化选聘国有企业经营管理者，是国有企业人事制度的重大改革，也是国有企业领导人员管理体制机制的重大转变。随着相关的体制机制建立起来，更多的央企、国企的一把手将从市场中招聘，将强化董事会功能，完善公司法人治理结构，将董事会、经理层由过去的"同纸任命"改为分层管理，形成分类分层的企业领导人员管理体制，有效解决经营管理者"能上不能下、能进不能出"问题。开展聘任制和契约化管理，签订聘任协议和业绩合同，严格聘期管理和目标考核，实行市场化退出。

（二）我国职业经理人选拔的有关政策

2015年8月，中共中央、国务院印发了《关于深化国有企业改革的指导意见》，提出推行职业经理人制度，实行内部培养和外部引进相结合，畅通现有经营管理者与职业经理人身份转换通道，董事会按市场化方式选聘和管理职业经理人，合理增加市场化选聘比例，加快建立退出机制。2016年9月，中共中央印发了《关于在深化国有企业改革中坚持党的领导加强党的建设的若干意见》（以下简称"《若干意见》"），提出进一步完善坚持党管干部原则与市场化选聘、建立职业经理人制度相结合的有效途径，扩大选人用人视野，合理增加市场化选聘比例；同时，为避免职业经理人队伍固化和标签化，进一步激发企业内部经营管理者队伍活力，《若干意见》提出，实行内部培养和外部引进相结合，推进职业经理人队伍建设。该意见下发后，各国有企事业单位开始逐步开展职业经理人选拔工作。例如，2016年8月5日，中国船舶重工集团公司在国务院国资委网站上发布3名成员单位总经理职位的招聘公告，招聘中国船舶重工国际贸易有限公司总经理、中船重工物资贸易集团有限公司总经理、中国船舶资本有限公司总经理，这就属于典型的职业经理人招聘。

国内关于职业经理人的专门立法，目前尚未出现。对经理人职责的规定，在《中华人民共和国公司法》（以下简称"《公司法》"）中有一定规定。从2014年3月1日起施行的最新《公司法》对经理和高级管理人员的规定看，中国的《公司法》未把公司的董事、经理、高级管理人员的职责进行完全划分，许多条款中董事、高级管理人员的规定是一致的，除对经理可行使的八条职权外，没有其他单独的规定。从《中华人民共和国证券法》的情况看，证券法中关于职业经理（高级管理人员）的规定相对较少，关于证券公司经理、高级管理人员的规定有一定规定。

2014年，中国企联职业经理人资格认证专家委员会曾开展中国职业经理人资格培训认证（Chinese Professional Manager Qualification Authentication，简称CPMQ体系）工作。2014年10月23日，《国务院关于取消和调整一批行政审批项目等事项的决定》（国发〔2014〕50号）取消了职业经理人资格认证。虽然该项认证体系总体来讲信度、效度和权威性较低，在职业经理人市场上，也没有把其作为一个诸如类似于注册会计师、一级建造师等职业资格门槛来看待，但是仍然有一定的借鉴意义。该认证体系的依据是中国企业家协会发布的《职业经理人资格认证标准》（2012年修订），此认证标准于2005年7月起开始试行，2014年10月废除。

（三）职业经理人竞争性选拔的方式

在职业经理人选聘方式上，国内外目前均发展了一套较为成熟的方式。国外较多的是采用猎头的方式进行。如根据《史蒂夫·乔布斯传》记载，1983年时，当时乔布斯任苹果公司董事长，时任总经理马库拉因为家庭原因决定辞职。为了给苹果公司找一个职业经理人，于是乔布斯和马库拉找来社交广泛的企业猎头格里·罗齐（Gerry Roche）帮他们另择人选。他们决定不局限于在技术高管这个圈子里，他们需要的是一位懂得广告宣传和市场研究的消费品营销专家，得有大企业的风范，能在华尔街吃得开。罗齐将目光锁定在当时最红的消费品营销奇才、百事公司百事可乐部门总裁约翰·斯卡利的身上。乔布斯和斯卡利在四季餐厅会面，谈话结束时已近午夜，乔布斯亲自向斯卡利发动攻势，参观百事公司总部，并一起在中央公园散步。斯卡利当时和乔布斯谈了薪水的问题。"我要告诉他，我需要100万美元的薪水，100万美元的签约奖，如果最后成不了，还要100万美元离职补偿。"最后，马库拉说服斯卡利接受了50万美元的薪水和同等数额的奖金。这是一个典型的西方猎头程序。根据《中华工商时报》2016年4月19日的报道，山东大学职业经理人研究中心在研究职业经理人的相关课题时，曾于2014年至2015年对300多名企业经理人进行了问卷调查研究，主要聚焦于企业经理人的来源与成长方面。调查发现，企业选聘经理人的渠道主要包括内部提拔（占46.2%）、猎头公司（占14.2%）、他人推荐（占12.6%）、公开招聘（占26.9%）四种。

  国内采用的方法较多（见表2-1），至少有8种以上的方式可供选择。从"五大商帮"到民国时期，再到新中国成立后的公私合营时期，均有一些好的做法值得借鉴。较为典型的如民国时期的航运大王民生公司卢作孚，他在用人制度上抛弃了录用人员凭私人介绍的陈规，制定了"低级人员考，高级人员找"的用人制度。即凡进公司的一般技术管理人员和工人（包括茶房和水手），一律经过考试择优录取，不许徇私；同时，职工被录取后必须经过短期的业务和思想培训，然后根据不同的才能安排不同的工作和职务。但对于有真才实学的高级技术和管理人才，则采用聘请办法，如征求、走访、登报招聘、托人代寻、请求学校派遣、科研单位推荐等等。尽管时间过了70多年，他的针对选聘高级技术和管理人才的这几种方法依然具有极强的生命力，其托人代寻，类似于请人猎头；登报招聘，类似于公开招聘；征求、走访类似于自己进行猎头；请求学校派遣、科研单位推荐，类似于推荐。

表2-1 职业经理人选聘方式

序号	选聘方式		主要特点	优点	不足
1	内部培养	组织选拔	从公司内部按照组织流程进行逐级或破格提拔	熟悉人选情况,人选也熟悉公司情况,成本较低,进入角色快	知识相对固化,容易产生团团伙伙,不利于引进先进管理理念
2		竞争性选拔	采用公司内部公开竞聘方式进行选拔	有利于发现公司内部优秀人才	竞聘人选存在角色匹配风险
3	猎头	委托猎头	委托社会猎头公司进行猎头	猎头公司有一定的资源库,来源范围相对较广,相对较为专业	成本较高,不同猎头公司的水平不一样,掌握的资源库也不一样,不利于保密
4		自行寻访	单位人力资源部门自行组织寻访	成本较低,目的性较强,可获得第一手资料,真实可靠	范围和资源有限,来源得不到保障,不太好开展调查和接触
5	公开招聘		面向社会进行公开招聘	来源广泛,可选人选相对较多	成本较高,人员来源较杂,人员熟悉度较低,用人风险较大
6	熟人推荐		企业股东、董事、高级管理人员的熟人、朋友推荐	成本低,可快速接触到推荐人选,成功率较高	对推荐人的鉴别能力要求较高,可能会带来一些预想不到的问题
7	机构派遣		委托科研机构、大学、商学院、上级机关推荐派遣人选	成本低,可快速就位,人员背景能够较为清楚地掌握	中小企业和普通企业难于获得推荐,推荐人选的质量不一
8	收购并购		对优秀的职业经理人和团队所在企业进行收购和并购,获得相应的人才	可以获得整个团队和技术,拟聘人选的能力可以得到很好的检验	成本高昂,较难实施,团队的融合和企业文化的统一需要时间,创始人往往不甘心,难于挽留

(四) 职业经理人选聘的基本流程

1. 内部组织选拔基本流程

内部组织选拔是许多公司二、三级企业职业经理人选聘最为常见的一种选聘方式。一般常用的流程为：业绩和价值观考评；成绩优异者，纳入组织选拔关注对象（后备干部或高潜人才库）；进行领导力提升培养；人资部门组织开展360度评测（民主推荐、组织考察）；征求拟聘人选的主管领导、董事长、股东意见（征求意见）；根据董事会授权，相关高级职员按照公司章程规定的流程聘任二、三级职业经理人（国有企事业单位召开党委会集体讨论决定）；签订聘用程序（按程序办理任职手续）；试用期考核；期中业绩考核；续聘（解聘）等程序，详见图2-2。

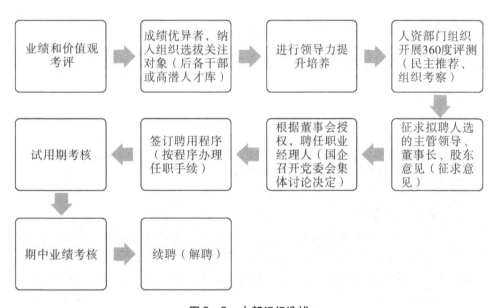

图2-2 内部组织选拔

2. 内部竞争性选拔基本流程

内部竞争性选拔是多数国有企业选拔二、三级职业经理人常用的一种选拔模式，部分大型民营企业也采用此种方式选拔职业经理人。一般常用的流程为：制定方案；发布公告；收集简历；履历分析；综合素质测评（知识测试、心理素质测试、能力测试、半结构化面试、无领导小组讨论）；背景调查（国有企业：民主测评、考察）；综合研判；征求股东、董事、监事意见［国有企业：党委（党组）集体讨论决定］；商谈考核指标、薪酬标准、聘用合同初步条款；董事会讨论决定或企业所有者决策［国有企业：党委（党组）集体讨论决定］；签订聘用协议；按公司章程规定履行任职手续；进行试用考核；进行任期指标考核；续聘（解聘）等程序，详见图2-3。

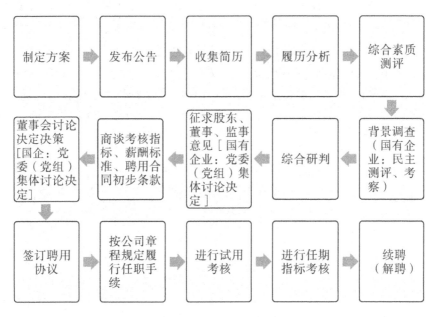

图2-3 内部竞争性选拔流程

3. 委托猎头选聘流程

委托专业猎头公司寻找职业经理人，是西方常用的一种选拔职业经理人的方式，目前在国内也得到了逐步开展，而且发展势头迅猛，正逐步成为我国许多企业寻访职业经理人的重要方式，特别是民营企业。其主要流程为：编制方案，确定需求；签订猎头服务协议，支付前期服务费；职位分析与描述，与猎头公司一同确定岗位的职责和任职资格；制定详细的搜寻方案，确定目标区域、确定搜寻方式、确定合适的职业猎手和猎聘小组成员；执行寻访和评估活动，从正面和侧面对所接触的候选人进行个人背景调查，了解候选人的生平背景、工作经历、知识层次、专业素质、综合能力、离职可能性与动机、待遇情况等；筛选候选人名单，每个职位至少确定2～3名人选；面试候选人（可征求候选人意见，开展心理素质、心理健康、团队、职业取向、情商等）；综合研判；商谈考核指标、薪酬标准、聘用合同初步条款；董事会讨论决定或企业所有者决策［国有企业：党委（党组）集体讨论决定］；签订聘用协议；协助候选人离开原单位；按公司章程规定履行任职手续；进行试用考核；进行任期指标考核；续聘（解聘）等程序，详见图2-4。

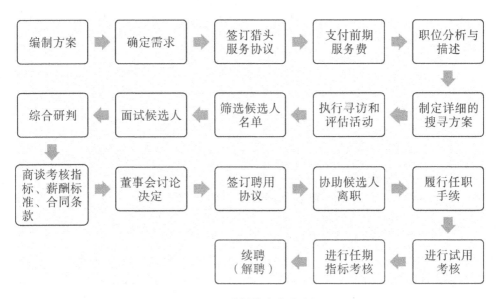

图2-4 委托猎头选聘流程

4．自行猎头选聘流程

自行猎头选聘是指公司人力资源部门或企业董事长、董事、股东亲自充当猎头公司角色寻找职业经理人。该种方式和委托猎头公司寻访的流程大致相同，所不同的是实施主体：一个是委托猎头公司寻访，一个是自己组织力量进行寻访。较为常见的是著名企业、大型企业、明星企业、科研机构寻找自己所需要人才。其主要流程为：确定需求；确定岗位和所需人选；制定寻访方案，确定寻访目标；组织实施寻访、拜访、约见中意的人选；筛选候选人名单，每个职位至少确定2～3名人选；面试候选人（可征求候选人意见，开展心理素质、心理健康、团队、职业取向、情商等综合素质测评）；综合研判；商谈考核指标、薪酬标准、聘用合同初步条款；董事会讨论决定或企业所有者决策［国有企业：党委（党组）集体讨论决定］；签订聘用协议；协助候选人离开原单位；按公司章程规定履行任职手续；进行试用考核；进行任期指标考核；续聘（解聘）等程序，详图见2-5。

5．公开招聘主要流程

公开招聘职业经理人流程与国有企事业单位公开选拔竞争上岗流程基本一致，一般包含职位分析、设置资格条件、发布公告、履历筛选、素质测评、面

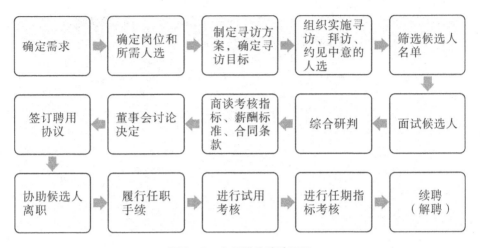

图2-5 自行猎头选聘流程

试(面谈)、背景调查、聘用合同薪资和绩效谈判、选择决策、聘用、业绩考核等流程(见图2-6)。公开选拔职业经理人一般不进行知识方面的测试,但可进行心理素质、职业道德等方面的测试,而且面试(面谈)以及背景调查、聘用合同薪资和绩效谈判是职业经理人招聘的核心环节。具体可参照国有企业事业单位公开选拔竞争上岗基本流程进行实际操作。如2016年8月5日,中国船舶重工集团公司在国务院国资委网站上发布3成员单位总经理职位招聘公告中说明的招聘程序:招聘工作按照自愿报名、资格审查、面试、考察了解、决定聘用的程序进行。按照有关规定,对聘用人员实行任职试用期制。

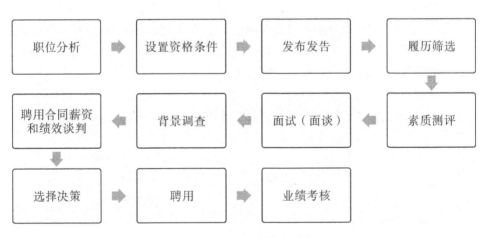

图2-6 公开招聘主要流程

6. 熟人推荐基本流程

由企业股东、董事、高级管理人员的熟人和朋友推荐职业经理人，是企业界常用的一种选择职业经理人的做法，在国有企业和民营企业中均时有发生。由于国有企业和民营企业体制机制的不同，因此在选聘由熟人推荐的职业经理人时，流程会有所不同。特别是国有企业，虽然由熟人推荐，但是由于国有企业选人用人必须严格参照最新修订的《党政领导干部选拔任用工作条例》（以下简称"《条例》"）进行，因此在选聘熟人推荐的职业经理人时，也必须遵循一定的程序，基本上可按《条例》第二十一条，个人向党组织推荐领导干部人选，必须负责地写出推荐材料并署名。所推荐人选经组织（人事）部门审核符合条件的，纳入民主推荐范围，缺乏民意基础的，不得列为考察对象。因此，国有企业熟人推荐职业经理人的流程一般为：熟人向董事长、领导班子成员、相关高级管理人员推荐人选；个人向党组织推荐；党委（党组）会集体讨论确定考察对象；人力资源管理部门组织开展外调考察；根据情况开展素质测评和面试；形成考察材料；综合研判；形成选聘建议；根据授权和拟聘人选商谈调入、薪酬、绩效考核、生活待遇等初步条款；党委（党组）会集体讨论；签订聘用协议；协助候选人离开原单位；按公司章程规定履行任职手续；进行试用考核；进行任期指标考核；续聘（解聘）等程序，详见图2－7。

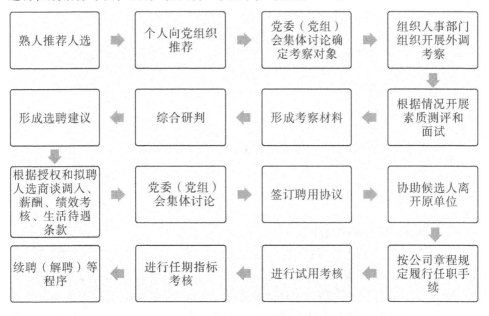

图2－7　国有企业熟人推荐基本流程

民营企业熟人推荐职业经理人,则相对灵活一些。但是面试肯定是一个必不可少的环节,特别是对企业而言重要的职业经理人,一般来说企业的出资人,出于对自己财产保值增值的需要,必定会亲自面试拟聘职业经理人选。如据报道,三星公司坚持人才经营,而人才经营的开端就是招聘工作,面试时,第一任董事长李秉喆每每亲临现场,每年都要亲自与百名应聘者面谈,后来面试的权力逐渐下放,一般选拔一些阅历丰富的人担任面试委员。

7. 机构派遣选聘主要流程

机构派遣选聘主要是一些大型企业,请相关科研机构、大学推荐选派人选到企业担任二、三级企业职业经理人,或担任创新性企业、孵化企业职业经理人,该种情况发生的相对较少。其主要流程为:岗位需求分析;制定方案;向有关机构发出派遣需求信息(函);派遣机构组织选拔推荐;接受派遣机构推荐人选;面试(根据情况配套开展素质测评);背景调查(民主推荐、考察);聘用合同薪资和绩效谈判;选择决策;聘用;业绩考核等流程,详见图2-8。

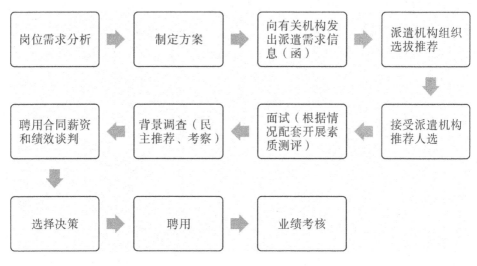

图2-8 机构派遣选聘主要流程

8. 收购并购选聘主要流程

通过并购明星企业和明星领导人所在公司,把团队人才和技术一起纳入囊中是欧美发达国家中常用的一种做法。最为有名的如当年苹果公司乔布斯的回归,就是通过此种方式进行的。1985年9月,由于丽萨电脑的失败,当时的乔布斯辞去了苹果公司董事长职务。辞职几天后,乔布斯又创办了"NeXT"电脑公司,后来又成立独立公司皮克斯动画工作室,并在1995年推出全球首部全3D

立体动画电影《玩具总动员》并获得巨大成功，个人身价已暴涨逾 10 亿美元。而此时的苹果公司则快陷入亏损境地。1996 年 12 月，苹果收购 NeXT，同时也把乔布斯重新收回到苹果公司，担任行政总裁（职业经理）。在乔布斯的改革之下，"苹果"终于实现盈利。乔布斯刚上任时，苹果公司的亏损高达 10 亿美元，一年后却奇迹般地盈利 3.09 亿美元。

  公司并购的流程，涉及各方面的事项较多，具体流程比较复杂，人事整合是企业并购的重要一环，也是并购能否成功和发挥效益的关键环节。关于如何并购并如何通过并购获得优秀人才，GE 前董事长杰克·韦尔奇在其著作《赢》中有精辟的论述："关于人事选择的问题，我想最后再说两句。在最有效率的合并中，人事安排实际上在谈判中就开始了，也就是在交易达成之前。例如，在摩根大通银行和美国第一银行的合并案例中，交易完成的同时，25 名最高级经理的人选也已经确定了。那是最杰出的实践，也是值得争取的目标。要点在于，我们要与'征服者综合征'做斗争。要把并购想象成获得人才宝库的机会——这种机遇是难得的，在其他情况下，你需要经过多年的寻找，向猎头公司支付无数费用才能得到。因此，你就不该浪费它。做出困难的决定，选择最好的人手——不要管他们原来属于哪一方。""在并购结束后，经理人会挑选那些为交易欢呼的人，即使他们并不如那些叹气的人聪明、有见识。当你有两个人做同一件事情时，如果他们的能力在其他方面都很相近，则态度更积极的、支持合并的人会赢。"由此可见，通过并购挑选职业经理人，首先就是要挑选那些支持并购，认可并购企业价值观，并愿意为新公司而努力奋斗的职业经理人。

六、本章小结

  本章节主要介绍当前我国干部公开选拔竞争上岗的基本流程，重点介绍党政领导干部公开选拔流程、国有企事业单位干部公开选拔竞争上岗流程、职业经理人竞争性选拔的基本流程这些当前常用的基本流程，同时也简单介绍了高潜优秀年轻干部竞争性选拔、后备干部竞争性选拔的基本流程。目前，从国家层面看，经过党的十六大和党的十七大期间的探索，我国党政机关、相关企事业单位不断完善总结经验，干部公开选拔竞争上岗的程序和技术已经基本成熟，有部分在实施过程中暴露的问题也得到了一定改进和完善。在遵守中央干部规定和各单位干部制度的基础上，严格按照上述流程开展干部公开选拔竞争上岗是科学有效的，能够为各级党委政府、国有企事业单位、民营企业选聘到合适的人才，这点在笔者所在的世界 500 强企业、特大型央企中经过了 10 多年的验证，可以为大家借鉴参考。

第三章
干部公开选拔竞争上岗的实施

干部公开选拔竞争上岗，应科学规范测试、测评，突出岗位特点，突出实绩竞争，注重能力素质和一贯表现，防止简单以分数取人；同时，还要守正笃实，久久为功。干部公开选拔竞争上岗的实施是一个不断积累经验的过程。本章节结合第二章的主要流程，以党政机关、国有企事业单位的干部公开选拔竞争上岗的实施为例，重点从实操的角度阐述如何更好地开展干部公开选拔竞争上岗。主要包含选聘方案编制、选聘模型建立、命题素材收集、发布公告、报名组织和答疑、履历筛选和分析、知识测试、能力测试、心理素质测试、面试、综合研判、文书档案整理等主要环节，第二章讲述的其他环节，由于本书篇幅所限，此处仅做简单介绍。

一、选聘方案编制

合抱之木，生于毫末；九层之台，起于累土。编制好选聘方案，认真执行，是选聘成功的基础，是体现干部公开选拔竞争上岗严谨、严肃的具体体现。选聘方案一般包含建议方案、工作方案、考务方案、任务分解表、命题方案、保密方案、宣传方案、答疑方案、资格审查方案、履历分析方案、考生手册、面试官手册、预算表、候选人方案、考察方案、上会方案、公示方案等。可以说每进行一个环节，都应当编制一个详细的方案用于指导检查。选聘方案编制重点讲述建议方案、工作方案、考务方案、任务分解表、预算方案、保密方案、考官手册、考生手册、工作人员手册九个方面的内容。对于选聘方案的编制，可能有的从业者会认为较为麻烦，不愿意花大力气编制方案，而愿意按经验开展相关工作。按照中央关于不断提升干部公开选拔竞争上岗的质量的要求以及"精益管理"的理念，笔者认为，编制详细的方案也是其中的重要环节，需要从业者严肃、认真地进行。

（一）建议方案

1. 主要内容

该方案一般是启动该项招聘工作的初始建议方案，一般包括：公开招聘职位、资格条件（基本条件、基本资格）、选拔程序、组织领导、时间安排、费用预算等内容。

2. 编制要点

（1）明确资格条件。该建议方案的核心在于根据需要准确界定资格条件，过松，不符合干部管理规定；过严，可能把一部分优秀人才挡在了外面，因此需要认真研究，准确界定。资格条件，党政领导干部应严格按照《党政领导干部选拔任用工作条例》（2014版）的有关要求："（一）提任县处级领导职务的，应当具有五年以上工龄和两年以上基层工作经历。（二）提任县处级以上领导职务的，一般应当具有在下一级两个以上职位任职的经历。（三）提任县处级以上领导职务，由副职提任正职的，应当在副职岗位工作两年以上，由下级正职提任上级副职的，应当在下级正职岗位工作三年以上。提任处级以上非领导职务的任职年限，按照有关规定执行。（四）一般应当具有大学专科以上文化程度，其中厅局级以上领导干部一般应当具有大学本科以上文化程度。（五）应当经过党校、行政院校、干部学院或者组织（人事）部门认可的其他培训机构的培训，培训时间应当达到干部教育培训的有关规定要求。确因特殊情况在提任前未达到培训要求的，应当在提任后一年内完成培训。（六）具有正常履行职责的身体条件。（七）符合有关法律规定的资格要求。提任党的领导职务的，还应当符合《中国共产党章程》规定的党龄要求。国有企事业单位除应参照上述要求外，还应满足本单位的干部管理规定的要求，比如本单位确定各级干部的年龄要求、学历、专业等要求。确实需要放低条件的，应按有关规定履行报批手续。"

（2）明确选拔范围。是采用面向社会的公开选拔还是采用内部竞争上岗，应做仔细考量。2012年之前，中央对此没有明确规定，各单位均可自由发挥。但2012年以后，特别是2014年最新的《党政领导干部选拔任用工作条例》对适用范围做了严格规定，一般情况下，领导职位出现空缺且本地区本部门没有合适人选的，特别是需要补充紧缺专业人才的，可以进行公开选拔；领导职位出现空缺，本单位本系统符合资格条件人数较多且人选意见不易集中的，可以进行竞争上岗。公开选拔县处级以下领导干部，一般不跨省（自治区、直辖市）进行。国有企业的选拔适用范围，一般需参照上述规定执行。2015年后，随着中央鼓励加大职业经理人的培养和选拔，因此适用范围还在持续探索完善中。

（3）明确选拔流程。选拔流程应当清晰明确，特别是应明确是否需要进行考试测评等流程。是否采取笔试、履历分析、素质测评、面试、无领导小组讨论等进行考评。对考评成绩排名前××名的，由招聘单位组织人事部门按照干部管理程序开展差额考察。先把纲定下来，纲举目张，这样才能在操作中有理有据，确保选拔的公平公正。

（4）加强组织领导。一般各单位均需要成立一个专门的招聘领导小组，进行统一领导。

（二）工作方案

1. 主要内容

该方案又名实施方案，是建议方案的细化版，是组织人事部门用于指导具体实施的方案，一般包括指导思想、公开招聘职位、资格条件、职位职责和职位要求、程序和时间安排、组织领导、费用预算等内容。

2. 编制要点

（1）合理给定报名时间。对时间点进行认真研究。应给报名者提供充足的报名时间。报名时间一般不应少于10天，也不应超过30天。太短，可能会导致了解的人少，有人来不及准备材料，导致优秀和理想的人选流失；太长，又会导致报名人员懈怠、遗忘等。应聘者通过报名网站、电子邮件报名（双轨制，同时提供），报名时间一般应不少于20天及以上。

（2）合理选择宣传媒体。内部招聘，一般应通过OA文件、内部网站、内部报刊等进行宣传，必要时甚至还可以要求下属单位组织开展动员会，组织开展报名；外部招聘，一定要适当投入一定的发布公告的资金，选择有较强影响力的媒体，如《人民日报》、国资委网站、新华网等进行广泛宣传，增加权威性，让尽量多的优秀人才能够知晓并报名。以保证报名人员的数量和质量，确实达到竞争、择优的效果。

（3）合理设置阶段门槛。认真研究明确履历分析、知识测试、能力测试、半结构化面试、无领导小组讨论、心理素质测评各个考核模块所占的分值，以及如何筛选进入下一阶段的相关规则。在报名人员众多的情况下，一般可以设置一定的资格条件，首批筛除资格条件不符合要求的报名人员。由于履历分析具有较高的区分度，同时可以设置履历分析得分作为第一轮筛选条件（见表3-1）。

表 3-1　流程控制参考条件

招聘流程	门槛建议
资格审查	严格审查，删除不符合资格条件的报名人员
履历分析	如果单一岗位报名超过 30 人以上的，建议通过履历分析排名方式进行履历评分，同时进行综合研判（见综合研判章节），坚决纠正唯票取人、唯分取人等现象，用好各年龄段干部，真正把信念坚定、为民服务、勤政务实、敢于担当、清正廉洁的好干部选拔出来。保留 30 名左右的人员进入下一轮测试。如果计算分数，一般占总分的 30% 左右，目前有进一步加大此项占比的趋势
知识测试	一般占比 10% 左右。如果单一岗位报名人数较多，考虑到进入面试人员的数量需要进行控制，因此可以考虑：设置履历分析（占 30%）+ 知识测试（占 10%）+ 能力测试（占 20%），同时进行综合研判（见综合研判章节），坚决纠正唯票取人、唯分取人等现象，用好各年龄段干部，真正把信念坚定、为民服务、勤政务实、敢于担当、清正廉洁的好干部选拔出来。选择其中的前 8 名或 16 名考生进入面试
能力测试（公文筐、案例、逻辑、申论等）	一般占比 20% 左右，是除面试外占比较多的一项分值
心理素质测试	一般可占 5% 左右，或参考使用，不计算分值
半结构化面试	一般占比 15% 左右
无领导小组讨论	一般占比 20% 左右
进入考察	一般按总成绩排名，2012 年以前一般取前三名。目前，应结合工作实际表现情况，综合研判，坚决纠正唯票取人、唯分取人等现象，用好各年龄段干部，真正把信念坚定、为民服务、勤政务实、敢于担当、清正廉洁的好干部选拔出来。 笔者认为，参照现在中央有关规定，应加大履历分析分值，加大业绩分析的比重，因此较为恰当的总分占比建议为：履历和业绩分析（占 30%）+ 知识测试（占 10%）+ 能力测试（占 20%）+ 半结构化面试（占 15%）+ 无领导小组讨论（占 20%）+ 心理素质（占 5%）

（4）合理选择配合单位。开展干部公开选拔竞争上岗是一项知识含量很高的工作，特别是知识测试、能力测试、心理素质测评等，均需要从业人员具有相当的人才测评经验。选择一些信誉好、水平高的人才测评单位或人才测评专家参与干部公开选拔竞争上岗工作，对于提升干部公开选拔竞争上岗的科学性和客观、公平、公正具有较好帮助。一般招标确定合作人才测评机构，参与履历分析表开发、笔试试题开发、素质测评、面试、无领导小组讨论等考务过程。

（5）合理配强面试考官。面试是干部公开选拔竞争上岗的重要环节，也是占分较多的环节。如韩国三星公司公开招聘方式分为笔试和面试，这与目前其他大公司的做法没有什么不同，但三星公司的特点是，在这两者之间更偏重于面试，通过面试来考察一个人的品德和能力；笔试的成绩或大学的成绩达到三星公司要求的标准，才有资格进入面试阶段；在用人上，笔试成绩与面试成绩的比重达到3:7，可见三星公司对面试的重视程度。因此，选择高水平的面试官对于选拔人才尤为关键。面试主考官最好由招聘单位的一把手亲自担任，组织人事部门、业务部门、人才测评专家等组成，一般主考官人数为5～9人不等，常规为5～7人，也有探索采用大面试团的做法。

（6）合理设置评分办法。按照事先统一制定的打分标准，根据同一岗位每一个应聘者的表现进行独立打分。一般主考官打分权重略大于其他评委的权重，为避免某一面试官分值差距过大，导致一人的判断左右全组人员的评分，对于9人以上的面试组，也有单位探索去掉一个最高分、去掉一个最低分的方式。

（三）考务方案

1. 主要内容

该方案主要用于具体工作人员组织实施干部公开选拔竞争上岗工作，是干部公开选拔竞争上岗的作业指导书，一般包含命题组织、考生安排、考官安排、考场布置、考试实施、职责与分工6个方面的内容。

2. 编制要点

（1）要仔细分解任务。在干部公开选拔竞争上岗中一般需要编制详细的考务方案，力求每个节点都落实责任人。编制该考务实施方案，特别是任务分解表，虽然较为烦琐，有部分同志嫌麻烦，认为编制该方案浪费时间，只要按经验做好各项工作即可。从笔者从事该工作的经验和实践的情况来看，编制好的实施方案和任务分解表，对于有序执行干部公开选拔竞争上岗，确保成功，提升质量关系巨大；是提升干部公开选拔竞争上岗的基石。

（2）提前谋划各环节。考务方案主要供实施层面使用，是具体工作人员的工作指导手册，编制的理念应该是即使以前从未从事过该项工作的同志，依据该手册同时配合着任务分解表也可以从事相关的考务工作。

（3）提供精益化服务。编制考务方案的目的是，既要确保整个招聘工作形成一个"严谨、严肃、客观、公正"的招聘氛围，同时在严格遵守有关纪律的基础上，利用杜绝浪费和无间断的作业流程，努力为考生和考官提供优质的考务服务。

（四）任务分解表

1. 主要内容

该表一般是配合考务方案的一个任务分解表，其作用是用于按招聘流程细化落实每一项工作。一般应包含日期、时间、项目、内容、地点、主要负责部门、责任人、工作说明、车辆需求、完成情况等内容。

2. 编制要点

（1）明确完成时间点。按照考务方案要求，对考务工作进行分解，要求明确开展和完成的间节点，并设置检查项目，方便执行时逐项画钩执行。

（2）明确落实责任人。要按照"事事有人管"的要求，明确主管部门和实施部门的责任人，要确保该责任人只要拿到该表格就知道自己"何时、何地、干什么、怎么干"。

（3）明确工作的要求。工作要求要尽可能明确、细致，要以从未搞过该事项工作人员的角度进行撰写。比如，"考务准备"工作要求为：①考官手册50个、考生手册120个、考务人员手册50个、巡视领导证10个、考官证50个、考生证100个、考务人员证50个。②准备：试卷密封袋（档案袋100个）、密封条300个（加盖测评处章）、中信封30个、订书机21个、订书针10盒、棒棒胶40管、裁纸刀21把、黑碳素笔20盒、橡皮50块、铅笔10盒（100支以上）；届时交××。③本次招聘所有笔试、面试场地统一宣传标语为："招聘单位××岗位面向招聘单位系统竞聘上岗"，悬挂红底白字横条幅。不设置欢迎标语和导引牌。④联系广告公司制作招聘单位横幅、指引牌、考场布置图。"命题准备"的工作要求：①准备A3激光打印机1台（含打印机连接线、驱动程序光盘或U盘）、备用黑色墨粉盒2个、A3打印纸两箱（不少于3000页纸）、A4打印纸1箱（1000页以上）。②找××要：试卷密封袋（档案袋100个）、密封条300个（加盖测评处章）、中号信封30个、订书机21个、订书针10盒、棒棒胶40管、裁纸刀21把、黑碳素笔20盒、橡皮50块、铅笔10盒（100支以上）。③准备保险箱，一并运送到封闭地点，用作试卷保险箱。总的来说，就是要把连订书针这样的小物品也要明确数量，届时好画钩进行检查。

对车辆等后勤保障，也要编制详细的计划，确保实施过程中井井有条，展现出招聘的严谨、严肃性。

（4）引入精益管理。为进一步做好干部的公开选拔竞争上岗工作，笔者通过的不断总结，认为有必要在干部公开选拔竞争上岗的环节中引入"精益管理"理念。精益管理的目标可以概括为：企业在为顾客提供满意的产品与服务的同时，把浪费降到最低程度。企业生产活动中的浪费现象很多，常见的有：错误——提供有缺陷的产品或不满意的服务；积压——因无需求造成的积压和多余的库存；过度加工——实际上不需要的加工和程序；多余搬运——不必要的物品移动；等候——因生产活动的上游环节不能按时交货或提供服务而等候；多余的运动——人员在工作中不必要的动作，提供顾客并不需要的服务和产品。努力消除这些浪费现象是精益管理最重要的内容。在干部公开选拔竞争上岗中引入"精益管理"，其目的是：①降低成本；②提升质量；③缩短交期；④改善安全；⑤提升士气。从而实现招聘流程精准化，降低干部招聘过程的差错率，提升整体质量。

3. 参考模板

例1是一个典型的竞争上岗的实施方案，可供具体使用参考。

【例1】

××岗位竞聘上岗任务分解

序号	日期	时间	项目	内容	地点	主要负责部门	责任人	工作说明	车辆需求	完成情况	精益检查
1			前期准备								
2			报　　名								
3			资格审查								
4			履历分析								
5			考务准备								
6			考生通知								
7			笔试反馈								
8			笔试准备								

××岗位竞聘上岗××任务精益检查表

序号	项目	工作要求	检查时点一	完成质量	检查时点二	完成质量	检查人	复核人	审核人
1	前期准备								
2	报　名								
3	资格审查								
4	履历分析								
5	考务准备								
6	考生通知								
7	笔试反馈								
8	笔试准备								

（五）预算方案

预算方案是指开展干部公开选拔竞争上岗工作需要经费预算，按照勤俭节约的原则编制合理的预算，严格按照招投标程序选择确定合作单位，也是干部公开选拔竞争上岗的重要环节。

1. 预算标准

从笔者调研的情况看，目前国家对于干部公开选拔竞争上岗以及人才测评行业没有统一的定价和预算标准，对于专家费用，各单位基本上均根据各单位参考培训费的标准，或通过招标方式与第三方测评机构形成一个市场价格。

（1）国家参考标准。主要参考培训费的标准。截至2017年9月，最新的标准是2016年12月27日，由财政部、中共中央组织部、国家公务员局以财行〔2016〕523号印发的《中央和国家机关培训费管理办法》。

（2）市场参考价格。根据笔者的初步调研统计，当前国内较强的人力资源咨询公司通常对干部公开选拔竞争上岗主要环节的报价一般如下（见表3-2）。

表3-2　干部公开选拔竞争上岗参考价目表

序号	项目	项目说明	参考报价	备注
1	命题、面试资深专家	公司合伙人、总经理、副总经理、二级公司总经理	6000～10000元/天	
2	命题、面试高级顾问	二级公司副总经理、总监	6000～8000元/天	
3	顾问	普通考务人员	2000元/天	
4	职位分析访谈测评标准建立	通过资料分析、实地访谈调研构建岗位能力素质模型	10000～30000元/个	
5	试卷批阅	以50人参加笔试计算，当天提交笔试成绩	150～300元/人	
6	在线心理测验	含个性、行为风格、情商、领导力测验	500～1000元/人	
7	命题	含通用管理知识笔试试卷、结构化情景面试题、模拟工作会议题目	10000～20000元/套	
8	报告撰写	综合素质研判报告	400～800元/份	

备注：该表参考了国内几家著名人力资源企业的报价，实际价格可能会有一定的浮动，不同规模单位以及不同的报价策略下，会有不同的价格。具体以各单位招标价格为主，此处仅供参考。

2. 编制要点

（1）坚持勤俭节约。要紧密结合现行的国家政策要求，在确保干部公开选拔竞争上岗组织有序、严肃、紧张的前提下，尽量勤俭节约，严格控制预算费用，不奢侈浪费。在坚持"以我为主"的基础上，如果本单位专家能够胜任的，原则上不请其他外部专家参与，以尽量节省费用。《中央和国家机关培训费管理办法》第十四条规定："严禁借培训名义安排公款旅游；严禁借培训名义组织会餐或安排宴请；严禁组织高消费娱乐、健身活动；严禁使用培训费购置电脑、复印机、打印机、传真机等固定资产以及开支与培训无关的其他费用；严禁在培训费中列支公务接待费、会议费；严禁套取培训费设立'小金库'。培训住宿不得安排高档套房，不得额外配发洗漱用品；培训用餐不得上高档菜肴，不得提供烟酒；7日以内的培训不得组织调研、考察、参观。"笔者认为，作为党政机关、国有企业事业单位，在组织干部公开选拔竞争上岗过程中此规定同样适用。如果是党政机关和国有企事业单位还需要严格遵守《党政机关厉行节约反对浪费条例》（2013 年 11 月 8 日）、《党政机关国内公务接待管理规定》（2013 年 12 月 8 日）、《中央和国家机关会议费管理办法》（2016 年 6 月 29 日）等的规定，此处不再一一列举。

（2）坚持质量第一。在选择合作单位和外聘专家时，要坚持"质量第一、信誉第一"的方针，干部公开选拔竞争上岗对于专家的水平要求非常高，好的题目和判卷，对于准确地考出应聘者的知识、能力水平等非常关键。首先，一定要选择优秀的专家和经验丰富的第三方人才服务机构参与，宁缺毋滥，好的专家一般收费较高，因此需要找到一定的平衡点。其次，要选择信誉好的专家和合作单位。特别是要选择保密意识强，和考生没有密切接触的，以前没有过泄密、违规记录的诚信单位进行合作，以便更好地开展保密工作。

（3）严格财务制度。在编制预算时，国家有明文规定的标准，原则上不能够突破，要严格执行各自单位的预算标准。笔试考场、考生食宿标准，可以参考培训班标准执行。为进一步广揽人才，根据各单位情况，一般来说，对于面向社会的招聘可考虑提供接送机服务，同时提供参加考试时的免费工作餐，以进一步扩大单位或企业的品牌美誉度。对于内部竞聘者，按单位规定提供相关服务，同时把相关费用编入预算。

3. 参考模板

预算编制应与各单位的管理制度一致，此处列举了一个典型的费用预算构成模板，见例 2。

【例2】

费用预算表

序号	项目	费用计算方式	费用合计（万元）	备注
1	公开招聘广告投入	××日报，第××版，12cm×17.3cm（1/8版），黑白，1期		
		中国××报，头版，4.8cm×3.48cm（1/10版），彩色，1期		
		××报，头版，12cm×17.5cm（1/8版），黑白，1期		
		××网站，首页，横幅，472×59像素，视要求而定		
		××网站，首页，通栏		
	小计			
2	前期调研和岗位能力模型分析	按××个岗位计算		
	选拔笔试试卷开发	按问卷套数计算		
	判卷	按当天出成绩预算		
	管理能力、心理素质、个性特点、道德素养测评及报告	参加笔试全部人员出机打报告，进入面试的人员出专家分析报告		
	面试及无领导小组讨论	咨询公司专家费用		
	其他	试卷印刷、顾问差旅费等		
	小计			
3	考场及考生组织费用	笔试考场，考生食宿		
4	不可预见费	一般按5%		
	合计			

(六) 保密方案

保密工作是干部公开选拔竞争上岗的核心环节，是一票否决的环节。如果开展在公开选拔竞争上岗工作过程中发生泄密事件，那将给该项工作带来毁灭性的影响，是绝对不允许发生的。对于考试组织者来说，主动泄密，可能触犯刑律，将会受到严厉的处罚。因工作疏漏而泄密，也是重大的工作失误，将会受到纪律的严惩。因此，干部公开选拔竞争上岗工作的保密、防止泄题、防止作弊，是组织者和从业者需要高度关注的问题。如何提升干部公开选拔竞争上岗的保密程度，也是提升干部公开选拔竞争上岗质量的重要环节。其核心是物理隔离（见图3-1），封闭管理。

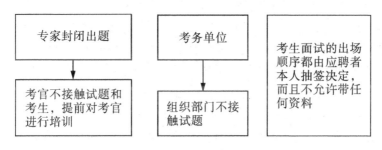

图3-1 物理隔离方案

1. 主要内容

保密方案的设计，应贯穿于干部公开选拔竞争上岗总体方案中，如采取总体上压缩命题和判卷时间，物理隔离，封闭管理，传统的"糊名"制度，多人判卷，加权平均，去掉最高、最低等模式，这些应该贯穿于每一个环节。这里列举了一个常规的干部公开选拔竞争上岗保密方案的常规内容（图3-2）：

图3-2 干部公开选拔竞争上岗保密方案

2. 编制要点

（1）高度重视。在国内，从科举制度开始，试题保密、防止作弊就一直是组织者高度关注的问题。北宋真宗景德年间，朝廷制定了两项在古代科举史上具有重要意义的考场规则：一是糊名，二是誊录。糊名，是将试卷上考生的姓名、籍贯等项用纸糊盖起来，使批阅试卷的考官不知道手头的卷子是何人所作；誊录，则是在考生交卷后，另由考场专雇的誊录人员将考卷重抄一遍，然后再交考官评阅，这样，考官也就无法认出考生的笔迹了。但就在有了弥封糊名和誊录易书这两项防弊措施之后，又有了新的作弊"对策"，即订关节递条子。所谓关节，就是考生与考官串通作弊，约好在试卷内诗文某处用什么字作为记号等，引发了许多科场舞弊的大案，参与舞弊的考官、考生大多人头落地，历史的教训可谓历历在目。进入2000年以来，随着各种电子通信设备的发展，对于保密等措施又面临着新的挑战。

在干部公开选拔竞争上岗过程中，保密和防泄密工作是各单位组织者高度关注的问题。从公开报道的情况看，我国干部公开选拔竞争上曾报道过泄密现象，如2008年6月26日的《新京报》报道："云南玉溪处级干部公开选拔发生泄密事件。"同时，各单位也进行了有效探索，全面规避泄密事件的发生。

（2）严守规定。《党政领导干部选拔任用工作条例》（2014年修订）第六十一条规定："不准采取不正当手段为本人或者他人谋取职位；不准私自泄露动议、民主推荐、民主测评、考察、酝酿、讨论决定干部等有关情况；不准涂改干部档案，或者在干部身份、年龄、工龄、党龄、学历、经历等方面弄虚作假。"第六十三条规定："实行党政领导干部选拔任用工作责任追究制度。凡用人失察失误造成严重后果的，本地区本部门用人上的不正之风严重、干部群众反映强烈以及对违反组织人事纪律的行为查处不力的，应当根据具体情况，追究党委（党组）主要领导成员、有关领导成员、组织（人事）部门和纪检监察机关有关领导成员以及其他直接责任人的责任。"

2015年11月起正式实施的《中华人民共和国刑法修正案（九）》中明确，在高考、全国硕士研究生招生考试等法律规定的国家考试中，组织作弊的，属于犯罪行为，处三年以下有期徒刑或者拘役，并处或者单处罚金；情节严重的，处三年以上七年以下有期徒刑，并处罚金。干部公开选拔竞争上岗关系到每一个考生的切身利益，对于他们而言，公平高于一切，全国性考试更是如此。每一次考试，都是对组织者公信力、诚信度的考验。

2015年10月通过的《中国共产党纪律处分条例》第二十七条规定："党组织在纪律审查中发现党员有贪污贿赂、失职渎职等刑法规定的行为涉嫌犯罪的，应当给予撤销党内职务、留党察看或者开除党籍处分。"第七十二条规定："有下列行为之一的，给予警告或者严重警告处分；情节较重的，给予撤销党内职务或者留党察看处分；情节严重的，给予开除党籍处分：（一）在民主推荐、民主测评、组织考察和党内选举中搞拉票、助选等非组织活动的；（二）在法律规定的投票、选举活动中违背组织原则搞非组织活动，组织、怂恿、诱使他人投票、表决的；（三）在选举中进行其他违反党章、其他党内法规和有关章程活动的。"第七十三条规定："在干部选拔任用工作中，违反干部选拔任用规定，对直接责任者和领导责任者，情节较轻的，给予警告或者严重警告处分；情节较重的，给予撤销党内职务或者留党察看处分；情节严重的，给予开除党籍处分。用人失察失误造成严重后果的，对直接责任者和领导责任者，依照前款规定处理。"第七十四条规定："在干部、职工的录用、考核、职务晋升、职称评定和征兵、安置复转军人等工作中，隐瞒、歪曲事实真相，或者利用职权或者职务上的影响违反有关规定为本人或者其他人谋取利益的，给予警告或者严重警告处分；情节较重的，给予撤销党内职务或者留党察看处分；情节严重的，给予开除党籍处分。弄虚作假，骗取职务、职级、职称、待遇、资格、学历、学位、荣誉或者其他利益的，依照前款规定处理。"

2016年7月公布的《中国共产党问责条例》第六条明确，党组织和党的领导干部违反党章和其他党内法规，不履行或者不正确履行职责，应当予以问责。例如："党的建设缺失，党内政治生活不正常，组织生活不健全，党组织软弱涣散，党性教育特别是理想信念宗旨教育薄弱，中央八项规定精神不落实，作风建设流于形式，干部选拔任用工作中问题突出，党内和群众反映强烈，损害党的形象，削弱党执政的政治基础的。"

从上述这些规定看，对于干部公开选拔竞争上岗出现泄题等问题的处理是十分严厉的，做好干部公开选拔竞争上岗的保密工作是一项非常重要的工作。因此，编制保密方案并认真执行尤为重要。

（3）选好人员。要做好干部公开选拔竞争上岗的保密工作，关键是要建设一支作风严谨、原则性强，对组织忠诚、有担当的考官和考务人员队伍。在选择人员时有条件的一定要坚持回避原则，如能实现异地考官则最好。选择第三方测评机构参与时也要高度重视第三方测评机构的信誉以及配合单位人员的素质。参加人员应签订保密协议或保密承诺书。

（4）物理隔离。整个招聘凡是涉密的内容，均需严格保密，签订保密协议，实行物理隔离。凡是接触试题和试卷的人员，不得接触考生；接触考生的人员，不得接触试题。命题、面试、判卷环节实行全封闭管理。命题阶段根据情况可封闭命题人员。如果考生较少，也可选择封闭考生。面试阶段，根据情况，最好封闭考生。判卷阶段，最好封闭判卷人员。总之就是要杜绝命题、判卷人员和考生及其利益相关者的沟通和联系渠道，扎紧物理隔离的笼子，让干部招聘考试也形成"不想泄密、不能泄密、不敢泄密"的良好态势。

（5）缩短时间。压缩干部招聘考试的总体用时，特别是招聘命题、知识测试、能力测试、面试、判卷过程中应尽量压缩时间，以减少泄题等的风险，对于防止试题泄密等有较强的作用。因此许多单位采用第二天早上考试，当天下午才最终定稿试题等的方式来进行保密。甚至有的单位在面试过程中封闭考生后，采用临时出题模式。例如，2011年6月19日《京华时报》曾报道，北京市面向社会公开选拔148名局处级领导干部和国有企事业单位领导人员。通过初选、笔试的872名竞聘者进入面试环节，为防止考题泄密，市委组织部推出新举措：考官在考场临时出题面试竞聘者。

（6）多人判卷。在干部招聘考试环节，采用传统"糊名"办法可有效杜绝判卷考官徇私舞弊的风险。由于干部招聘考试参加考试的人员并不多，因此采用多人判卷取平均值的方式来杜绝考官通过笔迹来辨别考生的情况，被证明是非常有效的。

3. 参考模板

例3是一个典型的竞争上岗的保密方案，可供具体使用参考。

【例3】

××岗位干部公开选拔竞争上岗保密方案

根据《××岗位公开选拔竞争上岗工作方案》，为进一步做好选拔人选的保密工作，特制定以下方案。

一、报名阶段

涉密内容：报名人员情况表。

涉密人员：××部××、××。

防范措施：控制报名名单的接触人员，强调组织纪律。

二、资格审查阶段

涉密内容：资格审查情况。

涉密人员：××部××处同志。

防范措施：严格控制参加资格审查阶段人员，强调组织纪律，仅××部××处同志参与资格审查。

三、测试命题阶段

涉密内容：命题素材、测试题。

涉密人员：××部××、××。

防范措施：严格要求，严格组织纪律。命题专家进行严格管理，物理隔离。

出题采用专用笔记本电脑，密封或拆除 wifi 设备，不得上网。

四、判卷阶段

涉密内容：答卷。

涉密人员：××部××、××。

防范措施：严格要求，严格组织纪律。

1. 试卷制作：试卷上设置密封头，考生标明姓名、单位、考号，必须严格密封。

2. 试卷密封：判卷前对试卷头进行密封，判卷专家不知道考号、考生情况。

3. 分数统计：判卷结束后，由××部××、××负责拆封统计成绩。

4. 心理素质报告：心理素质测评报告，测评完成后，在××部的监督下立即导出结果。

（七）考官手册

考官手册，一般是指发给面试考官使用的一个工作指南。目的是通过该手册，让考官明确面试的时间安排、主要工作任务、面试流程、注意事项等，以便于更好地开展面试，提高面试的效率、信度和效度。一般需和方案一起提前进行编制，报组织人事部门提前审定后，在面试开始前 1～2 天发考官进行学习；或进行考官培训时发放，对考官进行培训，以及在面试过程中翻阅查看，并学习常用的面试技巧。

1. 提问的技巧

（1）好的开头是成功的一半，应自然、亲切、渐进、聊天式地导入正题，目的在于缓解测评对象的心理紧张。

（2）提问时，面试官应尽量使用标准语言，避免使用有歧义的语言，不要用生僻字，尽量少用专业性太强的词汇。

（3）提问可参考面试提纲，也可根据面试官对评价指标的理解进行提问。

（4）面试官提问时，应采用短句，如果是很长的问题，语速应稍慢，以使问题通俗易懂；追问时，应尽量选择开放式问题，以收集更多的信息。

（5）坚持"问准""问实"的原则。不允许考生在这一问题上模棱两可、含混回答。追问、了解、弄清楚考生的真实情况和意图。引导考生提供能够证明其能力与素质特征的、真实和客观的"故事"或数据。

（6）尽量自然衔接各个问题：从同一个问题出发，抓住考生叙述中的不同关键点，结合考察指标，进行追问，尽量避免让考生感觉在一个一个地回答问题，而应让其思路不中断地与面试官进行谈话，提高信息的真实性和完整性。

（7）对于不善言语的考生，可适当增加问题数量，诱导其一步步地给出面试官想要的答案，或变换提问思路，找出更适合测评对象的提问模式。

（8）对于过分活跃或者滔滔不绝的考生，面试官应适当控制时间，让其适当简化细节，或者有技巧地打断并引导其进入下一个问题的回答。

（9）追问和提问相结合，达到让考生多说面试官多听的目的。

（10）给考生提供弥补缺憾的机会。考生可能因为处于被动地位或心情紧张而不能充分发挥自己的水平，所以要有补偿，如问："你还有什么要补充的吗？"

2. 倾听的技巧

（1）倾听时要仔细、认真，表情自然，不能不自然地俯视、斜视，或者盯着对方不动，防止造成考生过多的心理压力，使其不能正常发挥。

（2）慎用一些带倾向性的形体语言，如点头或者摇头，以免给测评对象造成误导。

（3）注意从考生的语调、音高、言辞等方面区分考生内在的素质水平。

（4）客观倾听，避免夸大、低估、添加、省略、抢先、滞后、分析和机械重复错误倾向等。

3. 观察的技巧

（1）坚持观察的综合性、目的性和客观性原则。

（2）避免以貌取人，或者光环效应。

（3）注意面部表情，通过对测评对象面部表情的观察和分析，可推测其深层心理状况，在不同程度上判断其情绪、态度、自信心、反应力、思维的敏捷性、性格特征、诚实性、人际交往能力等。如当面试官提出一些难以回答或窘迫的问题时，测评对象可能目光暗淡、双肩紧皱，带有明显的焦急或压抑的神色。

（4）注意身体姿态语言（手势、坐姿、表情变化、多余动作如捏衣角或攥手指等），这些能提供有用的信息，了解测评对象的内在心态。

4. 常见误差及其控制方法

常见误差及其控制方法见表3-3。

表3-3 常见误差及其控制方法

误差类型	典型表现	控制方法
趋中效应	对测评指标及评分标准理解不到位，评价时没有紧扣标准，评分高度集中在中间档次，差距拉不开	深刻理解指标内涵及评分标准，评价时以标准为唯一参照，客观评价
光环效应	被测评对象的某一长处迷惑，提高对其他方面的评价，面试过程中极易产生光环的特征有表达能力、仪表长相	面试官严格参照标准进行评价
疲劳效应	面试时间持续性长，主持人及面试官要连续作战，导致越到后面，面试官的评分标准越容易混乱，尤其是多场次连续面试的时候容易出现疲劳效应	面试官要一直保持旺盛的精力，面试中不仅考虑和留意主持人的提问，仔细倾听测评对象的回答，认真观察其反应。还要保持清醒的头脑，对测评对象的能力和水平做恰如其分的判断
对比误差	仅通过测评对象前后对照进行评分，不按标准评分	依据测评标准评价
第一印象	面试开始前5分钟测评对象给面试官留下的印象影响了面试官的判断，后续的面试过程成为证实自己判断的过程	全过程的信息都作为评价测评对象能力与个性特征的依据，不轻易下结论
主观评价	联系测评对象的职位和经历推测其某项能力，并由此抬高分数	仅就面试中得到的信息和观察做出评价
标准就高	对某一行为信息的归类趋向于向高标准靠拢	深入理解标准中对于行为性质的界定
真伪难辨	某些表达能力突出的测评对象，会夸大其成绩或者将团队成绩或书本中看到的成绩归于自己，赢得面试官好评	通过细节追问辨别真伪，就具体的操作方法、时间地点、经过、数量等追问，通过其回答进行判断
与我相似	这种心理因素就是指当听到考生某种背景和自己相似，就会对他产生好感，产生同情这样一种心理活动	依据测评标准评价
触角效应	与光环效应相反，面试官会从测评对象所说的话中挑刺	两个面试官对评分结果进行交流，消除个人好恶偏见的影响

（八）考生手册

考生手册，一般是指发给面试考生使用的一个应试指南。目的是通过该手册，让考生明确面试的时间安排、主要考试任务、面试流程、注意事项等，以便更好地准备参加考试、到考场报到等。一般需和方案一起提前进行编制，报组织人事部门提前审定后，在发放考试通知的同时发电子邮件给考生进行学习，提前做好有关准备，确保考试顺利开展。考生手册一般包括：考生守则、考试时间、考试地点、报到（笔试报到、面试报到）、笔试安排（考场报到、入场、笔试）、面试入围通知（发布通知、注意事项）、面试安排（面试流程、面试有关事项）、其他事项等。

（九）工作人员手册

工作人员手册，一般是指发给从事干部公开选拔竞争上岗工作人员使用的一个工作指南。目的是通过该手册，让工作人员明确面试的时间安排、主要工作任务、笔试、面试流程、注意事项等，以便于更好地开展面试，提高面试的效率、信度和效度。一般需和方案一起提前进行编制，报组织人事部门提前审定后，在考试开始前一周左右，组织召开考务工作人员动员会，发工作人员进行学习，以及在实施过程中翻阅查看。工作人员手册一般包括：工作人员范围、工作人员守则、职责分工及安排（巡考员、考务人员、监考员、督考员、计时员）、其他有关工作人员、考务工作安排（笔试时间及工作人员安排、面试时间及工作人员安排）、联系电话等。

二、选聘模型建立

建立选聘模型是干部公开选拔竞争上岗的重要环节，主要目的是通过资料阅读与相关领导、相关单位调研访谈，了解目标岗位的用人需求，构建岗位素质测评模型，以保证测评评价标准的科学性与岗位针对性。主要包含开展职位分析、制定访谈方案、实施职位访谈、确定招聘职位职责和要求，建立胜任能力模型，其步骤见表3-4。

表 3-4 选聘模型建立的步骤和要求

步骤	步骤定义	步骤要求	主要内容
开展职位分析	干部管理部门和第三方测评机构及有关部门开展职位分析，确定具体职责与要求的过程	结合招聘单位已有的干部选拔标准、招聘单位战略、招聘单位文化等，对拟聘职位进行战略文化分析、工作职责分析	1. 开展招聘单位战略分析； 2. 开展招聘单位文化分析； 3. 开展职位职责分析； 4. 明确职位职责与要求
制定访谈方案	干部管理部门针对选拔职位，制定访谈方案的过程	制定访谈方案，访谈对象一般分为招聘单位高管、领域内主要负责人、组织人事部门领导、岗位现职人员四类	1. 制定访谈方案； 2. 组织人事部门内部审核
实施职位访谈	干部管理部门与第三方测评机构组织实施职位访谈的过程	主要采取关键事件访谈法实施访谈，主要内容包括： 1. 招聘单位对目标岗位的工作要求如何； 2. 目标岗位在组织架构中所处的位置； 3. 目标岗位的职责定位以及相应所需的素质能力要求； 4. 现职岗位上所面临的挑战与困难，或目前重点关注的问题	1. 联系访谈对象，说明访谈目的； 2. 实施访谈，整理访谈记录
确定招聘职位职责和要求	对职位访谈成果进行整理，确定招聘职位职责和要求的过程	1. 明确任职条件，包含基本条件、基本资格等； 2. 明确其他条件； 3. 制定岗位说明书	结合单位实际和岗位需求，明确招聘职位的工作职责和详细的要求，便于应聘者对照条件要求进行报名
建立胜任能力模型	分析访谈内容，建立职位胜任能力模型的过程	1. 一般遵循评估模型指标在 7±2 原则筛选指标； 2. 界定不同指标的权重和测评方法； 3. 测评模型应体现岗位核心胜任能力，一般分为专业素养、核心能力、个性风格三大板	1. 对访谈内容的演绎分析、指标筛选验证，确立体现岗位核心能力为主的素质测评模型； 2. 确定履历分析模板； 3. 制定报名表样式

（一）开展职位分析

职位分析是人力资源管理的重要工作，也是干部公开选拔竞争上岗的重要基础性工作。职位分析又称岗位分析、工作分析，主要是指通过系统地收集、确定与组织目标职位有关的信息，对目标职位进行研究分析，最终确定目标职位的名称、督导关系、工作职责与任职要求等的活动过程。该项工作对于国有企事业单位干部公开选拔竞争上岗非常重要，对于党政领导干部，特别是一些党政领导干部中专业性较强的副职领导干部，如城市规划建设、安全监察、技术监督、环境保护、经济管理也非常重要，是能否通过干部公开选拔竞争上岗找到合适人选的基础性工作。

开展职位分析是人力资源管理的基础性工作，其方法多种多样。①观察法，指职位分析人员通过对员工正常工作的状态进行观察，获取工作信息，并通过对信息进行比较、分析、汇总等方式，得出职位分析成果的方法。②问卷调查法，指职位分析人员首先拟订一套切实可行、内容丰富的问卷，然后由员工进行填写。问卷法适用于脑力工作者、管理工作者或工作不确定因素很大的员工，典型的职位分析问卷有：职位分析调查问卷 PAQ、阈值特质分析方法 TTA、职业分析问卷 OAQ 等。③面谈法，指通过职位分析人员与员工面对面的谈话来收集职位信息资料的方法。另外，还有参与法、典型事件法、工作日志法、材料分析法、专家讨论法等方法。上述这些方法，相关专业书籍有非常详细的介绍，此处仅抛砖引玉，感兴趣的读者可自行查阅有关资料。

在干部公开选拔竞争上岗过程中，开展职位分析用得最多的是调研分析和面谈相结合的方法，其优点如下：一是能够快速获得信息；二是能够缩小参与范围，便于实施保密；三是直接访问拟招聘岗位的上司，有利于提升拟招聘人员的适岗程度。

1. 战略分析

收集单位的发展规划、发展战略以及单位领导特别是现任主要领导和分管领导讲话，从中梳理提炼出对拟招聘岗位的要求。对于党政机关而言，应收集上级党政和行政机关对于该部门的中长期规划，上级党政主要领导的讲话等。例如：2013年6月28日，习近平在全国组织工作会议上发表重要讲话，提出要着力培养选拔党和人民需要的好干部。概括起来说，好干部要做到信念坚定、为民服务、勤政务实、敢于担当、清正廉洁。

（1）信念坚定。党的干部必须坚定共产主义远大理想，真诚信仰马克思主义，矢志不渝为中国特色社会主义而奋斗，坚持党的基本理论、基本路线、基本纲领、基本经验、基本要求不动摇。

（2）为民服务。党的干部必须做人民公仆，忠诚于人民，以人民忧乐为忧乐，以人民甘苦为甘苦，全心全意为人民服务。

（3）勤政务实。党的干部必须勤勉敬业、求真务实、真抓实干、精益求精，创造出经得起实践、人民、历史检验的实绩。

（4）敢于担当。党的干部必须坚持原则、认真负责，面对大是大非敢于亮剑，面对矛盾敢于迎难而上，面对危机敢于挺身而出，面对失误敢于承担责任，面对歪风邪气敢于坚决斗争。

（5）清正廉洁。党的干部必须敬畏权力、管好权力、慎用权力，守住自己的政治生命，保持拒腐蚀、永不沾的政治本色。

这些说起来大家都明白，但要真正做到就不那么容易了。

2. 文化分析

收集单位价值观手册、员工手册、诚信手册，对其进行深入分析，对于后期命题时嵌入企业价值观认同的考题非常重要。一般来说，企业选人首先是要选择认同企业价值观的人选。对于党政机关而言，应收集最近一段时期以来，中央对党政领导干部的能力素质要求，以及中央有关领导、上级党委的历次全会精神等。

3. 职位职责分析

如果是已有岗位空缺招聘，应收集原有岗位说明书。如果是新设岗位，应请相关部门提供其岗位说明书。对于岗位职责进行认真全面的分析。一般来说按照"干什么，考什么"的原则，岗位职责所给定的内容，原则上就是考试范围。

4. 明确职位职责要求

开展干部公开选拔竞争上岗，需制定《岗位说明书》（参见例4）。政府机关的岗位说明书一般采用例5、例6的模式。依据岗位说明书，发布招聘公告，方便报名人员选择报名。其中，任职资格、教育背景、培训经历、工作经验等的描述，必须准确恰当。党政领导机关一般只列出分管内容，具体任职条件可以直接引用《党政领导干部选拔任用工作条例》（目前最新版为2014年版）的有关资格条件条款。

【例4】

××财务岗位说明书

岗位名称			岗位编号	
所在部门			岗位类别	
岗位定员			所辖人员	
直接上级			直接下级	
拟招聘岗位：负责××方面工作					
职责与工作任务：负责财务会计管理、财务信息化管理、经济活动分析、企业年度工作报告、财务内部控制和风险管理等方面工作				
职责一	职责表述：负责财务会计管理工作		工作时间百分比：40%	
职责一	工作任务	制定和修订招聘单位会计核算和管理制度		
职责一	工作任务	组织招聘单位年度财务决算工作		
职责一	工作任务	组织招聘单位季度报表和月度财务快报编制工作		
职责一	工作任务	指导子、分招聘单位的财务会计管理工作		
职责二	职责表述：负责财务信息化管理工作		工作时间百分比：20%	
职责二	工作任务	组织招聘单位系统财务管理信息系统的建设		
职责二	工作任务	指导各子、分招聘单位财务信息化工作		
职责三	职责表述：负责经济活动分析和企业年度工作报告		工作时间百分比：20%	
职责三	工作任务	组织开展招聘单位经济活动分析工作		
职责三	工作任务	组织开展企业年度工作报告编制工作		
职责四	职责表述：参与财务内部控制和风险管理工作		工作时间百分比：20%	
职责四	工作任务	建立招聘单位财务内部控制和风险管理制度		
职责四	工作任务	组织内部控制流程梳理和风险识别，完善财务内部控制体系		
任职资格：具有注册会计师资格				
教育背景：××及相关专业本科及以上学历				
培训经历：具有财务管理、企业管理、税务、金融以及审计等方面培训经历				
工作经验：具有××年及以上从事××相关管理工作的实践经验，原则上要有2年基层单位工作经历				
技能技巧：具有较强的政策领悟能力；具有较强的组织协调能力；具有较强的分析判断和文字表达能力				

(续上表)

身体条件：健康
权限：
对招聘单位财务会计和信息化管理、经济活动分析、财务内部控制和风险管理等工作有监督权
对招聘单位财务会计和信息化管理、经济活动分析、财务内部控制和风险管理等工作有建议权
工作协作关系：
内部协调关系
外部协调关系

【例5】

××县副县长工作分工

协助县长负责农业、农村、林业、水利、民政、移民、气象、防汛抗旱、农机、畜牧水产、农业综合开发方面工作；负责分管领域的党风廉政建设工作，负责分管领域深化改革、全面小康、民生实事和绩效考核、安全生产、打击非法集资工作。分管县农业局、县林业局、县水利局（县防汛办）、县民政局、县移民局、县森林公安局、县农村经营服务站、县农机局、县畜牧水产局、县农业综合开发办、县气象局、县水位站。

【例6】

××市公路局副局长工作职责

一、在局长的领导下，按照岗位职责分工，负责所分管的工作，参与全局工作的组织领导。

二、认真贯彻执行党和国家的路线、方针、政策和法律法规、部门规章，执行上级的决议、决定。

三、制订分管工作具体工作计划，审批分管科室的工作计划，参与制定全市农村公路发展规划、年度计划和工作计划。

四、审核或签发分管工作的有关文件，督促与检查分管科室的具体工作措施和本单位决议、部署的落实情况。主动会商涉及其他班子成员分管的有关工作，确定牵头配合关系，会签有关工作文件。

五、组织召开分管范围内的全局性工作会议，研究和部署分管工作，并总结推广先进经验、树立典型。

六、综合协调处理分管工作中的重要事项。对分管业务工作情况，主动向局长反映、汇报；重大问题向局长请示并征得同意后实施。

七、认真执行党风廉政建设责任制，协助局长抓好本单位党风廉政建设、精神文明建设、行风建设等工作。

八、在局长外出期间，受局长委托在委托权限内代行局长职责。

九、完成局长或上级主管部门交办的其他工作事项。

（二）制定访谈方案

干部公开选拔竞争上岗职位分析访谈对象一般为主管领导、分管领导、班子其他成员、同级组织人事部门领导，一般应尽量控制范围。访谈方式一般采用结构化方式进行，事先编制好访谈提纲，然后按照谈提纲进行访谈。例7为一个可参考的访谈方案，例8、例9、例10为访谈提纲。

【例7】

××岗位访谈方案

为进一步做好××岗位干部公开选拔竞争上岗工作，特制定以下访谈方案。

一、访谈时间

2016年×月2×日、2×日全天，具体视领导时间确定。

二、访谈地点

单位领导办公室

三、访谈内容

见访谈提纲

四、访谈对象

1. ××局长（董事长）
2. ××书记
3. ××班子成员
4. ××班子成员
5. ××组织人事部门主任

五、访谈人员

××组织人事部门主任

×××咨询公司高级咨询顾问

六、有关事项

1. 访谈对象由组织人事部负责联系；
2. 做好相关保密工作。

附件：访谈提纲

【例8】

××招聘岗位结构化访谈提纲
（参考提纲一）

访谈目的：干部招聘模型确立，拟招聘岗位的关键职责、权限、任职资格以及拟考核的能力要素、知识、技能等。

访谈导入语：

尊敬的××领导，您好！很高兴今天有机会和您进行交流，我们希望通过交谈了解××岗位方面的一些情况，并与您共同探讨公司在招聘该岗位过程中需要了解的一些问题。我们保证我们将做好访谈信息的保密工作，我们的交谈只对事，不对人。

接下来，我们会有针对性地向您提出一些问题，希望您能够客观地、开诚布公地说出您的看法和意见。

1. 请您用一句话概括××职位完成的主要工作内容和要达成的目标。
2. 您认为××职位主要工作职责是什么？请至少列出5项职责。
3. 请您指出××职位以上各项职责在工作总时间中所占的百分比重，并请指出其中耗费时间最多的3项工作。
4. 请您指出××职位以上工作职责中最为重要、对公司最有价值的工作是什么？
5. 组织所赋予××职位的最主要的权限有哪些？
6. 请您就以上工作职责，谈谈评价这些职责是否出色地完成的标准是什么。
7. 您认为要出色地完成以上各项职责需要什么样的学历和专业背景？需要什么样的工作经验（类型和时间）？在外语和计算机方面有何要求？您认为要出色地完成以上各项职责需要具备哪些能力？
8. 您认为要出色地完成以上各项职责需要具备哪些专业知识和技能？您认为要出色地完成以上各项职责需要什么样的个性品质？
9. 请您根据您的判断选择拟招聘岗位工作所需的能力，按照重要性由大到小，最多选择7项（参考项：系统思维、战略意识、判断决策能力、领导能力、计划能力、分析能力、组织协调能力、创新能力、内部协调能力、外部沟通能力、信息管理能力、专业技术能力等)。

10. 请您根据您的判断选择拟招聘岗位工作所需的心理品质,按照重要性由大到小排列,最多选择7～9项(参考项目:承受心理压力的能力、严谨、内向、外向、进取心、开拓意识、责任心、服务意识、协作精神、敏锐、果断、稳健、同理心、敬业、忠诚、勤勉)。

11. 请您根据您的了解给我们简述一下拟招聘岗位前几任领导在管理工作中发生的关键事例,包括成功事件、不成功事件或负面事件各3项,并且尽可能地描述整个事件的起因、过程、结果、时间、相关人物、涉及的范围以及影响层面等。

【例9】

××岗位访谈结构化提纲

(参考提纲二)

招聘单位:		被访谈人:		职位:	
访谈人员:				日期:	
访谈提纲				访谈内容	备注
1. 部门总体情况、业务介绍					
2. 拟招聘岗位职责、权限	关键职责				
	权限				
	人事				
	资金				
	行政决策				
3. 任职资格	学历				
	专业				
	工作经验类型、年限				
	知识				
	技能				
4. 薪酬、考核	薪酬水平				
	薪酬结构				
	薪酬支付的依据				
	可能的浮动比例				
	自己和下属的考核指标				

（续上表）

5. 需具备的能力	按照重要性由大到小，最多选择7项（参考项：系统思维、战略意识、判断决策能力、领导能力、计划能力、分析能力、组织协调能力、创新能力、内部协调能力、外部沟通能力、信息管理能力、专业技术能力等）		
6. 前任领导事件描述	请您根据您的了解给我们简述一下拟招聘岗位前几任领导在管理工作中发生的关键事例，包括成功事件、不成功事件或负面事件各3项，并且尽可能地描述整个事件的起因、过程、结果、时间、相关人物、涉及的范围以及影响层面等		
7. 心理素质测评	请您根据您的判断选择拟招聘岗位工作所需的心理品质，按照重要性由大到小排列，最多选择7～9项（参考项目：承受心理压力的能力、严谨、内向、外向、进取心、开拓意识、责任心、服务意识、协作精神、敏锐、果断、稳健、同理心、敬业、忠诚、勤勉）		
8. 其他问题和建议			

【例10】

××岗位访谈结构化提纲

(参考提纲三)

岗位名称		所在单位		部门	
工作内容调查					
工作概要	(用一句简练的话描述该岗位工作内容和目的。)(它为什么存在,该工作在招聘单位中起什么作用?) 例:				
工作职责	注:1. 将拟招聘岗位主要工作职责按重要性由大到小或工作内容由多到少列出; 2. 描述职责或工作任务时准确使用动词,不得使用诸如负责、处理等模糊词语; 3. "权限"分为三级:承办、需报批、全权负责,对每项职责请选择其中一项权限		权限	绩效期望	时间比重
	1.				
	2.				
工作影响调查					
失误的影响	假设在该职位工作一旦出现失误、失职时,会在哪些方面给招聘单位造成影响,影响范围如何?影响的程度如何?是否可以补救? 1. "影响范围"分五个级别:A. 不影响其他人工作的正常进行;B. 只影响本部门内少数人;C. 影响整个部门;D. 影响其他几个部门;E. 影响整个招聘单位。 2. "影响程度"分五个级别:A. 轻 B. 较轻 C. 一般 D. 较重 E. 重 3. "错误补救"分五个级别:A. 独立补救 B. 同事帮助 C. 主管帮助 D. 招聘单位领导帮助 E. 无法挽回				
	造成影响的内容		影响范围	影响程度	错误补数
	1.				
	2.				

（续上表）

工作独立性	拟招聘职位工作中有没有自主决策的机会，按照程度分为下列5级，请根据自己的工作实际状况，选择其中的一级：（　　） 1. 完全没有自主决策　　2. 有一点自主决策　　3. 有一定的自主决策 4. 有较大的自主决策机会　5. 有很大的自主决策机会			
内部沟通	本招聘单位内部： 只与本部门内几个同事接触。 需与其他部门的人员接触。 需要与其他部门的主管接触。 需要同本招聘单位领导接触。 集团内部： 1. 单位名称：＿＿＿＿部门：＿＿＿＿ 2. 单位名称：＿＿＿＿部门：＿＿＿＿ 3. 单位名称：＿＿＿＿部门：＿＿＿＿ 4. 单位名称：＿＿＿＿部门：＿＿＿＿	频度 （　） （　） （　） （　） （　） （　） （　） （　）	目的 （　） （　） （　） （　） （　） （　） （　） （　）	沟通频度： 偶尔 每月至少一次 每周至少一次 每日至少一次 沟通目的： 只接收或发送信息； 一般信息交流； 对他人产生影响； 事关重大决策的沟通
外部接触	与其他招聘单位接触。 如：与政府机构接触。 如：与外资单位或国外机构接触			
工作复杂性调查				
工作流程	1. 2. 3.			
工作难度	请描述3项该岗位在工作中经常遇到的困难： 1. 2. 3. 为什么会产生这个问题？ 为解决这样的难题需要哪些特殊的技能或者资源？ 在您的工作单位中，有人能够帮助解决这个问题吗？请说明			

（续上表）

工作条件	1. 是否经常加班（　），平均每周加班时间为（　）小时。 2. 所从事的工作是否忙闲不均（　），最忙时常发生在哪段时间（　）。 3. 是否经常出差（　），外出时间大约占总工作时间的比重（　%）。 4. 该岗位经常工作的地点有哪些，时间比例分别为（　　　　　）。 5. 您的工作是否要求高度集中（　），如果是，占总工作时间的比例为（　）。 6. 您的工作负荷状况（　）。A 超负荷　B 饱满　C 基本饱满　D 不饱满 7. 您工作环境的危险可能（　）。 8. 请列举为了完成拟招聘岗位工作，您通常使用的设备、机器、仪器、工具（如计算机、计量仪器设备等）：

任职资格调查		
项　目	必备要求	期望要求
1. 从事拟招聘岗位工作应具备的教育程度：		
2. 从事拟招聘岗位工作应具备的专业背景：		
3. 从事拟招聘岗位工作是否要求相关工作资格证书：		
4. 拟招聘岗位工作要求： 　　一般工作经验 　　相关专业技术工作经验 　　相关管理工作经验	（　）年 （　）年 （　）年	（　）年 （　）年 （　）年
5. 拟招聘岗位工作所要求的知识内容： 　　如：专业知识、业务知识、相关知识、政策知识	(1) (2) (3)	(1) (2) (3)
6. 拟招聘岗位工作要求的基本技能： 计算机操作 外语能力 写作能力 语言能力	（　　　） （　　　） （　　　） （　　　）	（　　　） （　　　） （　　　） （　　　）
7. 从事拟招聘岗位工作所需的特殊技能：		

（续上表）

8. 请您根据您的判断选择拟招聘岗位工作所需的能力，按照重要性由大到小，最多选择5项。 参考项目： 判断决策能力、领导能力、计划能力、分析能力、组织认识能力、创新能力、内部协调能力、外部沟通能力、信息管理能力、专业技术能力等	1. 2. 3. 4. 5.	1. 2. 3. 4. 5.
9. 请您根据您的判断选择拟招聘岗位工作所需的心理品质，按照重要性由大到小排列，最多选择5项。 参考项目： 承受心理压力的能力、严谨、内向、外向、进取心、开拓意识、责任心、服务意识、协作精神、敏锐、果断、稳健、同理心、敬业、忠诚、勤勉	1. 2. 3. 4. 5.	1. 2. 3. 4. 5.
10. 请您根据您的了解给我们简述一下拟招聘岗位前几任领导在管理工作中发生的关键事例，包括成功事件、不成功事件或负面事件各3项，并且尽可能地描述整个事件的起因、过程、结果、时间、相关人物、涉及的范围以及影响层面等	1. 2. 3.	1. 2. 3.
11. 从事拟招聘岗位工作所需的身体条件：		

填表人：

（三）实施职位访谈

按照访谈方案计划，参考访谈提纲和约定的领导进行访谈，听取他们对拟招聘岗位的意见，认真做好相关记录，并及时进行整理归纳，同时做好相关保密工作。访谈的开场白非常重要，当你和一个陌生人开始访谈时，对方最大的顾虑是你和他访谈什么，这些材料用来干什么？如果征得领导许可，可以进行录音最好。目的是让被访谈者快速了解双方角色、访谈目的与流程，快速进入访谈状态。开场白要一气呵成，不能磕巴。访谈者需要准备一个开场白的讲稿，并不断练习。要自信，体现专业度，取得对方的配合。开场白结构要清晰，确保对方得到必要的信息，不说不必要的话。访谈过程营造轻松氛围，尽量让对方放松，不要紧张。当在询问工作职责时，可以反复请被访谈者谈得更具体一些,比如:"您说的'战略思维'是什么意思?"这样可以帮助被访谈者熟悉与适应访谈的方法,并接受谈话过程可能将被打断;而且可以传达这样一个信息:你感兴趣的具体细节。访谈过程要认真做好记录,结束后马上进行认真整理。

(四) 确定招聘职位职责和要求

对职位访谈成果进行整理,确定拟聘职位的职责和要求。

1. 任职条件

对于党政领导干部及国有企事业单位的招聘岗位,招聘岗位职责和要求首先应满足《党章》(最新版)、《党政领导干部选拔任用工作条例》(最新版)的要求,其次是满足岗位资格条件的要求。可略作一定修改,但标准和条件不能降低。

(1) 基本条件有以下六点。

1) 自觉坚持以马克思列宁主义、毛泽东思想、邓小平理论、"三个代表"重要思想和科学发展观为指导,努力用马克思主义立场、观点、方法分析和解决实际问题,坚持讲学习、讲政治、讲正气,在思想上、政治上、行动上同党中央保持高度一致,经得起各种风浪考验。

2) 具有共产主义远大理想和中国特色社会主义坚定信念,坚决执行党的基本路线和各项方针政策,立志改革开放,献身现代化事业,在社会主义建设中艰苦创业,树立正确政绩观,做出经得起实践、人民、历史检验的实绩。

3) 坚持解放思想,实事求是,与时俱进,求真务实,认真调查研究,能够把党的方针政策同本地区本部门实际相结合,卓有成效开展工作,讲实话,办实事,求实效,反对形式主义。

4) 有强烈的革命事业心和政治责任感,有实践经验,有胜任领导工作的组织能力、文化水平和专业知识。

5) 正确行使人民赋予的权力,坚持原则,敢抓敢管,依法办事,清正廉洁,勤政为民,以身作则,艰苦朴素,勤俭节约,密切联系群众,坚持党的群众路线,自觉接受党和群众的批评和监督,加强道德修养,讲党性、重品行、作表率,带头践行社会主义核心价值观,做到自重、自省、自警、自励,反对官僚主义,反对任何滥用职权、谋求私利的不正之风。

6) 坚持和维护党的民主集中制,有民主作风,有全局观念,善于团结同志,包括团结同自己有不同意见的同志一道工作。

(2) 基本资格有以下七点。

1) 提任县处级领导职务的,应当具有五年以上工龄和两年以上基层工作经历。

2）提任县处级以上领导职务的，一般应当具有在下一级两个以上职位任职的经历。

3）提任县处级以上领导职务，由副职提任正职的，应当在副职岗位工作两年以上，由下级正职提任上级副职的，应当在下级正职岗位工作三年以上。提任处级以上非领导职务的任职年限，按照有关规定执行。

4）一般应当具有大学专科以上文化程度，其中厅局级以上领导干部一般应当具有大学本科以上文化程度。

5）应当经过党校、行政院校、干部学院或者组织（人事）部门认可的其他培训机构的培训，培训时间应当达到干部教育培训的有关规定要求。确因特殊情况在提任前未达到培训要求的，应当在提任后一年内完成培训。

6）具有正常履行职责的身体条件。

7）符合有关法律规定的资格要求。提任党的领导职务的，还应当符合《中国共产党章程》规定的党龄要求。

2. 其他条件

根据访谈提纲确定的岗位特点确定学历、职级、培训、职业资格、经历等的要求。

3. 岗位说明书

可以参考例4的模板。

4. 参考模板

此处引用了国务院国资委网站公开的2016年8月国内某大型央企的招聘条件供参考，见例11。

【例11】

××重工集团公司总部招聘公告（节选）

为进一步加快推进××集团公司总部员工选拔任用制度改革，着力打造"××企业"，吸引聚集国际国内优秀人才为我集团公司改革发展服务，决定对总部××个部门副主任（职）、××个处长、××个副处长岗位面向社会招聘。

一、任职条件

（一）基本条件

1. 具有较高的政治素质，能认真贯彻执行党的路线、方针、政策和国家法律法规，贯彻落实科学发展观，践行"三严三实"，在政治上、思想上、行动上与党中央保持高度一致。

2. 认同并积极践行集团公司价值观，遵守集团公司各项管理法则和规章制度，执行集团公司决定，维护集团公司利益。

3. 具有较强的事业心和责任感，求真务实，立足本职，服务基层，全面履行岗位职责。

4. 具有履行岗位职责所必需的政策理论水平以及专业知识和技能。

5. 品行端正，诚实守信，廉洁从业，勤勉尽责，具有良好的职业素养。

6. 具有组织和决策能力、学习与创新能力、统筹协调能力、团队建设能力。

7. 身心健康。

8. 具有全日制大学本科及以上学历。

（二）任职资格

1. 应聘部门副职，一般应具有高级专业技术职务任职资格（党政机关工作人员不作此类要求，下同），熟悉相关工作，部分专业性较强的岗位还须有基层工作经验（见岗位说明书），并符合下列条件之一。

（1）现任中央企业总部部门副职同职级及以上职务，具体包括：①中央企业：总部部门副职及以上职级，大型一类企业或正局级研究院所领导班子副职及以上职级，大型二类企业或副局级研究院所领导班子正职及以上职级。②党政机关：副局级职务。

（2）现任中央企业总部部门内设机构正职同职级及以上领导职务，任职3年及以上（2014年1月1日以前任职，计算方法下同），具体包括：①中央企业：总部部门助理，大型一类企业或正局级研究院所助理级职务，大型二类企业或副局级研究院所领导班子副职，其他企业领导班子正职，年龄不超过48周岁（1968年1月1日及以后出生，计算方法下同）；总部部门内设机构正职，大型一类企业或正局级研究院所中层正职，年龄不超过45周岁。②党政机关：正处级职务，年龄不超过45周岁。

2. 应聘部门内设机构正职，一般应具有中级专业技术职务任职资格，并符合下列条件之一。

（1）现任中央企业总部部门内设机构正职同职级职务，具体包括：①中央企业：总部部门内设机构正职及以上职级，大型一类企业或正局级研究院所中层正职及以上职级，大型二类企业或副局级研究院所领导班子副职及以上职级，其他企业领导班子正职。②党政机关：正处级职务。

（2）担任中央企业总部部门内设机构副职同职级职务，任职3年及以上，年龄不超过40周岁，具体包括：①中央企业：总部部门内设机构副职及以上职级，大型一类企业或正局级研究院所中层副职及以上职级，大型二类企业或副局级研究院所中层正职及以上职级,其他企业领导班子副职及以上职级。②党政机关:副处级职务。

3. 应聘部门内设机构副职,应符合下列条件之一。

(1) 现任中央企业总部部门内设机构副职同职级职务,具体包括:①中央企业:总部部门内设机构副职及以上职级,大型一类企业或正局级研究院所中层副职及以上职级,大型二类企业或副局级研究院所中层正职及以上职级,其他企业领导班子副职及以上职级。②党政机关:副处级职务。

(2) 中央企业、党政机关中博士研究生毕业后工作满1年、硕士研究生毕业后工作满3年、大学本科毕业后工作满5年的,年龄不超过38周岁。

(三) 其他规定

现任总部部门副职及以下领导人员,如应聘同层级领导岗位,可不受学历、专业技术职务任职资格的限制。

从参考模板可以看出,上述企业在公开招聘过程中,其基本条件在《党政领导干部选拔任用工作条例》(2014年版)的基础上做了一定简化,但对主要条件进行了保留。在任职资格规定上也基本遵循了"由副职提任正职的,应当在副职岗位工作两年以上,由下级正职提任上级副职的,应当在下级正职岗位工作3年以上"的干部管理规定。

(五) 建立胜任能力模型

该步骤为干部公开选拔竞争上岗的基础性步骤,也是一个核心步骤,需要做详细的准备工作,具备一定的人才评价工作经验。其主要目的是为后面的能力测试和面试(结构或半结构化面试、无领导小组讨论)提供命题依据。

1. 胜任能力模型定义

胜任能力模型又叫素质模型(Competency Model),即"素质、资质、才干"等,是指驱动员工产生优秀工作绩效的各种个性特征的集合,它反映的是可以通过不同方式表现出员工的知识、技能、个性与内驱力等,能力是判断一个人能否胜任某项工作的优点,是决定并区别绩效差异的个人特征。

建立胜任能力模型的基础是美国著名心理学家麦克利兰于1973年提出的著名的素质冰山模型。所谓"冰山模型",就是将人员个体素质的不同表现形式划分为表面的"冰山以上部分"和深藏的"冰山以下部分"。其中,"冰山以上部分"包括基本知识、基本技能,是外在表现,是容易了解与测量的部分,相对而言也比较容易通过培训来改变和发展。而"冰山以下部分"包括社会角色、自我形象、特质和动机，是人内在的、难以测量的部分。它们不太容易通过外界的影响而得到改变，但却对人员的行为与表现起着关键性的作用。

素质模型可以用于招聘选拔、绩效管理、人才储备建设、个性化培训、职业发展等多种方面。招聘选拔中，基于素质模型的招聘能够以招聘单位发展战略为导向，使得那些对招聘单位发展和建设最为重要的素质得到重视。因此，在人员招聘活动中，依据岗位对任职者的素质要求，通过适当的手段，如面谈、试题考核、案例分析等来确定候选人是否具备岗位期望的素质特征，科学地进行人员筛选，可以使个人素质最大限度地适合于工作和角色的要求，从而在工作中实现高绩效。这种基于素质的招聘方法既能体现招聘单位的长远发展战略，又能确保招聘单位获得合适的员工，因而将素质模型应用于干部公开选拔竞争上岗中能够确保其有效性。

2. 胜任能力模型常用建立方法

关于素质模型建立的方法，在许多人力资源管理书籍和人才评价工具书中均有详细介绍。其一般的流程如下：①定义绩效标准（销售量、利润、管理风格、客户满意度），即采用工作分析的各种工具与方法明确工作的具体要求，提炼出鉴别工作优秀的员工与工作一般的员工的标准。②选取分析效标样本（一般经理、优秀经理）。根据岗位要求，在从事该岗位工作的员工中，分别从绩效优秀和绩效普通的员工中随机抽取一定数量的员工进行调查。③获取效标样本有关胜任特征的数据资料（BEI、问卷调查、评价中心、专家评议组）。采用行为事件访谈法（Behavioral Event Interview，简称 BEI）、专家小组法（Expert Panel）、问卷调查法（Survey）、全方位评价法、专家系统数据库和观察法等获取效标样本有关胜任特征数据，但一般以行为事件访谈法为主。④建立胜任特征模型（确定 Competency 项目、确定等级、描述等级）。在分析数据信息（访谈结果编码、调查问卷分析）的基础上建立胜任特征模型。首先，通过行为访谈报告提炼胜任特征，对行为事件访谈报告进行内容分析，记录各种胜任特征在报告中出现的频次。然后，对优秀组和普通组的要素指标发生频次和相关的程度统计指标进行比较，找出两组的共性与差异特征。根据不同的主题进行特征归类，并根据频次的集中程度，估计各类特征组的大致权重。⑤验证胜任特征模型（BEI、问卷调查、评价中心、专家评议组）。验证胜任特征模型可以采用回归法或其他相关的验证方法，采用已有的优秀与一般的有关标准或数据进行检验，其关键在于招聘单位选取什么样的绩效标准来做验证。

3. 建立干部公开选拔竞争上岗胜任能力模型

干部公开选拔竞争上岗胜任能力模型的建立，由于时间较短，而且保密要求较高,因此一般不采取大样本分析的方法进行。经常采用的就是结合岗位访谈提纲,对拟招聘岗位进行上级领导和组织人事部门的访谈,在以上参考模板中均已融入能力素质模型要点和BEI访谈的内容。

"请您根据您的判断选择拟招聘岗位工作所需的能力,按照重要性由大到小,最多选择7项(参考项:系统思维、战略意识、判断决策能力、领导能力、计划能力、分析能力、组织协调能力、创新能力、内部协调能力、外部沟通能力、信息管理能力、专业技术能力等)。"这个问题就是用来快速建立素质模型的。

"请您根据您的判断选择拟招聘岗位工作所需的心理品质,按照重要性由大到小排列,最多选择7~9项(参考项目:承受心理压力的能力、严谨、内向、外向、进取心、开拓意识、责任心、服务意识、协作精神、敏锐、果断、稳健、同理心、敬业、忠诚、勤勉等)。"这个问题是用来为心理素质测评准备指标项的。

"请您根据您的了解给我们简述一下拟招聘岗位前几任领导在管理工作中发生的关键事例,包括成功事件、不成功事件或负面事件各3项,并且尽可能地描述整个事件的起因、过程、结果、时间、相关人物、涉及的范围以及影响层面等。"这个问题是用来对素质模型进行BEI访谈的,目的是对前面选择素质模型项进行印证。

一般来说,通过对公司战略的分析以及对领导的访谈,从中归纳出最重要6~9个左右的能力素质项,最好不超过9项,在与拟招聘岗位组织人事部门进行深入沟通后,定稿组成能力素质。干部公开选拔竞争上岗的能力项选择一般在7~9个为恰当,通常会比日常使用的素质项稍多一点,以利于在选拔考试中全面了解考生的能力特长。太少不利于了解,太多则实施起来较为麻烦。按照上述步骤进行归纳后,通过命题及考务专家共同研究后,确定能力素质项,写出定义,最好再写出评价标准。例12就是一个×产业项目经理选拔素质模型。

【例12】

××产业项目经理选拔素质模型

序号	能力素质	定义
1	职业态度	体现的是对职责内和职责外的一种工作态度,同时也体现在对招聘单位企业文化、品牌、产品的态度。这项能力体现的是对自我的要求、责任心、服务意识、抗压能力、成就导向。对招聘单位的价值观和品牌具有很高的忠诚度,并具有超越工作标准和完成指标的决心与能力的表现

（续上表）

序号	能力素质	定　　义
2	执行力	制订完整有效的工作计划，并领导下属快速保质地执行。计划的能力还体现在事前控制能力强，确保工作的有效性。执行的能力还体现在作为中间干部了解和贯彻上司的意图，起到承上启下的作用。执行的体现是结果导向，解决问题、制订计划、PDCA，准确有效，长期规划
3	组织建设	愿意与他人合作的想法，驾驭他人完成任务的能力，帮助他人提升培养下属或客户的意向，并具有善用资源，建立良好人脉关系发挥团队成员的积极性共同完成目标的能力，以及对下属、对客户的激励能力等
4	前瞻思维	能深思熟虑，有远见，看待一件事情不只是看表面，更注重事件背后所隐含的深层次的本质上的东西，看待问题比较全面客观。在前瞻性思维的指导下，能更有效更能动地去处理工作中所遇到的问题，理解实施目标并预测分析市场动态
5	学习创新	从自己身边发生的事情或他人的言行反应中，总结解决问题的方法并加以应用的能力。以开放和吸收的心态对待身边发生的事情。了解整个行业、竞争品牌和市场竞争状况以寻求帮助客户提升的方法，更好地服务和管理客户，并对学习有天然的敏感度
6	知识技能	具备项目和分公司管理的基本技能，为实现企业集团分配给分公司的目标而确立清晰详细的行动过程和组织工作的能力

（六）干部公开选拔竞争上岗素质模型参考选项

由于开展能力素质模型归纳总结是一项对工作经历和业务能力要求较高的工作，对于一些从事干部公开选拔竞争上岗工作，以及接触人才评价业务时间不长的同志来说，具有较高的难度。因此，笔者通过多年的研究列出了目前干部公开选拔竞争上岗选拔模型中常用的 24 个能力项，以及评价标准（见表 3 - 5），可供大家在实际运用中直接挑选后参考使用。

表3-5 干部公开选拔竞争上岗素质模型参考选项

序号	能力素质	定义	优秀(91～100分)	良好(76～90分)	合格(61～75分)	待发展(60分及以下)
1	经营决策	关注行业内外变化，深入分析拟招聘单位自身的经营状况，制定相应的经营策略，实现经营目标及资源价值最大化	准确识别机会，全面、深入分析当前的经营状况，并提出系统性的经营策略	能够把握住有利于发展的机会，对当前的经营状况进行较为全面的分析，但提出的经营策略相对零散	能识别一些有助于提升效益的机会；对当前经营状况有基本认识，经营策略性一般	对有利于效益提升的机会不够敏感，缺少经营意识，对经营运作的模型不太熟悉
2	影响推动	综合运用多种影响技巧，发挥自身影响力推动工作目标的有效达成	影响意愿强，能够识别影响问题的关键点，灵活运用多种影响策略来推动工作目标的达成	能够根据对方的表现适当调整自己的沟通、影响技巧，有效赢得团队共识和配合	能够提出自己的观点，尝试说服他人接受，但方式、技巧上相对单一，影响效果不佳	被动，影响意愿弱，不善于推动他人行动
3	开拓创新	具有开拓精神，善于通过制度、流程、技术等方面的创新不断开创工作的新局面	思路开阔，敢于创新，提出具有突破性、时效性的新思路和新措施	能一定程度上把握新变化，结合实际应用提出改进措施	理解新变化、新趋势，能够适当转换自己固有的思路，但需要较长的时间来进行调适	思路局限于过往固有的流程和制度、技术，更多看到风险和困难，不愿意尝试新事物或改变传统模式
4	系统思维	利用专业知识、经验、技能，系统思考、分析和解决实际专业问题的能力	熟练掌握专业知识、技能，实际解决问题过程中能够灵活结合过往经验，提出合理科学的方案	有效运用专业知识、经验来解决现实问题，针对性较强，考虑问题较全面	基本具备岗位所需的专业知识和业务能力，考虑问题不够全面	不具备岗位所需要的专业知识和业务能力，考虑问题系统性差

(续表3-5)

序号	能力素质	定义	优秀 (91～100分)	良好 (76～90分)	合格 (61～75分)	待发展 (60分及以下)
5	语言表达与气质	候选人在现场展示的语言表达、仪表风范、职业成熟度等相关内容	举止谈吐文雅，演讲富有感染力，互动问答过程中体现出专业风范和领导才能	举止大方得体，能够清晰展示出过往经历中成熟的管理思路和措施	稍显紧张，但尚能及时适应，较为全面地展示过往工作经历	举止拘谨，在人际场合下紧张，不能在短时间内快速适应，未能够展示出专业性和职业度
6	系统思考	思考问题全面、深入，能够对相关因素进行系统考量，善于总结和归纳问题的本质和规律	考虑问题全面、深入本质，准确把握关键点，观点富有逻辑性	考虑问题较为全面，能够深入探寻内在影响因素，能够把握住重点	基本把握问题的影响因素，但分析不够深入，观点的逻辑性一般	未能够识别问题的关键点，对问题的分析流于表面
7	风险管控	敏锐识别行动中存在的潜在风险因素，制定有效的风险管控制度及应对方案，以防范风险和降低风险影响范围	对潜在风险因素非常敏感，能够准确预估，并制定系统性管控和应对方案，有效降低甚至避免问题	针对可能存在的风险，能够快速提出应对方案，但考虑的深入、全面性略有欠缺	基本能够从过往经验出发，就风险防范提出一些措施和思路，但未能够实现系统性防范，对于未处理过的情况应对不足	对潜在风险的影响程度和范围预估不足，管控及应对方案不足以支持实际预防工作的开展
8	推动执行	快速将想法付诸行动，有效推动工作计划的执行与落实	行动果断，以解决问题为导向，建立监控机制或指定相关人员定期追踪，阶段性进行评估和修正后续行动，以推进工作落实	行动快速，注重时间效率，着眼于拿出有效地解决问题的方案，并能够进行阶段性监控	面对问题能够拿出有针对性地处理方案，但推动力度不足，也缺少相对有效地监督控制	空谈问题，或在个别问题上绕圈子，拿不出行之有效的解决问题方案，组织任务时，节点不清、分工不明

(续表3-5)

序号	能力素质	定义	优秀(91~100分)	良好(76~90分)	合格(61~75分)	待发展(60分及以下)
9	沟通协调	通过有效的沟通开展工作，解决问题，协调各方关系，化解矛盾冲突	深入把握问题内在分歧点和利益方矛盾，主动与相关方进行快速、有效的沟通，有技巧地协调合作过程中观点分歧和矛盾	能主动介入工作分歧的处理，掌握沟通和交流的技巧，矛盾处理较为得当，但对人际交流局面的掌控力度一般	能够与相关方进行沟通，基本了解他人观点，也能让对方明白自己意愿，但组织协调的效果一般	在语言技巧和沟通方式方面欠缺，存在一定障碍，未掌握与人交流的基本技巧；不主动进行任务的组织和协调
10	团队建设	清楚组织发展对人才的需求，科学选才，知人善用，有效激发下属的工作热情，大力培养人才，持续提升团队整体能力	有系统性的团队管理、发展理念，关注团队氛围，注重人才梯队的组建、发展，有效提升团队凝聚力和整体能力	及时应对团队问题，采取激励措施提升氛围，调动下属积极性，对团队发展有所关注	更多的是就问题处理问题，体现出对团队人员问题的关注，但缺少系统性解决办法，未能够长期、有效地提升团队氛围	对团队管理过程中所面临的问题或人际矛盾缺乏处理思路和经验，难以把握团队问题产生的关键点
11	理性决断	严谨评估现实情况，合理运用专业知识、技能对行动方案进行分析和评估，做出准确、高效的决策	保持理性、客观的决策态度，主动综合各方面信息，听取各方意见，通过审慎评估，做出最为合理、有效的综合判断	谨慎评估目前所掌握的信息，积极补充、验证未确定信息，针对后续行动提出明确的决策意见，并提前设定调整预案	尊重客观信息，即使在信息不充分的情况下，也能够在既定时间内拿出可操作的行动方案，给出较为明确的决策意见，不优柔寡断	不注重对客观信息的收集和分析，习惯于根据自己的直觉或想象做出主观判断；或者不能够基于现有情况拿出明确的决断意见

(续表 3-5)

序号	能力素质	定义	优秀 (91～100分)	良好 (76～90分)	合格 (61～75分)	待发展 (60分及以下)
12	战略思维	深入理解并认同组织的发展目标和战略，以此作为工作的出发点，指导具体的决策与行动	充分理解战略对于本岗位工作的前瞻性要求。能够将战略目标与日常工作紧密衔接，逐步实现对战略的支持和贡献	在理解战略的基础上，能够明晰对本职岗位的相关要求，并能围绕重点来开展工作	关注并认同组织的发展战略，但对于如何立足本职对战略提供支持缺乏深入思考	对组织战略缺乏了解或认同，战略执行停留在口号层面
13	统筹规划	根据目标制定明确合理的工作计划及发展规划，有效配置和整合内外部资源以保证计划与行动的匹配	围绕着组织长期目标制定具有系统性的整体规划，并能够考虑各类资源之间的关系，并进行整合配置	保证规划体现组织长短期目标之间的关系，能够考虑整合组织内外部资源	根据既定目标制定解决问题的具体行动方案，但方案缺乏足够前瞻性和可操作性	对于未来工作缺乏明确目标，不考虑资源因素，制订的计划缺乏可操作性
14	分析归纳	对信息进行分析，抓住事物本质，并在融合多方观点的基础上得出逻辑性的结论	能够从繁杂信息中把握影响事物变化的根本因素，并整合各种观点的联系和区别，提升观点的高度	在信息处理上有一定的思路和方法，能够掌握重点；并将他人观点进行融合，逻辑连贯地表现出来	能够识别问题的主要矛盾，但分析不够深入；只能点对点地识别各方观点差异，缺乏提炼和整合	分析问题杂乱无章，认识浅薄；难以理解他人观点
15	组织协调	通过制度安排、关系协调等方式平衡各方利益，促进组织整体目标的达成	明确任务要求，制定讨论规则，组织团队成员积极贡献意见，促进整体目标达成	能够运用一定的协调技巧处理讨论过程中的矛盾，推动团队成员观点达成一致	有一定的组织、协调意愿，但技巧措施相对单一，协调的效果不够明显	被动参与居多，不善组织，也不愿介入团队中的矛盾或分歧

(续表 3-5)

序号	能力素质	定义	优秀(91~100分)	良好(76~90分)	合格(61~75分)	待发展(60分及以下)
16	团队协作	通过制度安排、关系协调等方式平衡各方利益，促进团队整体目标的达成	能够在团队整体角度出发，以合作共赢的态度来处理团队冲突；能够有效平衡团队氛围和任务，促进团队目标的达成	对于团队成员之间的合作持以积极的态度，能够鼓励他人在团队中发挥作用，以促进共同目标的达成	能够意识到合作的重要性，但对于团队目标的达成贡献有限	只专注于自己的表现，无视团队其他成员的贡献，破坏团队的合作氛围
17	专业知识	指了解对应聘岗位专业所需要的相关专业知识、业务流程、政策、法规	熟练掌握专业知识的理论和业务流程，灵活运用相关政策和法规	掌握专业知识的理论，熟悉业务流程，了解相关政策和法规	了解基本专业知识的理论和业务流程，知道相关政策和法规	对专业知识的理论和业务流程不太了解，不熟悉相关政策和法规
18	安全意识	指对于所从事的行业具有高度的敏锐性，工作过程中时刻将安全铭记在心，把安全放在第一要位，主动采取措施规避风险，在风险来临时能够采取正确方法将风险降至最低点，避免更大损失和伤害	对于所从事的行业具有高度的安全敏锐性，工作过程中时刻把安全放在第一要位，主动采取有效措施消除隐患	非常重视安全，并能采取正确方法将风险降至最低点	能够认识到安全的重要性，避免更大损失和伤害	未能意识到不安全的因素，也不知道问题出现后如何处理

（续表3-5）

序号	能力素质	定义	优秀 (91~100分)	良好 (76~90分)	合格 (61~75分)	待发展 (60分及以下)
19	政策把握	指在工作过程中，关注国家和拟招聘单位政策、战略和制度的出台、发展和变化，了解政策出台的背景及其针对性，理解政策的意图，把握正确的方针，并将其作为工作行为的引导时刻贯穿于日常行动中	工作中时刻注意学习，能够把握政策和制度出台的背景及其针对性，并能理解政策的意图，将政策制度的思想贯穿于日常行动中	能够学习并准确把握相关政策，在工作过程中贯彻执行	工作过程中能够收集、关注相关政策和制度	对于政策和制度不够敏感，不能准确把握和遵守
20	原则性	指做事有标准，做人有原则，在工作和生活的过程中，始终坚持正确的准则，无论受到何种诱惑，能够认清真伪、辨别正误，采取正确的解决方法和行动	无论受到何种诱惑，能够认清真伪、辨别正误，采取正确的解决办法和行动	能够在工作中坚持正确的准则，不受外界环境的影响	做事有标准，遵从固有的行为模式，但可能会因其他理由而改变自己的决定	非常容易受到别人的影响，会因外界的诱惑而做出不当的行为

（续表3-5）

序号	能力素质	定义	优秀（91～100分）	良好（76～90分）	合格（61～75分）	待发展（60分及以下）
21	市场竞争	从拟招聘单位利益出发，组织和领导市场竞争，优化生产要素的配置，获得市场资源。发现和验证市场机会，系统思考、提炼产品概念、产品定义、财务分析和提供组织保障设计适合商业模式	具有很强的市场竞争意识和经验，能充分配置优化资源。非常熟悉商业模式设计，市场嗅觉灵敏	具有较强的市场竞争意识和经验，能较好配置优化资源，熟悉商业模式设计	具有一定的市场竞争意识和经验，基本了解商业模式设计的相关要点	竞争意识不强，对商业模式设计不了解
22	团队管理	管理经营班子，发挥班子成员特长，进行合理分工及授权，对班子成员进行评价。根据既定的业务发展目标，组建业务团队，选择团队领军人物，设计团队组织架构，对团队进行合适授权，为团队设定业务目标，确定业绩考核指标并进行考核	能够很好地发挥班子成员作用，带领团队超额实现业务发展目标，有效平衡团队氛围	能够较好的发挥班子成员作用，带领团队实现既定的业务发展目标，较好平衡团队氛围	能够基本发挥班子成员作用，但对于团队目标的达成贡献有限	只专注于自己的表现，破坏团队的合作氛围

(续表 3-5)

序号	能力素质	定义	优秀 (91~100分)	良好 (76~90分)	合格 (61~75分)	待发展 (60分及以下)
23	风险意识	指始终坚持风险管理理念，在工作过程中，采取措施，防止不应有的问题出现，在风险未发生时，进行预案设计，避免问题扩大化	能够未雨绸缪，在风险未发生时，主动进行预案设计，避免问题的出现	能够坚持风险理念，在工作过程中，采取措施，防止不应有的问题出现及扩大化	当风险发生时能够采取相关措施以降低损失，避免问题扩大化	风险意识薄弱，没有意识到事物产生变化可能导致的严重后果

三、发布公告

公告，是指政府、企事业团体对重大事件当众正式公布或者公开宣告、宣布。发布公告是干部公开选拔竞争上岗全面进入实施阶段的标志，主要包含研究制定招聘公告、发布公告两个环节，见表 3-6。

表 3-6 发布公告的步骤和要求

步骤	步骤定义	步骤要求	主要内容
研究制定招聘公告和报名表	干部管理部门制定招聘公告的过程	明确以下内容：职位及要求、报名基本条件、招聘程序、报名时间及方式	1. 研究制定招聘公告； 2. 组织人事部门领导审核通过招聘公告
发布公告	选择内部及外部媒体，发布招聘公告的过程	外部媒体可选择：《人民日报》、国资委网站、相关专业报等； 内部媒体可选择：选聘单位内部报纸、选聘单位内部网站、OA系统等，以及微信、微博等主流渠道。国资委系统有国资小新、国资微信矩阵等	选择合适的媒体发布招聘公告

（一）制定招聘公告和报名表

1. 制定招聘公告

招聘公告一般应包括：职位及要求、报名基本条件、招聘程序、报名时间及方式、联系人。以下为两个面向全国公开招聘的公告参考模板，一个是党政机关常用的模板（例13），一个是国有企事业单位的模板（例14）。刊登在招聘单位局域网上的内容可以更为详细。

【例13】

××中心××××年公开选拔处级领导干部工作公告

为加大竞争性选拔力度，扩大选人用人视野，发现、引进优秀人才，优化干部队伍结构，根据《中华人民共和国公务员法》《党政领导干部选拔任用工作条例》《公开选拔党政领导干部工作暂行规定》有关精神，结合干部队伍建设实际，面向社会公开选拔××名处级领导干部。现将有关事项公告如下。

一、公开选拔的职位

××局：处长1名，负责××工作；副处长1名，负责××评论工作。

二、公开选拔的报名条件和资格

报名人员除具备《党政领导干部选拔任用工作条例》规定的基本条件外，还需具备以下资格条件。

1. 中共党员，遵守国家法律法规和党纪条规，品行端正，无违法违纪行为和不良记录；具有良好的政治素质、道德修养和敬业精神，事业心、责任感强，具有较强的组织纪律观念，能够严守保密纪律。

2. 综合素质好，组织协调和开拓创新能力强，工作业绩突出，具有与选拔岗位要求相匹配的任职经历和能力水平。

3. 全日制大学本科及以上学历，并取得学士及以上学位。具有5年以上工龄和2年以上基层工作经历。

4. 报考处长职位的，年龄一般不超过40岁，即19××年10月1日（含）以后出生；报考副处长职位的，年龄一般不超过35岁，即19××年10月1日（含）以后出生。

5. 报考处长职位的，应现任正处级职务，或任副处级职务满1年，即20××年10月（含）以前任职；事业单位管理岗位工作人员，现任五级职员，或任六级职员满1年，即20××年10月（含）以前任职；事业单位专业技术岗位工作人员，现任正高级专业技术职务，或任副高级专业技术职务2年以上；

国有企业中任相当职务层级人员。

报考副处长职位的，应现任副处级职务，或任正科级职务满2年，即20××年10月（含）以前任职；事业单位管理岗位工作人员，现任六级职员，或任七级职员满2年，即20××年10月（含）以前任职；事业单位专业技术岗位工作人员，现任副高级专业技术职务，或任中级专业技术职务2年以上；国有企业中任相当职务层级人员。

非公有制经济组织、新社会组织中层（含）以上管理人员和海外留学回国人员中的报名人员，应当具备与所报职位要求相当的资格。

6. 身心健康。

7. 中国公民，本人及配偶没有国外永久居留权或者确定任职后自愿放弃国外永久居留权。

8. 具体职位报考资格条件详见职位说明书，职位说明书另有规定的从其规定。

有下列情形之一的，不得报考：

（1）涉嫌违纪违法正在接受有关的专门机关审查尚未做出结论的。

（2）受处分期间或者未满影响期限的。

（3）尚在试用期的。

（4）法律、法规和政策规定的其他情形。

三、公开选拔的工作步骤

公开选拔工作分为网络报名、资格初审、考试测评、组织考察、决定任用等阶段。

（一）网络报名

时间为20××年11月30日8时～12月3日17时。登录××网（www.××.net）报名。报名分个人自荐、组织推荐两种形式，每人限报1个职位，同时注明是否同意调剂。

1. 个人自荐报名。报名人员在××网的指定页面注册个人账户后登录报名系统，填写《××办××××年公开选拔处级领导干部个人自荐报名表》。

2. 组织推荐。由单位组织人事部门填写《××办××××年公开选拔处级领导干部组织推荐表》，以书面形式送达中央××办干部司（地址：××市××区××号中央××办干部司收，邮编：××××××），并通知符合条件的人员通过网上报名。

3. 设立咨询电话。公选政策咨询电话：021-××××××××。网络技术咨询电话：021-××××××××。

(二) 资格初审

对报名人员进行网上资格初审。经资格初审合格参加笔试的人数与拟公开选拔职位的比例一般不低于10:1。如达不到规定的人数比例，在笔试开始前研究决定是否取消该职位。如决定取消该职位，在征得报考人员本人同意的情况下，相应报名人员可以调剂到其他职位参加公选。

资格审查贯穿公开选拔全过程。报名人员填写个人信息必须实事求是，凡弄虚作假者，一经查实，即取消参加公开选拔资格。

报名结束后，在公招网统一发布资格初审结果和笔试通知。通过资格初审的报名人员，登录××网下载并打印准考证（进入面试的人员，仍继续使用此证），按规定时间、地点参加笔试。

(三) 考试测评

1. 笔试环节。主要按照《党政领导干部公开选拔和竞争上岗考试大纲》的有关精神，测试应试者担任相应领导职务应具备的基本素质和运用有关理论、知识和方法分析解决实际问题的能力。报考××局职位的，笔试内容含英语测试。

笔试成绩一般于笔试结束后10个工作日左右在××网上统一公布。

2. 资格复审。根据笔试成绩高低顺序，各职位进入面试的人数与该职位的比例一般为5:1（得分并列的，全部列入，下同）。资格复审人选按照××网公布的通知要求，持相关证书材料到指定地点进行资格复审。对于未参加、未通过复审或本人明确表示不参加面试的，资格复审人选按该职位笔试成绩排名顺序依次递补。复审合格者进入面试。

3. 面试环节。主要测试应试者的素质能力与选拔职位的适应程度（报考××局职位的，含英语口语面试）。同时组织心理测试，测试成绩作为参考，不计入考试测评综合成绩。

考试测评综合成绩按照笔试和面试成绩各占50%计算。一般于面试结束后10个工作日左右，在××网公布面试成绩、考试测评综合成绩、组织考察等通知事项。

(四) 组织考察

1. 确定考察对象。各职位进入考察的人数与该职位的比例为2:1。体检合格者列入考察对象，如有体检不合格者，根据该职位考试测评综合成绩排名顺序依次递补。

2. 组织考察。××办组成考察组，对人选的德、能、勤、绩、廉进行全面考察，同时查阅考察对象个人有关事项报告情况，必要时进行核实。在现所在单位工作不满2年的，需到其原单位或其他相关单位进行延伸考察。组织考察主要包括考察预告、民主测评、考察谈话、征求纪检监察部门意见等环节，对政治上有问题的，一律取消考察资格。

（五）决定任用

考察组根据组织考察情况，提出拟任职建议人选。××办办务会综合考虑人选的考试成绩、考察情况、工作业绩、德才表现、任职经历及职位匹配度等因素，差额讨论决定拟任职人选。对经过严格考察，××办办务会研究确定无合适人选的职位，该职位选拔可以空缺。

拟任职人选在××网上进行公示，公示时间为××个工作日。公示期满没有问题的，按相关程序办理任职手续。

对决定任用的人员，自任用之日起，试用期为一年。试用期满后经考核胜任的，正式任职；不胜任的免去试任职务，可自主择业，也可由组织安排工作，一般按试任前职务层次安排。对经过考察符合任用条件但未能任用的人员，符合后备干部条件的，可按照程序纳入后备干部队伍进行培养。

四、公开选拔的时间安排

20××年11月下旬，发布公告，开展网络报名、资格初审。

20××年12月中旬，发布资格初审结果和笔试通知。

20××年12月下旬，进行笔试及笔试阅卷。

20××年1月上旬，发布笔试成绩、资格复审和面试通知。

20××年1月中旬，进行面试及心理测试。

20××年1月下旬，发布面试成绩、考试测评综合成绩和考察对象名单，组织体检。

20××年2月上旬，对人选进行组织考察和公示。

20××年2月中旬，决定任用，任职人员到岗。

五、公开选拔的组织机构

公开选拔工作在××统一领导下进行，由××干部司具体负责。

六、公开选拔的纪律要求

严格按照规定的要求和程序开展，坚持公开、公平、公正。工作人员要严格遵守组织纪律，严格执行保密制度和回避制度，认真细致地做好各项工作。报考人员要自觉遵守有关规定，不准弄虚作假，搞非组织活动，一经发现，即取消公开选拔资格，并将有关情况通报所在单位。

为加强对公开选拔工作的监督，××纪委对这次公开选拔工作实施全程监督。设立监督举报电话，接受监督举报。一经发现有违规行为，严肃处理。

监督举报电话：021-×××××××

本公告由××办干部司负责解释。

××干部司
20××年××月××日

【例14】
××招聘单位面向全国公开招聘高级管理人员公告
（发××日报、中国××报、南方×报、法制×报版）

根据××招聘单位改革发展需要，为进一步深化干部人事制度改革，加大公开竞争选拔企业高级管理人员力度，××招聘单位决定面向全国公开招聘高级管理人员。现将有关事项公告如下：

一、招聘职位及职位要求

1. ××部副主任1名

主要职责：协助主任开展××招聘单位财务管理工作。

职位要求：具有财经类相关专业学历，一般应具有注册会计师执业资格，或者具有高级会计师等相关专业技术资格，从事财务、会计、金融、资产管理等管理工作8年及以上。

2. ××中心副主任1名

主要职责：协助主任做好××招聘单位××管理工作。

职位要求：具有××相关专业学历，应具有高级工程师或副研究员及以上专业技术资格，从事××生产和××科研等管理工作8年及以上。

3. ××公司副院长1名

主要职责：协助院长组织开展××核心技术研发、科技创新、技术平台建设工作。

职位要求：具有较强的专业技术和科研开发能力；一般应具有××系统相关专业学历，应具有高级工程师或副研究员及以上专业技术资格，从事××生产和××科研等管理工作8年及以上。

4. ××公司总法律顾问1名

主要职责：负责所属企业法律事务工作。

职位要求：具有法律类相关专业学历，应取得企业法律顾问执业资格或法律职业资格，从事法律事务管理8年及以上。

5. ××部法规××处长1名

主要职责：负责归口管理公司合同、法制宣传教育、授权委托等工作。

职位要求：具有民商法、经济法、国际经济法或其他法律专业学历；应取得企业法律顾问执业资格或法律职业资格，从事法律工作5年及以上。

二、报名基本条件

应具有大学本科及以上学历，应聘副主任（副院长）、总法律顾问的，年龄一般在××周岁以下，特别优秀的，年龄可适当放宽，但不超过××周岁；应聘处长岗位的，年龄一般在××周岁以下，特别优秀的，年龄可适当放宽，但不超过××周岁。

应聘副主任（副院长）的，应在相当于正处级岗位上工作满××年及以上，或在大型企业中任领导班子成员××年及以上；应聘总法律顾问的，应在相当于正处级岗位上工作满××年及以上，或担任大型企业常年法律顾问、律师事务所合伙人3年及以上；应聘处长岗位的，应在相当于副处级岗位上工作满××年以上，或担任大型企业常年法律顾问或律师事务所合伙人。

三、招聘程序

招聘工作按照自愿报名、资格审查、考试测评、组织考察、决定聘用的程序进行。

四、报名时间及方式

（一）报名时间

20××年××月××日至××月××日。

（二）报名方式

1. 网上报名：应聘者可登录××招聘单位网站在线报名，同时邮寄相关材料到××招聘单位公开招聘工作领导小组办公室（以下简称"招聘办"）。

2. 现场报名：应聘者可到招聘办现场报名，接待时间：周一至周五，8：30-17：30。

招聘办地址：××市××区××大楼××室。邮编：××××××

招聘办电子邮箱：××@××.cn

联系人：×× ××

联系电话：××××××××

传真：××××××××

更多详情，请点击××网站。

××招聘单位公开招聘工作领导小组办公室
二〇××年××月××日

2. 研究制定报名表

干部公开选拔竞争上岗报名表，是直接面向招聘人员填写的表格，该表收集到的考生报名信息情况将直接影响到后继资格审查、履历分析、干部考察、任免审批表等，可以说牵一发而动全身。该表格一旦公布发出，基本上很难修改。报名表的基本信息原则上应包含个人信息、教育信息、培训信息、奖惩信息、考核信息、业绩信息、工作经历、个人承诺等部分。公开选拔人员报名表还应包含现所在单位介绍信息等。报名表一般又分为通过传统纸质版和电子邮件发送的报名表以及招聘系统报名表等两大类。

（1）纸质和传统电子邮件发送的报名表。从目前的情况看，由于干部公开选拔竞争上岗的批次和量很小，因此，许多单位经常是通过邮寄纸质版报名资料，或通过 Email 方式发送电子邮件报名。该类报名表（例15）包含的信息应全面涵盖报名资格条件所需的内容，以及中共中央组织部《干部履历表》的主要内容，对于处级及以上的招聘对象，原则上应涵盖《干部履历表》的相关内容，等到进入考察时进行全面核实。为便于更加精确地对干部的业绩进行分析，避免应聘人员填写时过于笼统，因此在业绩栏，一般把业绩分为5~6项，可以根据访谈提纲，纳入该岗位最需要的过往工作业绩支持。例如，党政领导干部业绩栏，就可以按照习近平总书记的要求，把民生改善、社会进步、生态效益等指标和实绩作为重要考核内容，如请说明在民生改善方面的业绩，在社会进步方面的业绩，在生态效益方面的业绩，在从严治党方面的业绩，等等，做到业绩与中央大政方针相符，与核心胜任能力相符。

【例15】

××岗位公开招聘报名表

应聘职位				是否服从调配		（电子版二寸近期彩照）
姓　名		性　别		出生日期		
国　籍		出生地		籍　贯		
户口所在地		身份证号码				
参加工作时间		政治面貌		加入时间		
计算机水平		外语语种及水平		健康状况		
通信地址及邮编				手　机		
				电子邮箱		

（续上表）

现工作单位职务及岗级	
专业技术职务任职资格或职（执）业资格	
全日制学历	学历、学位　　　　　　毕业院校及专业
最高学历	学历、学位　　　　　　毕业院校及专业
教育经历	（自大、中专院校学习时间开始填写） 例：1988年9月至1992年7月｜××大学｜经济系/工业经济专业｜毕业｜大学本科｜工学学士｜全日制
学习培训经历	起止年月｜培训机构｜培训专业/内容｜证书
专业技术职务及取得时间	名称｜取得时间｜评定机构｜证书编号
职（执）业资格	名称｜取得时间｜评定机构｜证书编号
专业特长	（最多120字）
自我评价	（不超过500字）
工作经历	（自参加工作前一段教育经历填写至今，时间要连贯） 例：1989年7月-1991年4月　　××公司××部门工作 　　1991年4月至今　　　　　××公司××部门副主任
家庭成员情况	关系｜姓名｜所在单位｜政治面貌｜国籍
重要社会关系情况	关系｜姓名｜所在单位｜政治面貌｜国籍

（续上表）

近五年主要工作业绩（每项500字内）	业绩1［在××管理（民生改善）工作中，取得突出成效情况］	
	业绩2［在企业重大经营活动、市场拓展、生产经营管理（社会进步）工作中，取得突出成效情况］	
	业绩3（在带队伍、认真履行好党建工作和党风廉政建设工作中，取得突出成效情况）	
	业绩4［在创新管理、创新业务、推进企业提升管理水平（生态效益管理）方面，取得突出成效情况］	
	业绩5（在单位管理方面，取得突出成效情况）	
	业绩6（其他业绩情况，上述未涵盖的自己认为最有成效的业绩情况）	
奖惩情况	时间 ｜ 奖励情况 ｜ 奖励单位 ｜ 排名情况	
近三年绩效考核情况	时间 ｜ 考核情况 ｜ 考核单位 ｜ 等级情况	
目前工作单位情况	单位名称	
	单位性质	
	所属行业	
	主营业务	
	20××年年底资产总额	
	20××年年底从业人数	
	20××年年底销售额	
	目前主管工作	
	主管部门及员工人数	
	现工作单位简要介绍	（最多250字）
	目前工作单位隶属单位	
	目前工作单位隶属性质	

（续上表）

备注	（其他需要说明的情况）
本人声明	本人承诺以上信息均真实有效　　　　　　　　申报人签字： 　　　　　　　　　　　　　　　　　　　　　　　年　　月　　日

（2）电脑招聘系统的报名表。从作者调研了解的情况看，目前有一部分单位在员工招聘以及校园招聘系统的基础上，开发了自己的干部公开选拔竞争上岗专用系统，电脑招聘系统的报名表除应包含纸质和电子邮件版的全部信息外，考虑到电脑系统的特点，在进行报名表模板设计时，应考虑凡是能够选择的均由报名者进行选择填写，尽量少用自由填写方式，以确保做到填写规范，有利于计算机系统自动生成《资格审查列表》《履历分析表》《干部名册》《干部简历》《报名表》等表格。如《××岗位公开招聘报名表》（例16）中，许多选项均可以事先编制字典，供报考人员选择。如应聘职位字典为：拟招聘的各个岗位名称；是否服从调配字典为：服从/不服从；性别字典为：男/女；出生日期字典为：日期选择字典；外语水平字典为：CET8/CET6/CET4/国外留学2年级以上；等等。毕业院校、专业等名称国家均有专门数据库可供选择。个别在存数据库内没有的可以根据报名人员反馈联系情况，在后台程序中加入，通过不断维护字典数据库，来满足填报人员的需求，通过字典选择项方式，有三个优点：一是方便报名人员填报；二是便于统一表格；三是有利于后期进行自动履历分析。该内容笔者将在第四章干部招聘公开选拔竞争上岗支持系统介绍中进行进一步的详细介绍。

【例16】

××岗位公开招聘报名表（电脑版）

应聘职位	字典选择		是否服从调配	字典选择	
姓　　名		性　别	字典选择	出生日期	字典选择	（电子版二寸近期彩照）
国　　籍	字典选择	出生地	自由填写	籍　贯	自由填写	
户　口所在地	自由填写	身份证号　码	选择+校验			

（续上表）

参加工作时间	字典选择	政治面貌	字典选择	加入时间	时间选择
计算机水平	字典选择+上传证书	外语语种及水平	字典选择+上传证书	健康状况	字典选择

通信地址及邮编			手　机	校验
			电子邮箱	校验
现工作单位职务及岗级			岗级	字典选择
专业技术职务任职资格	字典选择+上传证书		职（执）业资格	字典选择+上传证书

全日制学历	学历、学位	字典选择+上传证书	毕业院校	字典选择	专业	字典选择
最高学历	学历、学位	字典选择+上传证书	毕业院校	字典选择	专业	字典选择

教育经历	（自大、中专院校学习时间开始填写） 例：1988 年 9 月至 1992 年 7 月｜××大学｜经济系/工业经济专业｜毕业｜大学本科｜工学学士｜全日制 （均实现时间选择和字典选择）
学习培训经历	起止年月｜培训机构｜培训专业/内容｜证书 （时间选择｜自由录入｜自由录入｜自由录入+上传证书）
专业技术职务及取得时间	名称｜取得时间｜评定机构｜证书编号 （自由录入｜时间选择｜自由录入｜自由录入+上传证书）
职（执）业资格	名称｜取得时间｜评定机构｜证书编号 （自由录入｜时间选择｜自由录入｜自由录入+上传证书）
专业特长	（最多120字） 　　　　　自由录入+字数校验

(续上表)

自我评价	（不超过500字） 　　　　　　　自由录入+字数校验
工作经历	（自参加工作前一段教育经历填写至今，时间要连贯） 1989年7月–1991年4月　　××公司××部门工作　职级 1991年4月至今　　　　　　××公司××部门副主任　职级 　　　　　（时间选择｜自由录入｜字典选择）
家庭成员情况	关系｜姓名｜所在单位｜政治面貌｜国籍 　　（自由录入｜自由录入｜自由录入｜字典选择｜字典选择）
重要社会关系情况	关系｜姓名｜所在单位｜政治面貌｜国籍 　　（自由录入｜自由录入｜自由录入｜字典选择｜字典选择）
近五年主要工作业绩（每项500字内）	业绩1［在××管理（民生改善）工作中，取得突出成效情况］+（是否有此业绩） 　　　　　　（自由录入+字典选择） 业绩2［在企业重大经营活动、市场拓展、生产经营管理（社会进步）工作中，取得突出成效情况］+（是否有此业绩） 　　　　　　（自由录入+字典选择） 业绩3（在带队伍、认真履行好党建工作和党风廉政建设工作中，取得突出成效情况）+（是否有此业绩） 　　　　　　（自由录入+字典选择） 业绩4［在创新管理、创新业务、推进企业提升管理水平（生态效益管理）方面，取得突出成效情况］+（是否有此业绩） 　　　　　　（自由录入+字典选择） 业绩5（在单位管理方面，取得突出成效情况）+（是否有此业绩） 　　　　　　（自由录入+字典选择） 业绩6（其他业绩情况，上述未涵盖的自己认为最有成效的业绩情况）+（是否有此业绩） 　　　　　　（自由录入+字典选择）

（续上表）

奖惩情况	时间 | 奖励情况 | 奖励单位 | 排名情况 （时间选择|自由录入|自由录入|字典选择|字典选择）
近三年绩效考核情况	时间 | 考核情况 | 考核单位 | 等级情况 （时间选择|自由录入|自由录入|字典选择）
目前工作单位情况	单位名称 — 自由录入 单位性质 — 字典选择 所属行业 — 字典选择 主营业务 — 自由录入 20××年底资产总额 — 自由录入 20××年底从业人数 — 自由录入 20××年底销售额 — 自由录入 目前主管工作 — 自由录入 主管部门及员工人数 — 自由录入 现工作单位简要介绍 — （最多250字）自由录入 目前工作单位隶属单位 — 自由录入 目前工作单位隶属性质 — 字典选择
备注	（其他需要说明的情况） 自由录入
本人声明	本人承诺以上信息均真实有效 字典选择 申报人签字： 年　月　日

（二）发布公告的流程

1. 制定媒体推广方案并发布

发布招聘公告应选择恰当的内部及外部媒体发布，并且事先应制定详细的媒体推广方案，以获得较高性价比的推广效果。当前较为流行的是通过微信、软文等方式进行推广发布。

特别是微信招聘，即使用微信平台作为一个招聘的渠道和工具，由于微信的功能属性，以及在招聘信息发布、候选人在线管理等人力资源招聘流程中有很多的供需关系，微信可以非常方便地作为一个招聘工具和雇主品牌宣传用工具。随着微信用户的迅速增长，以及后续整个移动互联网终端普及和信息获取的流量转移到移动终端，有越来越多的企业开始建立自己的微信招聘平台。由此，企业招聘更加的移动化、社交化，而且随着企业的手机招聘网站、招聘网站的移动 APP 开发等等，以及各类微博微信等社交工具的普及，有可能引导更多的求职者通过手机来搜索企业职位和应聘。具体可参考干部公开选拔竞争上岗媒体宣传方案相关模板（例17）。

【例17】

××岗位招聘媒体宣传方案

为了做好××招聘单位在全国范围展开的干部招聘工作，加大宣传力度，特制定本方案。

一、媒体报道

以"××招聘单位面向全国招聘高级经营管理人才"为新闻点撰写新闻通稿，在新闻管理处的协助下，向《人民日报》、新华社、《经济参考报》、《经济日报》、中国经济网、中新社、《南方日报》、南方网、《羊城晚报》、《广州日报》、《南方都市报》等全国影响力较大的媒体发布新闻通稿，争取各媒体在报纸或者其官网刊登新闻的支持。

二、广告刊登

制作以"××招聘单位公司面向全国招聘高级经营管理人才"为主题的网络横幅广告，充分整合外部媒体和××招聘单位公司自有媒体的资源，选择在全国有影响力的优势媒体，刊登招聘广告，预算为××元。

（1）报纸广告刊登。

序号	媒体	版面	规格	次数	刊例价（元）
1	《人民日报》	第5版	12cm×17.3cm（1/8版），黑白	1	
2	《××报》	头版	4.8cm×3.48cm（1/10版），彩色	1	
3	××招聘单位报	头版	12cm×17.5cm（1/8版），黑白	1	
媒体费用合计					
媒介服务代理费（10%）					
合计					

注：1. 据了解，《人民日报》从第5版起可登广告；

2. 《××报》头版只能刊登彩色广告。

（2）网页广告刊登。

序号	媒体	页面	规格	投放时间	刊例价（元）	合计（元）
1	××招聘单位网站	首页	横幅，472×59像素	视要求而定	免费	
2	国资委网站	首页	通栏		免费	
媒体费用合计						
媒介服务代理费（10%）						
合计						

（3）网络整合推广。

据了解，近几年网络广告投放出现了一种新的技术：由网络营销整合专业公司对优质的数字媒体平台进行技术整合，这个媒体平台可以全面覆盖全国300多个城市的网民。其特点如下：

1）通过先进的网络技术，根据目标受众感兴趣的内容、用户互联网行为等组合定向方式进行广告的精准定向发布。

2）利用网络后台操作技术，同一时间内在重点选取的门户网站（如人民网、新华网等）根据我们的要求对消费者进行投放。

综上所述，这种方式在大大减少了广告主的投放成本的同时，也提高了广告投放的效果。

考虑到此次××招聘推广经费不多的情况，我们建议本次推广可借助网络营销整合专业公司的力量，针对企业中高层管理人员、高级白领精英、商业领袖、财经关注人群这一类中高端群体，整合覆盖全国的综合门户、财经资讯、新闻资讯、汽车资讯四类网站的媒体资源，重点精选10个高端网站媒体，进行广告投放，详情请见下表。

序号	类别	媒体	页面	规格	投放时间	价格（元）	预估浏览量	覆盖人群
1	综合门户	新浪网	首页（全国）	横幅，728×90像素	一周			精准覆盖以下人群： 1. 企业中高层管理人员； 2. 高级白领精英； 3. 商业领袖； 4. 财经关注人群
2		中华网						
3		凤凰网						
4	新闻门户	北青网						
5		新华网						
6		人民网						
7		中国日报网						
8		中新网						
9	财经门户	东方财富网						
10		中国经济网						
媒体费用合计								
媒介服务代理费（10%）								
合计								

通过对比，我们可以发现，如果按照以往在各网站购买资源进行投放的模式，成本太高。结合上述两种网络推广方式的优缺点，建议选取网络资源整合推广方式进行这一次人事招聘的推广。

三、微博推广

据了解，××招聘单位公司已经在新浪微博开通名为"中国××公司V"的企业官方微博，我们建议可利用此平台发布招聘信息，并发动广大员工转发。

四、微信推广

据了解国务院国资委有"国资小新"微信号，许多中央企业均在上面推广招聘信息，因此本次招聘也计划通过该微信账户进行推广。同时利用公司现有"××微信"及各下属单位"××微信"进行全面推广。

2. 发文组织开展报名

干部公开选拔竞争上岗工作应全面组织开展报名工作，面向全国公开招聘的，除应在全国媒体上发布外，还应在招聘单位内部通过OA系统发文组织开展报名工作。特别是内部竞聘，一般还应视报名情况组织，部署下级单位组织开展动员工作。

3. 及时统计汇总报名数据

每天及时收集下载报名邮件，或者通过计算机系统及时汇总查看系统报名数据，及时向相关领导汇报报名进展情况。对于系统内部的竞争上岗，如果报名人员较少，可根据报名情况进行适当的组织动员。

四、报名组织和答疑

公告发出后，干部公开选拔竞争上岗进入了报名组织和答疑阶段（见表3-7）。该阶段的重点是做好统一答疑和简历收集工作。为提升干部公开选拔竞争上岗的公平公正性，统一答疑事前应制定统一的答疑纲要，统一解答报名条件要求、薪酬、未来的住房及户口安排、测试内容等问题。

表3-7 报名组织和答疑的步骤和要求

步骤	步骤定义	步骤要求	主要内容	对象
组织报名	根据招聘公告要求，组织开展报名的过程	1. 面向社会报名时间一般为20～30天； 2. 面向招聘单位内部系统的报名时间一般为10～15天	1. 制定《答疑纲要》； 2. 接受报名； 3. 登记来电咨询的各类问题，按统一口径进行答复； 4. 向领导汇报报名汇总情况	公开选拔报名人员
组织资格审查	对报名人员进行资格审核的过程	审查内容包括：职位层次、所在企业规模、工作经历、年龄、技术职称、外语水平、学历层次等，核心是看应聘人员"是否达到公告任职资格要求""干过什么，干成过什么"	1. 按照招聘公告公布的招聘条件和职位要求对报名人员进行资格审查； 2. 确定符合招聘职位要求的报名人员名单	

（一）制定《答疑纲要》

从以往的经验来看，公开选拔竞争上岗过程中，特别是公开选拔干部，考生普遍关心的问题主要有：薪酬福利、身份问题、级别问题、资格问题、职业

资格问题、工作地点和住房、考试范围和内容、考试时间和地点等问题（例18）

【例18】
××单位公开招聘答疑纲要
（20××年××月××日）

一、薪酬福利

薪酬福利待遇执行××招聘单位薪酬福利待遇规定，年薪按照国务院国资委的规定，一般上限为××元。

二、身份问题

干部执行试用期制，试用期1年。签订劳动合同，职工身份和××招聘单位其他职工一致，没有区别。

三、级别问题

××招聘单位属××企业。目前招聘岗与政府机关对应的级别为副厅级（副局级）、正处级。

四、资格问题

请您认真阅读我们的招聘公告条款，您可以先报名，届时我们会进行认真审核，欢迎您报名。（鼓励对方可以积极报名）

五、职业资格

原则上应具有××资格，您可以先报名，届时我们会进行认真审核，欢迎您报名。（鼓励对方可以积极报名）

六、工作地点、住房

××岗位工作地点为上海，其他岗位工作地均为北京。住房执行国家和××招聘单位的有关规定，一般会安排临时周转房住宿。

七、考试范围、内容

此次招聘，我们将进行考试测评，主要包括笔试、半结构化面试、无领导小组讨论等，考试范围请结合招聘岗位及岗位职责自行准备，我们不提供参考资料，考试将考英语。

八、考试时间、地点

初步拟定在××月中下旬进行考试，考试地点为北京，我们会把下一阶段的笔试通知、面试通知等发短信、邮件给您，同时也会公布在我们的报名网站上，请您留意关注您报名注册手机和邮箱的短信、邮件，并经常登录我们的报名网站查询。

(二) 组织资格审查

1. 审查内容

审查内容包括：职位层次、所在企业规模、工作经历、年龄、技术职称、外语水平、学历层次等，核心是看应聘人员"是否达到公告任职资格要求"等等。资格审查一般需要由相关工作人员进行初审，组织人事部门按照管理权限进行会议集体审查，逐个通过，并填写报名人员（审查）列表，见表3-8。

表3-8 报名人员（审查）列表

序号	姓名（性别）	出生年月（岁）	学历学位	毕业院校及专业	参加工作时间	职称或职（执）业资格	主要工作简历	资格审查意见	备注
1								通过	
2								不通过	职级不符

2. 审查要点

目前，中央越来越重视干部公开选拔竞争上岗过程中对干部的资格审查，并将其列为从严治党的一项重要举措。2014年，中共中央组织部印发《全国干部人事档案专项审核工作实施方案》（组通字〔2014〕32号），以干部"三龄两历一身份"信息为重点，即年龄、工龄、党龄，学历、经历和身份信息，被重点关注。本着积极稳妥、实事求是的原则，在全国集中开展干部人事档案专项审核工作，确保信息真实准确、材料齐全完整、管理规范严谨，维护干部人事档案工作的严肃性和公信力，充分发挥人事档案在干部工作中的重要基础作用。

在资格审查的初步阶段，本着诚信原则，对于面向全国以及单位外部的报名人员，此阶段重点以其申报资料审查为主。而全面深入的核查，笔者认为可以留到考察阶段进行。对于有需要补充的，可以和其联系请其提供相关证明，以及在征得报名人员同意的情况下同其现所在单位的组织人事部门进行核实，努力确保资格审查的准确。

资格审查是一项原则性很强的工作，审查工作人员一定要高度重视。在干部档案审查中，有些负责审核的人睁一只眼闭一只眼，按照规定，把关不严的人也要被追究责任，出了问题得进行倒查，承担责任。此外，还应建立复核机制。

五、履历筛选和分析

履历分析是干部公开选拔竞争上岗中经常使用的一种方法，目前逐步得到重视。特别是党的十八大以来，习近平总书记强调要完善工作机制，推进干部工作公开，坚决制止简单以票取人的做法，确保民主推荐、民主测评风清气正。习近平总书记指出，公开选拔和竞争上岗的范围和规模要合理，不宜硬性规定竞争性选拔比例，更不能搞什么"凡提必竞"。要改进考核方法手段，既看发展又看基础，既看显绩又看潜绩，把民生改善、社会进步、生态效益等指标和实绩作为重要考核内容，再也不能简单以国内生产总值增长率来论英雄了。笔者认为进一步加大履历分析在干部公开选拔竞争上岗中的权重，把干部以往民生改善、社会进步、生态效益等指标和实绩的指标纳入履历分析将是未来一段时期履历分析发展的重要方向之一。干部公开选拔竞争上岗履历筛选和分析的步骤和要求见表3-9。

表3-9 履历筛选和分析的步骤和要求

步骤	步骤定义	步骤要求	主要内容
组织履历分析	对通过资格审查的报名人员进行履历分析的过程	根据与工作要求相关性的高低，按事先确定履历中各项内容的权重，计算履历分析得分	1. 根据履历分析模板，对符合报名资格要求的人员进行履历分析；2. 对履历分析结果进行排名，确定进入笔试阶段人员名单

（一）履历分析的定义

履历筛选和分析又称履历分析（资历评价）技术，是通过对评价者的专业、教育背景、外语交流水平、专业技术职称、现职层级、企业生产经营工作经历、岗位工作经历、工作经验、考核情况、工作业绩、获奖情况等进行分析，来判断其对未来岗位适应性的一种人才评估方法，是相对独立于心理测试技术、评价中心技术的一种独立的人才评估技术。

履历分析技术的雏形是个人经历分析，它诞生于第二次世界大战期间。著名心理学家 J. P. 吉尔福特及其同事在开发军队征兵用的阿尔法测验的同时，开始根据个人经历来预测军事训练的成功率，这一方法取得了相当的成功。第二次世界大战后，经历调查的方法被转移应用到民用部门，在大量研究和应用的基础上，逐步发展成为人事测评和预测的一项重要方法技术。

近年来这一方式越来越受到人力资源管理部门的重视，被广泛地用于人员选拔等人力资源管理活动中。使用个人履历资料，既可以用于初审个人简历，迅速排除明显不合格的人员，也可以根据与工作要求相关性的高低，事先确定履历中各项内容的权重，把申请人各项得分相加得总分，根据总分确定选择决策。国际上通用的资历评价方法一般是以选择题的形式要求被评价对象填写经历调查表。这方面的代表可推美国人事总署研究开发的经历调查表 IAR，又称个人成就信息表。该表自1983年起沿用至今，它从学习经历、工作经历、工作能力和人际关系等方面编制了148道选择题，每个选择题有五个选项。

研究结果表明，履历分析对申请人今后的工作表现有一定的预测效果，个体的过去总是能从某种程度上表明他的未来。这种方法用于人员测评的优点是较为客观，而且低成本。报名表的设计对于履历分析尤为关键，只有设计一份精细的报名表，才能获得履历分析所需要的相关详细数据。

（二）制定履历分析标准表

履历分析的实施重点是制定科学合理的履历分析表。在确定履历分析项目和权重前必须对被评价对象的拟任岗位进行认真、细致的分析，以系统、全面地确定该工作岗位对人员各方面的能力和素质（如学历、技能、资历、品质等）的基本要求。确定履历分析表的重点是"指标项、权重、得分标准"三大要素，满分一般为100分。干部公开选拔竞争上岗，一般重点关注教育资质（专业、教育背景、外语交流水平、专业技术职称）、工作经历（现职层级、任正职年限、任副职年限、管理工作经验、海外或外资企业工作经历、行业经验）、工作业绩（工作业绩、获奖情况），表3-10为一个常规的履历分析模板，在具体操作中，可以根据情况进行适当增减。

表 3-10 履历分析模板

类别	权重	编号	指标	权重	适用岗位	5分	3分	1分	备注
教育资质	25	1	专业	10	科研	电子系统、电子工程及其自动化	通信、自动化、计算机等电子相关专业	除以上其他	
					财务	金融、会计、财经专业	工商管理、经济管理类等其他相关专业	除以上其他	
					法律	法学专业	第二学位为法学	除以上其他	
		2	教育背景	5	通用	全日制硕士及以上（含在职博士研究生）	重点高校全日制本科或在职硕士研究生学历	普通全日制本科	
		3	外语交流水平	5	通用	有国外学习、工作经历	CET4、CET6	公共英语三级	
		4	专业技术职称	5	科研	教授级工程师或研究员	高级工程师或副研究员		
					财务	注册会计师，同时持有高级会计师等；或具有国际注册会计师（ICPA）	高级会计师，或注册会计师（CPA），或同时具备两个高级职称	注册审计师，或注册税务师，或高级经济师等	
					法律	律师、高级法官	企业法律顾问执业资格	法律职业资格或法官及其他相关高级职称	
工作经历	50	5	现职层级	15	通用	副局级，或中管企业二级单位副职，或大型企业正职	正处级，或大型企业中任领导班子成员3年及以上，或律师事务所合伙人（经司法局审核的）	副处级	
		6	任正职年限	10	通用	3年（不含）以上	1～3年	1年（不含）以下	

(续表3-10)

类别	权重	编号	指标	权重	适用岗位	5分	3分	1分	备注
工作经历	50	7	任副职年限	5	通用	3年（不含）以上	1～3年	1年（不含）以下	
		8	管理工作经验	10	通用	有3个以上处级及以上岗位管理工作经验	有2～3个处级及以上岗位管理工作经验	有1个以下处级及以上岗位管理工作经验	
		9	海外或外资企业工作经历	5	通用	3年以上	1～3年		
		10	行业经验	5	通用	有电子工业系统内工作经验	具有大型企业、专业性机构工作经验	没有电子工业系统内工作经验	
工作业绩	25	11	工作业绩	20	生产调度	编制调度发展战略规划；制定系统运行及调度控制相关制度；制定公司生产运行计划；制定公司调度安全监督、技术经济等相关制度，以上经历皆为主持工作，且都在中调一级大型生产系统	具有以上三项业绩	具有以上两项业绩	具有以上一项业绩

(续表3-10)

类别	权重	编号	指标	权重	适用岗位	5分	3分	1分	备注
工作业绩	25	11	工作业绩	20	财务	编制公司财务战略规划；财务管控体系设计及建立；预算、资产、产权、会计核算等财务管理工作；财务审核监督，且执行对下属单位财务管理的监督和指导工作	具有以上三项业绩	具有以上两项业绩	具有以上一项业绩
					科研	组织承担过国家级、省部级重大课题的研究与实施；主持过科研院所科技创新体系、机制建设；主持过科研院所科技创新、科研平台的开发、建设与管理；主持过项目运作管理和评价考核机制建设；承担过擅长专业方向的重大项目研发	具有以上三项业绩	具有以上两项业绩	具有以上一项业绩
					法律	资本运作、工程承包、项目招投标文件审核、公司治理相关规章制度、建立企业法律事务机构、经济纠纷、劳动合同及劳务关系纠纷处理以上有关工作	具有以上三项业绩	具有以上两项业绩	具有以上一项业绩

（续表 3-10）

类别	权重	编号	指标	权重	适用岗位	5分	3分	1分	备注
工作业绩	25	12	获奖情况	5	通用	国家/公司级（或省部级）工作奖励，或国内核心学术期刊论文10篇以上、撰写著作三本，研究课题的等级为省级、部级有其一	地市级工作奖励，或发表过国内核心学术期刊论文、撰写著作、研究课题的等级为地市级有其一	以上皆具备	

确定履历分析表需要重视的以下三点：

（1）教育背景方面。专业要结合招聘岗位确定。一般来说低层级和专业性较强的招聘岗位对教育背景的专业要求较高，层级较高的招聘岗位对专业的要求逐渐降低，专业差别赋分要逐步减少；外语交流水平的赋分，也应根据招聘岗位进行合理的分值设计，对于国际化岗位，外语交流水平和国外经历的分值应加大；专业技术职称一般来说也代表了一个同志的专业技术能力、上进心和一定的论文写作水平，因此也应该进行适当赋分。

（2）工作经历方面。现职层级，如果规定了统一报名层级，则该项的赋分没有必要，如果选聘单位不考虑招聘层级要求，则一般来说应该给予较高层级更高的赋分，一般来说层级相对较高的同志，工作经验和能力相对较强；任正职年限、任副职年限对于考察一个干部的领导能力和经验有一定的影响，就领导力的锻炼而言，任正职（单位部门的一把手）对于领导力的锻炼更强，应适当增加赋分；管理工作经验对于招聘管理类岗位干部非常有效，有管理经验的同志一般来说进入角色较快，可以适当赋分；海外或外资企业工作经历，对于国际化岗位，以及一些需要国际视野的岗位，也非常重要，可以进行适当赋分；行业经验，对于拟招聘人员能否快速进入角色也非常关键，特别是对于招聘职业经理人，对于发挥其行业人脉和经验有较强的作用。

（3）工作业绩方面。要结合拟招聘岗位同中央政策和公司战略导向的需要，科学设计工作业绩指标得分指标和赋分。如以党政机关招聘为例，当前中央高度关注干部"民生改善、社会进步、生态效益等指标和实绩"，因此在这几个方面的业绩就要赋高分，以贯彻中央精神，产生导向作用。获奖情况，也能较好的代表报名人员过去工作的情况,以及未来一定的工作潜力,因此也应根据奖励等级情况进行赋分。

(三) 开展履历分析

按照履历分析表事先确定的权重,结合申报者填写的简历情况进行分析打分。在日常工作中,笔者通常采用 Excel 进行计算,同时充分利用 Excel 的函数功能进行选择和自动计算,以提高工作效率。采用 Excel 函数进行履历分析计算,具有很高的实用性,可以大幅度提高计算效率,避免差错。从笔者调研的情况看,有极少部分单位在干部招聘系统中集成了履历分析模板和导出功能,但是在实际使用过程中,一般还是需要导出成 Excel 的方式进行计算。相关电子版模板,可以加入本书所留 QQ 群,征得笔者同意后下载使用。

六、组织命题

命题是干部公开选拔竞争上岗的核心环节,一般包含编制素材收集模板、收集素材、制定命题大纲(也可在方案制定阶段)、组织命题专家封闭命题、组织开展知识类测试笔试命题、组织开展能力测试笔试命题、结构化或半结构化面试题命题、组织开展无领导小组讨论面试题命题、组织开展演讲题命题、试题校对、试题封装环节,见图3-3。

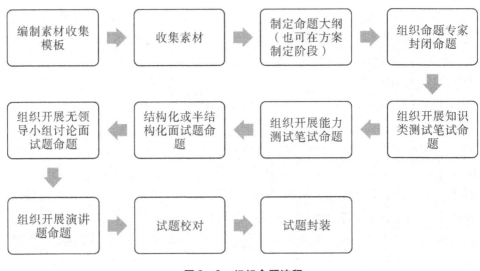

图3-3 组织命题流程

（一）编制素材收集模板

为进一步提升干部公开选拔竞争上岗的针对性，一般来说干部公开选拔竞争上岗的笔试题一般采用"一岗一卷"方式进行，这就需要结合访谈建立的能力素质模型收集有关考试素材供开发题目使用。对于党政领导干部而言，近年来中央组织部干部考试中心编制了党政领导干部考试大纲以及相关的题库和教材，可以提供一定的参考。

1. 间接性收集

主要用于高层次干部的招聘，一般收集五类材料：一是该岗位日常从事的主要工作（5～6项），处理该工作的要点和程序（分解为3～4点），注明其发生频度（5星为经常，4星次之，依此类推）。二是该岗位工作中可能会遇到的工作难点和棘手的问题（3～6项），并简要说明处理意见（分解为3～4点），注明其发生频度（5星为经常，4星次之，依此类推）。三是该岗位工作中需要掌握的重点法律法规、政策、公司的文件规定等（6～8份），每类均请说明需掌握的要点（分解为3～4点，并作简要说明），并提供处理件和附件。四是该岗位主持单位的生产经营管理工作，组织实施董事会决议，最近3年来处理过的2～3个特别重要的工作事件（工作案例），并注明处理情况。五是对该岗位的期望和特殊要求。以下是一个命题素材收集模板的样例，可供读者参考，见例19。

【例19】

命题素材收集模板（一）

关于收集素材的函

非常荣幸邀请您参加××岗位公开竞聘的素材提供。请您认真阅读素材收集模版，认真研究和准备，并在20××年××月××日前提交给××收。

根据××单位有关规定，此次素材提供，您必须严格执行××单位的保密制度，所提供的素材资料，在该岗位招聘期间和招聘后3（5）年内，不得向外透露和提供。素材提交请采用××公司内网方式或见面拷贝方式进行传送，不得采用外网或其他措施进行传递。

××部××同志为此次素材收集的唯一人员，在素材收集过程中，有什么问题，请及时与该同志联系（电话：×××××××××）。

感谢您的参与，谢谢！

××公司××部

20××年××月××日

××岗位公开竞聘素材收集模版（样例）

一、该岗位日常从事的主要工作（5～6项），处理该工作的要点和程序（分解为3～4点），注明其发生频度（5星为经常，4星次之，依此类推）。

序号	日常从事主要工作	处理该工作的要点和程序	频度
1	组织拟订和实施公司年度经营计划及投资方案	1. 2. 3. 4.	☆☆☆☆☆
（略）	（略）		

二、该岗位工作中可能会遇到的工作难点和棘手的问题（3～6项），并简要说明处理意见（分解为3～4点），注明其发生频度（5星为经常，4星次之，依此类推）。

序号	工作难点棘手问题	处理意见	频度
1	如何提高测评的信度和效度	信度是指……；效度是指……； 要提高测评的信度，关键是……； 要提高测评的效度，关键是……； 针对公司目前干部测评中的信度和效度问题，我们要注重做好……	☆☆☆☆☆
（略）	（略）		

三、该岗位工作中需要掌握的重点法律法规、政策、国家、文件规定等（6～8份），每类均请说明需掌握的要点（分解为3～4点，并作简要说明），并提供处理件和附件。

序号	重点法律法规、政策、公司的文件规定	需掌握的要点	附件
1	（略）	1. 2. 3. 4.	☆☆☆☆☆
（略）	（略）		

四、该岗位主持公司的生产经营管理工作，组织实施董事会决议，最近3年来处理过的2～3个特别重要工作事件（工作案例），并注明处理情况。

（一）事件一：

1. 工作事件（工作案例）发生的背景描述：
2. 工作事件（工作案例）发生的过程描述：
3. 工作事件（工作案例）需解决的问题描述：
4. 工作事件（工作案例）处理的情况描述：
5. 工作事件（工作案例）经验总结和回顾：

（二）事件二

1. 工作事件（工作案例）发生的背景描述：
2. 工作事件（工作案例）发生的过程描述：
3. 工作事件（工作案例）需解决的问题描述：
4. 工作事件（工作案例）处理的情况描述：
5. 工作事件（工作案例）经验总结和回顾：

五、对该岗位的期望和特殊要求。

（一）期望：

（二）特殊要求：

致　谢

再次感谢您对我们工作的大力支持！感谢您提供素材！

××公司××部
20××年××月××日

2. 直接性收集

一般用于层级相对较低的干部公开选拔竞争上岗，以节约题库开发成本。如果能够做到严格保密，也可以请拟招聘岗位的相关部门和单位直接提供开发好的一些题目供抽选，以加快题目开发进度，有利于使测试题的专业性更强，具体见以下模板（例20）。在题目提供时一般应考虑实际题目使用量的两三倍的题目裕度，以方便挑选高质量的题目。

【例20】

命题素材收集模板（二）

关于提供测试素材的函

为做好××岗位选拔测试工作，决定开展测试命题素材编制收集工作。请贵部门根据回避原则，指定1名处室负责人编制命题素材（模板详见附件），命题素材经部门主要负责人审定后，于××月××日前提交××部。为确保测试工作的公平、公正，请务必做好测试素材的保密工作，不得向外透露和提供，本部门其他人员不得接触命题素材。

特此函达。

附件：素材收集说明和模板

××公司××部
20××年××月××日

（联系人：××　　联系电话：××××××××）

素材收集说明和模板

一、本次素材收集的目的主要用于××岗位选拔测试，主要测试公司该岗位干部应掌握的该专业的业务知识、制度、技能、流程等，请结合公司××工作座谈会精神提供，具体由业务部门确定。

二、提供的题目数量应不少于下表，以便于抽选组题。

题目类型	数量（个）
单选题	20
多选题	16
填空题	20
简答题	4

三、请按照素材收集模板提交有关素材，其中单选题、多选题、填空题要提供明确的答案，简答题要提供答题要点和判分点。

四、请提供近期该专业应掌握的重要文件、制度、标准、领导讲话等基础材料，建立一个文件夹后提供。

题目收集模板（样例）

提供部门：××

一、单项选择题（以下选项中只有唯一正确的选项）

1. 延安整风运动的中心任务是（C）。

（A）反对官僚主义以整顿作风　　（B）反对宗派主义以整顿党风

（C）反对主观主义以整顿学风　　（D）反对党八股以整顿文风

二、多项选择题（全部选项选择正确满分，选不全得该题满分的一半，选错或多选不得分。）

1. 毛泽东思想的科学含义是（ ABC ）。
（A）马克思列宁主义在中国的运用和发展
（B）被实践证明了的关于中国革命和建设的正确的理论原则和经验总结
（C）中国共产党集体智慧的结晶
（D）马克思主义基本原理与当代中国实际相结合的产物

三、填空题（每小题最多不超过2个空）

1. 政治经济学研究社会生产关系及其发展规律必须联系（生产力和上层建筑）。
2. （略）。

四、简答题

1. 什么是需求量变动和需求变动？什么是供给量变动和供给变动？供给和需求的变动对均衡价格有何影响？（满分5分）

答：（1）需求量变动：是指在其他条件不变时，由商品的价格变动所引起的该商品的需求数量的变动（1分）。需求变动：是指在某商品价格不变的条件下，由于其他因素变动所引起的该商品的需求数量的变动（1分）。

（2）供给量变动：是指在其他条件不变时，由某商品的价格变动所引起的该商品供给数量的变动（1分）。供给变动：是指在某商品价格不变的条件下，由于其他因素所引起的该商品的供给数量的变动（1分）。

（3）需求增加，均衡价格上升；供给增加，均衡价格下降（1分）。

2. （略）。

（二）收集素材

在规定的时间，按要求收集有关部门提供的素材，素材收集要严格进行保密，同时严格执行回避制度，签订有关保密协议。

（三）制定命题大纲

制定命题大纲的工作一般在前期方案制定环节进行制定，在此处介绍主要考虑到编制本书的连贯性和可读性。制定命题大纲是命题的一项关键工作，也是一个需要严格保密的文件，命题方案一般包含知识测试要点和题型、能力测试要点和题型、心理素质测试要点等内容。以下是一个干部公开选拔竞争上岗的命题大纲，见例21。

【例21】

命题大纲
××国有房地产公司总经理选拔测试命题大纲

为做好××国有房地产公司总经理选拔测试考务工作，根据××房地产公司文件要求，制定本方案。

一、知识测试要点和题型

主要测试××国有房地产公司总经理应该具有的政治素养和公司业务知识，时间为1个小时，满分100分，笔试方式占总分的40%。

（一）测试要点

主要分为6类，具体由公司总经办确定。

序号	指标项	描述	难度
1	党性修养	近期学习习总书记讲话精神、党章、党建等基础知识	一般
2	工程管理	公司工程管理基础知识	一般
3	预算管理	公司预算管理基础知识	一般
4	营销管理	公司营销管理基础知识	一般
5	财务管理	公司财务管理基础知识	一般
6	法律知识	公司法律事务基础知识	一般

（二）测试题型

主要包括单选题、多选题、判断题、填空题、简答题5类题型。

题目类型	要点题数	总题量	每题分值	分数合计	理论用时
单选题	6	36	0.5	18	18
多选题	4	24	1	24	24
判断题	6	36	0.5	18	18
填空题	2	12	1.5	18	6
简答题	1	3	8、7、7	22	12
合计	—	111	—	100	78

二、能力测试要点和题型

主要测试××国有房地产公司总经理的综合能力,时间一个半小时,满分100分,占总分的60%,由第三方人才测评机构专家命题和判卷。

(一)测试题型

主要分为公文筐、情景案例、材料分析3类题型。紧贴××国有房地产公司实际,结合公司面临的机遇和挑战、复杂问题、改革、创先、发展等最新要求进行题目设计。

题目类型	总题量	每题分值	分数合计	理论用时
公文筐	5	14	70	60
情景案例	1	15	15	15
材料分析	1	15	15	15
合计	7	—	100	90

(二)测试维度

指标名称	维度	权重	指标定义	测试题型					备注
				公文筐	情景案例	材料分析	半结构化面试	小组讨论	
系统思维	全面性	25%	全面深入地思考和分析问题,从复杂的现象中看到本质,分析主次条件、优劣条件和主被动条件,把握方向和重点,形成清晰的工作思路	√	√	√	√	√	
	深入性								
	前瞻性								
执行能力	计划能力	20%	能分清事件紧急和重要程度,划分主次,分别制定出合理有效的工作计划,处理任务时有监督,但较难有效平衡效率和效果间关系,积极寻找他人协助并告知注意事项和任务要求,能对任务过程进行有效的监督控制	√	√	√	√		
	资源配置								
	监督控制								

（续上表）

指标名称	维度	权重	指标定义	测试题型					备注
				公文筐	情景案例	材料分析	半结构化面试	小组讨论	
学习能力	学习意愿	20%	积极地获取信息和知识，并对获取的信息进行加工和理解，从而不断地更新自己的知识结构、提高自己的相关技能，并能够举一反三	√		√			
	学习策略								
沟通协调	沟通意愿	15%	有较积极的沟通意愿，语言表达清晰、流畅，能够抓住重点，使得对方容易快速理解，且乐于接受。妥善处理人际关系，有效协调矛盾冲突，促进互相理解和交流，从而获得支持	√	√		√	√	
	语言表达								
	理解反馈								
	冲突协调								
团队管理	识人用人	20%	深入了解员工的能力和特质，充分发挥员工特长，构建并维持良好的团队氛围，适时给予员工激励，不断帮助员工提高知识技能，保证团队成员的全力支持和投入，共同完成团队目标	√	√		√	√	
	团队激励								
	辅导培养								
决策能力	决策程序		秉持理性的决策态度，严格执行决策程序，保证决策的质量与效率，以指导后续工作的有序开展			√	√	√	
	分析判断								
	决断力								
统筹规划	重点明确		明确自身分管领域的工作重点，在对各种组织资源进行通盘考虑的基础上，进行合理规划						备选
	通盘考虑								
	前瞻规划								
协作意识	换位思考		心态开放、尊重他人，具有合作精神，在工作中主动为他人提供帮助与支持						备选
	主动合作								
	追求共赢								

三、心理素质测评要点和题型

主要测试应聘者的心理素质、心理健康等,时间60分钟,不计分。采用××公司心理素质测评系统进行测试,该部分只作为参考。

一级指标	一级指标权重	二级维度	二级维度权重
品德素养	50%	诚信	34%
		正直	33%
		尽责	33%
创新能力	25%	创新意识	50%
		创新思维	50%
个性特征	25%	自信心	16%
		自律性	17%
		进取性	17%
		灵活性	16%
		支配性	17%
		情绪稳定性	17%

四、命题人员构成

××单位:××、××。

××单位:××、××、××、××。

五、阅卷人员构成

××单位:××、××。

××单位:××、××、××、××。

六、时间安排

命题工作安排在××月××日,××房地产公司总部××楼会议室进行。上午9:00-12:00,下午14:00-17:30。

附件:1. 知识测试样题

  2. 能力测试样题

  3. 知识测试答题卡

  4. 能力测试答题卡

  5. 阅卷说明

  6. 成绩统计表

  7. 心理素质测评样例

  8. 个人测评报告样例

(四) 组织命题专家封闭命题

组织命题专家命题，一般需要优选封闭场地、编制封闭命题手册、发专家邀请函、组织开展封闭检查、签订保密承诺书、上缴手机等通讯及网络设备、加强监督、集中活动、命制题目、解除封闭等过程。

1. 优选封闭场地

封闭命题应选择一些环境相对封闭，日常人流客流量较少，便于进行封闭管理的酒店、会议中心进行。选择的酒店、会议中心的标准应符合中央八项规定的要求，不能够借机搞奢侈浪费、大吃大喝等。如果能够统一在一个楼层，同时把其他通道用隔离带、封条等进行封闭，形成一个独立封闭空间最好。

2. 编制封闭命题手册

封闭命题手册应明确封闭的时间安排、封闭纪律要求、命题工作保密守则、工作生活提示等内容。例22是一个常规的干部公开选拔封闭命题工作手册，可供读者参考。

【例22】

××岗位公开选拔封闭命题工作手册

尊敬的各位领导、专家：

你们好！欢迎参加××岗位公开竞聘命题工作。由于工作本身涉密程度高，整个命题过程需采取封闭形式完成，会对您的日常工作、生活造成一定的不便，对此，希望您能够予以理解和支持。为更好地做好该项工作，我们拟订了本工作手册，内容包括日程安排、作息时间、保密要求、生活提示等，请您认真阅读，并加强联系沟通，及时反映遇到的问题，认真执行保密纪律，高效、优质、安全、保密地完成封闭期间的各项工作任务。

××公司××部
20××年××月××日

一、封闭安排

日期	时间段	工作任务	地点
××月××日	8:30	集中出发	××集中出发，或自行前往
	9:30	集中报到	××门厅
	9:30-10:00	1. 签订保密协议； 2. 公司××部领导、××公司领导布置安排工作； 3. ××讲解命题思路和计划	××楼会议室
	10:00-12:00	1. 讨论确定命题模型、题型分布； 2. 制定评分维度和评分标准	
	12:00-14:00	集中就餐和休息	××楼餐厅、房间
	14:00-17:30	1. 逐一开始命题和制定每题的参考答案； 2. 审定题目； 3. 印制密封题目	××楼会议室
	18:00-20:00	集体就餐和散步	
	20:00-21:30	未完成命题则继续，已完则休息	××楼会议室、房间
××月××日	7:00	参加面试专家集体起床早餐	
	7:30	参加面试的专家在监察人员监督下，携带试题前往公司总部面试考场，9:00后，监察人员返还手机，解除封闭	公司××室报到
	7:30-9:00	其他专家集体早餐，9:00后，监察人员返还手机等相关物品，解除封闭	—

二、纪律要求

（一）所有封闭人员须将通信工具（包括手机、无线上网设备）及其他带存储功能的电子设备交由纪检监督人员统一保管，如需对外联系，可使用指定电话。

（二）饭后散步或在规定时间进行其他活动时应两人以上共同行动，活动时不得同封闭人员以外的人员联系。

（三）严格遵守保密纪律，不向任何无关人员泄露命题人员身份和与试题相关的信息，不把与命题有关的材料带出封闭地点，命制的废题及有关材料应及时按规定销毁，已完成命制审核的试题要妥善保管，及时按程序办理交接手续。

（四）各封闭人员要做好本人使用的涉密材料、移动存储设备和计算机的保密工作。离开房间时，需将有关资料锁好，并随手锁门。命题人员在试题命制完成后要协助工作人员删除电脑中已完成命制的试题及其他涉密信息。

三、命题工作保密守则

为认真做好考试命题的保密工作，确保考试测评工作严格保密、万无一失，特制定本守则。

（一）参与命题工作的所有人员，要提高对保密工作重要性的认识，强化保密意识，增强做好保密工作的自觉性，做到不该说的不说，不该问的不问，不该看的不看，不该记的不记，严守秘密，切实做好保密工作。

（二）参与命题工作的所有人员，要把保密工作落实到每个阶段、每个环节、每个细节，试题命制的全过程必须审慎周到，一丝不苟。文件资料由专人管理，分发和回收时，要做好登记和记录，涉密文件和资料要注意保管，废弃的资料应及时销毁。凡与命题有关的一切资料，未经批准不得带出命题场所。

（三）封闭期间，所有人员不准向外界透露承担任务的任何信息。命制试题阶段，除了探讨共性试题外，命题专家之间不得相互询问、讨论、交流试题命制情况。

（四）参加命题工作的所有人员，要严格按程序呈报、交换、查阅文件和相关资料，并做好登记工作。

（五）封闭期间，所有人员复印与命题有关的资料信息，必须履行审批程序，并做好登记。

（六）封闭期间，封闭场所切断与外界的通讯联系。所有人员须将随身携带的通信工具交给保密人员统一存放。如有紧急情况需要与外界联系，可以使用指定电话并进行登记。

（七）封闭期间，所有工作人员如遇极特殊情况，须经批准，并在工作人员陪同下方可离开，事情处理完毕与工作人员一起返回。

（八）发生失泄密情况，要及时报告，立即采取防范措施。对造成失泄密的有关人员根据情节轻重，追究责任，严肃处理。

四、工作生活提示

（一）所有专家共同配备保密笔记本电脑2台，工作完毕请清空后交回监察人员统一保管。

（二）对外联系电话和上外网电脑在纪检监督人员房间，使用时由纪检监督人员在场并登记。

（三）咨询电话：××××××××。

3. 发专家邀请函

按照事先确定的方案，发送专家邀请函（见例23），联系有关专家按时到封闭地点参加命题，和专家签订专家聘请协议（见例24）。

【例23】

专家邀请函

尊敬的_____专家：

您好！

根据××公司改革发展需要，为进一步深化干部人事制度改革，加大公开竞争选拔企业高级管理人员力度，××公司决定面向全国公开选拔高级管理人员，该项工作已正式启动。

经××公司××部授权、多方推荐审核，现诚意邀请您作为此项工作的命题专家及评委。同时，由于工作本身涉密程度高，整个命题、评价过程需采取封闭形式完成，会对您的日常工作、生活造成一定的不便，对此，希望您能够体谅。我们考务组成员会尽力满足各位专家所提出的合理要求，以保障命题、评价工作的顺利进行。

专家集合时间：××月××日××：××

封闭时间段：××月××日××：××－××月××日××：××

请详细阅读《封闭命题工作手册》《封闭前准备注意事项》，提前做好相应准备！

最后，感谢您对招聘工作的支持和理解！

××公开选聘高级管理人员项目考务组
20××年××月

封闭前准备注意事项

根据××公司改革发展需要，为进一步深化干部人事制度改革，加大公开竞争选拔企业高级管理人员力度，××公司决定面向××公开选聘高级管理人员。为确保整个招聘考评工作的专业性和保密性，对命题环节、阅卷评价环节采取专家封闭形式，具体注意事项如下。

（1）专家需提前熟悉所负责命题的目标岗位职责及要求，对有关内容存疑处需尽快联系组织人事部门及相关专业部门负责人澄清疑问。

（2）专家需提前准备带入封闭场所的资料，如专业书籍、研究报告、论文、案例等（含电子文档），封闭前提交需《资料清单》，以便纪委工作人员核查。

（3）专家可携带自有电脑进入封闭场所，但不可上网，考评结束后方可带出。

（4）封闭场所会提供个人必需的生活用品、网络、通信设施，专家可适当携带自用用品，但进入封闭场所时需经过工作人员的检查。

【例24】

专家聘用协议书

甲方：××××公司

乙方：×××　（身份证号：　　　　　　　　　　）

甲方因开展×××岗位公开竞聘工作需要，聘请乙方为本次竞聘工作的命题专家/面试考官，双方本着自愿原则，签订本协议，共同遵照执行。

一、乙方工作内容及义务

1. 乙方以命题专家/面试考官身份，直接参与××公司××岗位公开竞聘工作，按照××公司××岗位公开竞聘工作方案有关考务要求开展工作。

2. 乙方应本着诚信原则，充分发挥在专业领域的特长，为做好此次公开竞聘工作服务。

3. 乙方应遵守甲方的组织纪律、保密规定，并签署考务专家保密承诺书。

4. 乙方应配合甲方办理有关税务申报工作，协助提供有关证件，签署授权委托书。

二、甲方责任

1. 甲方对乙方提供的服务，在工作完成后一次性以现金支付专家费￥_____元（税后），并代扣、代缴有关税费。

2. 甲方支付乙方因本次工作任务产生的往返交通费、住宿费，费用标准按照××公司差旅费用标准执行。

3. 乙方在甲方工作期间，非因甲方原因发生的疾病、意外伤害等突发状况，甲方有义务给予乙方就医帮助，因此产生的治疗费用由乙方负责。

4. 甲方应安排专人负责专家的工作安排与联系。

三、协议变更、解除和终止

1. 聘请时间自20××年××月××日至20××年××月××日。

2. 因特殊情况，本协议无法履行时，经双方协商同意，可变更协议相关内容。

3. 本协议未尽事宜，双方可协商解决。

4. 本协议一式两份，甲乙双方各执壹份，经双方签字（盖章）后生效。

甲方：（盖章）　　　　　　　　　　乙方：（签字）：

负责人（签字）：

　　　　　年　　月　　日　　　　　　　　　年　　月　　日

4. 组织开展封闭检查

在开展封闭命题时，一般应提前对封闭场地进行检查。重点检查wifi和有线网络是否切断，电话机是否拆除，隔离带是否安放，会议室监控是否切断。特别重要的考试，还应购买专用的设备屏蔽移动通信和无线网络信号；同时，还应检查命题室是否存在偷拍和窃听等设备，确保整个命题在物理隔离的情况下开展。

5. 签订保密承诺书

为进一步加强命题保密工作，一般情况下，除命题现场领导要强调命题保密纪律外，原则上应同命题专家和工作人员签订保密承诺书。例25是一个常用的保密承诺书模板，可供参考使用。

【例25】

××岗位公开选拔竞争上岗保密承诺书

为做好××岗位公开选拔竞争上岗工作，特邀_____同志（身份证号：_____）担任此次××岗位公开选拔竞聘上岗的试题专家，承担本次竞聘上岗工作命题环节的封闭审题工作。

根据《中华人民共和国保密法》及×××公司关于命题环节封闭审题工作的有关规定，本人郑重承诺：

1. 从本次"××岗位公开选拔竞争上岗"封闭审题工作正式开展至本次公开竞聘考试工作全部完成期间，对通过任何渠道、方式得到的与此次竞聘目标岗位要求相关的资料、信息、试题，以及封闭审题过程中所产出的过程性文件、成果性文件严格保密，不通过任何方式向任何人发送或透露要求保密的信息，保密信息包括但不限于：命题资料、命题要求、考点、试题、评分标准及相关资料、过程性文件与信息。

2. 遵守配合本次封闭审题工作要求，封闭期间将本人对外通信工具交由工作人员保管，不与外界进行联络；如有任何紧急情况需对外联系，谨遵保密要求，提前向场内监督、命题负责人说明缘由，在监督人员的共同监督下进行，严格遵守此次保密要求。

3. 将过程性文本、草稿纸交由××公司工作人员回收，销毁所有的命题草稿（含草稿纸和电子文档）。

4. 考试工作全面结束后，依然对本次命题工作内容、相关成果有保密的责任和义务；未经××公司××部领导书面授权批准，不以任何方式向他人泄露、传播相关内容与成果及一切相关信息。

5. 对于违反保密规定，造成保密信息、资料泄露并造成不良影响的，依据相关法律、法规和制度承担相应责任。

6. 保密协议于签署之时生效，有效期限一年。

承诺人：

签署日期：

6. 上缴手机等通讯及网络设备

专家集中开始命题前，应统一收缴专家的手机等通讯和网络设备，用专门的信封等进行封存，交纪检监察人员统一保存并留纪检监察人员的电话作为应急联系电话。对于评委自带的笔记本电脑等，要由纪检监察人员统一删除其网卡程序，对于有硬件开关的进行关闭，用密封条进行密封。最好由组织单位统一提供没有网卡、没有网络接口的专用保密计算机进行命题。

7. 加强监督

命题过程中，原则上应请单位的纪检监察部门派出监督员，对命题的全过程进行监督，参与检查网络切断、手机收缴等。

8. 集中活动

应做到"任何时候、任何人，离开封闭场所都应当有监察人员在场"，确保封闭人员在封闭期间不得和任何外部人员接触。

9. 命制题目

组织专家开展命题，研究确定命题思路，分类命制题目，集中研讨题目，认真组织进行校核，确保试卷、答案无差错，全面提升命题质量。

10. 解除封闭

一般在考试完成半小时后专家可以解除封闭，部分参与判卷的专家可以持续到判卷完成后再行解除封闭。

（五）组织开展知识类测试笔试命题

知识类测试原则上应按照"一岗一卷"原则进行命题，命题应重视"管理能力与专业能力并重"的思路，同时还要兼顾到笔试和面试在形式上的差异点来设计题本，紧紧围绕职位访谈情况、胜任能力模型、岗位职责、公司战略和文件精神、命题素材、专业应知应会、命题大纲进行命题，见图3-4。

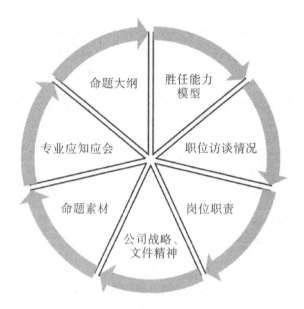

图3-4 干部公开选拔竞争上岗笔试和面试命题要点

1. 关于题量

一般来说笔试考试题型由主客观题组成，题量一般要求较大。可以通过适当增加题量来考察考生对专业知识的熟悉程度和第一反应，以产生一定的选拔区分度。如果不追求区分度，也可以考虑减少试题数量，降低试题难度。据作者多年的实践经验来看，由于干部公开选拔竞争上岗的题目中较少计算题（财务、精算岗位除外），因此一般单选题的理论用时为0.5分钟/题，多选题1分钟/题，判断题0.5分钟/题，填空题0.5分钟/题，中等难度简答题4分钟/题。

2. 关于题型

作为干部类常规的知识选拔测试，为便于判卷，通常较少采用画图题等模式，较为常规的是采用单项选择题、多项选择题、判断题、填空题、简答题。为便于统一判卷标准，确保客观公正，也较少采用论述题模式（论述题较难统一判卷标准）。从笔者多年判卷的经验看，多项选择题和填空题，许多考生的得分率相对其他模块较低。如果组织单位要调节和统一考试难度，可以在多项选择题的题量和填空题的题量上进行适当的局部调整。

3. 关于分值

由于干部公开选拔竞争上岗的知识测试时间较短，考虑到干部选拔强调的是工作经验和岗位中的应知应会知识，因此题目一般相对较为简单，因此一般赋分规则为：单选题0.5~1分/题，多选题1~1.5分/题，判断题0.5~1分/题，填空题1~1.5分/题，中等难度简答题6~8分/题。从笔者多年判卷的经验看，如果组织单位要调节和统一考试难度，可以适当增加单选题、判断题的分值，以对考试难度和总体得分情况进行提前的把握。

4. 关于内容

知识类笔试测试不同于能力类笔试测试，知识类测试的内容主要围绕岗位职责和专业应知应会来进行题目设计，是干部选拔竞争上岗中较为容易命制的题型，在题目命制过程中，主要是把握好考试内容与目标岗位结合紧密，多考能够考察实际运用的题目，而不全是理论性质的题目，尽量减少需要死记硬背的题目。

5. 关于试卷和答题纸

干部公开选拔竞争上岗一般来说试题和答题纸是分开的，由于干部公开选拔竞争上岗通常参加考试的人员较少，同时也为了更好地满足干部选拔全程纪实的需要，因此最近一段时间以来，干部公开选拔竞争上岗知识类题目客观题也较少使用机读卡模式，多采用纸质答题卡方式。

6. 关于判卷和复核

基本采用纸质手工判卷方式进行，答题卡作为干部选拔的全程纪实文书档案进行存档。单项选择题、多项选择题、判断题、填空题均采用一人判卷二人复核方式进行。简答题等主观题，一般采用两人阅卷，两人复核，取平均值的方式进行。

7. 关于难度系数

难度系数通常是反映考试难易程度的直接表现。难度系数＝平均分/满分（单题），系数越小，说明难度越大，通过的人数越少。一般认为，试题的难度指数在0.3~0.7之间较为合适，一般干部公开选拔竞争上岗知识笔试的平均难度为0.6~0.7左右，整体难度比较适中，太难或太容易均不利于选拔干部。

（六）组织开展能力类测试笔试命题

能力测试笔试重点考察胜任能力模型中的几个能力维度，一般来说除语言表达能力之外，其他几个能力如战略思维、系统思考、风险意识、创新意识、经营决策、大局意识、团队意识、风险意识、沟通协调等常规的能力维度，均可以通过纸笔测试的方式进行一定的测评，团队意识、创新意识、大局意识、沟通协调等维度还可以通过无领导小组讨论方式进行进一步的测试和相互验证。能力测试笔试，一般包括公文筐、情景案例、材料分析等主要题型，此外还有命题作文、行政能力测试、词语联想等题型（见图3-5）。能力测试时间一般2小时左右，满分100分钟，其中公文筐一般60分钟，情景案例、材料分析各30分钟左右。

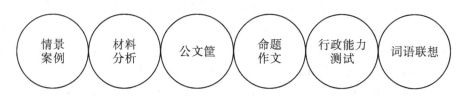

图3-5 干部公开选拔竞争上岗能力测试题型

1. 岗位能力测试模型

在选拔能力素质模型的基础上，继续建立岗位能力测试模型（见表3-11），设置相应的权重。确定是否通过笔试、半结构化面试、无领导小组讨论面试、心理测验来进行测试。

表3-11 ××岗位能力测试模型

评估板块	指标项	权重	知识笔试	能力笔试			半结构化面试	无领导小组讨论面试	心理测验
				公文筐	情景案例	材料分析			
专业素养	专业知识技能	15%	√	√		√	√		
核心能力	战略思维	10%		√	√		√		
	经营决策	20%		√	√		√	√	√
	开拓创新	15%		√	√		√	√	
	影响推动	20%		√	√		√	√	
	风险管控	10%		√	√		√		√
	沟通协调	10%					√	√	
个性风格	团队角色	不设权重							√
	决策风格								√

2. 公文筐测试

公文筐测验又称文件处理测验，它是干部公开选拔竞争上岗中应用得较多，也是较为重要的测评方法之一。一般采用纸笔考试的形式，通常和其他方式混合使用。在这种测评方法中，要求应试者在规定时间内对各种与特定工作有关的文件、报表、信件、电话记录等公文进行处理。考官根据被试处理公文的方式、方法、结果等情况，对其能力维度做出相应的评价。公文筐测试的优点是：①形式灵活，把候选人置于模拟的工作情景中去完成一项任务，较能吸引候选人的答题兴趣；②具有较高的信度和效度；③用途广泛，除了能够挑选出有潜力的管理人才，用做评价、选拔管理人员外，还可以用做培训，训练他们的管理与合作能力。公文筐测试的缺点是：①编制的成本较高；②评价的客观性难以保证；③依然采用静态的形式，每个候选人都是自己独立完成测验，评价者较难对候选人实际当中与他人交往的能力直接进行判断和评价；④对评价者的综合素质要求较高。

（1）适用对象。公文筐测试的适用对象为需考察一定管理能力的初级、中级管理人员，一般用来选拔科级、处级这一层次的管理人员，以及部门级管理人员较为恰当。对于更高层次的干部，以及总经理层级的管理人员，由于在实际工作场景中，其更多的是发布指令让其他人执行，其职责主要是指方向、带团队、检查执行等，较少集中处理如此众多的公文，以及更多的偏向决策，因此较少采用公文筐模式进行测试。

（2）测试维度。公文筐测试试题设计要紧紧结合考察维度进行题目设计，如本书所列的岗位能力测试模型，就要结合战略思维、经营决策、开拓创新、影响推动、风险管控、沟通协调共6个维度进行题目设计，最好每个小题考察一个维度，也可以一个小题考察几个维度，进行通盘考虑。

（3）测试要点。一般来说作为干部公开选拔竞争能力测试而言，公文筐测试一般只是其测试题中的一项，一般占总分的40%~50%左右，在设计每个小题的分值时应根据能力维度的特点按不同权重进行赋分。前述表3-11的选拔模型，初步可考虑公文筐设置7个考核维度，专业知识技能占15%，战略思维占10%，经营决策占20%，开拓创新占15%，影响推动占20%，风险管控占10%，沟通协调占10%。从赋值上我们可以看出，该岗位比较侧重经营决策和影响推动两个项目。

（4）评卷要点。公文测试的判卷，要求判卷者具有丰富的工作经验，对判卷者的要求较高。如果能够由其直接上级参与判卷则效果最好；如果由人才评价机构判卷，则事前应对题目进行充分研究，研究制定出一个初步的判卷标准大纲，对参与判卷人员进行标准的统一。对于公文筐测试判卷，目前有三种方式。

方式一：按测试维度进行判分，不考虑各小题分数。该模式是一个经常采用的方式，能够较好地区分出能力维度，方便以后绘制能力维度图，制作测评报告。

方式二：按小题进行判分，不考虑维度。该种模式在干部公开选拔竞争上岗中较少采用，只有在一些选拔性不是很强的选拔（比如年轻干部培训选拔）中，为加快和节省判卷费用而采用。如采用判总分模式就失去了公文筐测试的优点。

方式三：按测试维度进行判分，同时兼顾各小题分数。这是干部公开选拔竞争上岗中使用最多的方法。在实际使用中需进行详细统计和加权换算（见表3-12）。打分时每个维度可以按10分制或百分制进行打分，然后根据事先确定的计算权重，总分栏为各小题分数，维度平均值为各维度分数。

表3-12 公文筐测试判分统计

序号	考察维度							总分	
	专业知识技能	战略思维	经营决策	开拓创新	影响推动	风险管控	沟通协调	计算权重	合计
任务一									
任务二									
任务三									
任务四									
任务五									
任务六									
维度平均值									

（5）题目构成。公文筐测验的题目由指导语、情境假设、任务设定三部分构成（见图3-6）。例26为主要参考题型，具体内容还需要结合本单位实际进行深入开发。

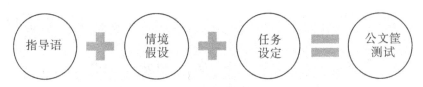

图3-6　公文筐测试题目内容

【例26】

文件筐测试样题

一、指导语

你好！

欢迎你参加××房地产公司处长岗位竞聘考试，现在你进入的是文件筐测验。文件筐测验是工作情景模拟活动的方式之一，它通过向你提供一种模拟的工作情景，让你扮演一个给定的角色在规定的时间内处理一批文件，从而了解你在模拟情景下的工作能力，并根据你的这种表现来推断你在真实工作情景中的管理风格和胜任能力。所以，你在处理文件的过程中必须保持专注，进入角色，并按给定的有限信息对文件做出适当处理，展示你的才能与优势。

请在完成本测验之前保证自己理解以下要点：

文件是随机排列的，每一文件都具有一定的重要性和紧迫性，在处理每一文件时，请先判断文件的重要性和紧急性程度，自行排序处理。

你必须对所有的文件给出自己的处理意见或方案，对于文件的处理意见或方案，要求语言表述准确、清晰，以便相关部门能按你的意图执行，但不宜太过简单。

1. 为了全面了解你的能力优势，请务必在对每个文件做出处理之后，完整写明你处理该文件的依据和理由，若纸面不够，请写在背面。

2. 凡需交给下属执行的，请注明承办部门、相应的处理原则或方案；凡需答复的函电，请写明内容要点，以便综合主管为你拟稿或答复；凡需召开会议或召见人员的，请将时间、主题、大致内容、参加者批告综合主管，以便综合主管通知安排；凡需你自己提出策划方案的，请你详细写明策划方案的思路、要点、具体举措和安排等。

3. 你需要在大约60分钟内完成所有文件的处理。

二、情境假设

日期：20××年××月××日　　星期日

人物介绍：从现在起的60分钟内请你暂时忘记自己的姓名和职务，设想自己的名字叫余××，你的职位是××房地产公司总部战略策划部××处处长，并担任总部"瘦身健体"项目组之一的执行组长。你的直接上级是公司战略策划部主任××。

××地产成立于×××年,经过多年扎实发展,20××年成功完成股份制改造,遂开始实施全国化战略,加强专业化运作,连续实现跨越式发展。目前,公司已完成以广州、北京、上海为中心,覆盖60多个城市的全国化战略布局,拥有300多家控股子公司,业务拓展到房地产开发、建筑设计、工程施工、物业管理、销售代理以及商业会展、酒店经营等相关行业。

××公司坚持以商品住宅开发为主,适度发展持有经营性物业。在住宅开发方面,地产逐渐形成了四大产品系列,涵盖"花园""心语""香槟""公馆"等多元化优质住宅物业的先进创新格局,覆盖中高端住宅、公寓、别墅多种物业形态。商业物业囊括商业写字楼、高端休闲地产、星级酒店、商贸会展、购物中心、城市综合体等,具备多品类物业综合开发的实力。

××地产奉行"和者筑善"的品牌理念,将"和谐"提升至企业品牌战略的高度,致力于创造自然、建筑、人文交融的和谐人居生活。将"和谐"理念始终贯彻于企业的规划设计、开发建设和客户服务全过程,研创节能环保、自然舒适的产品,提升产品品质,通过亲情和院式服务营造良好的社区氛围,赢得了消费者的广泛喜爱。多年来,××公司一直致力于从人文、艺术、历史的角度,倡导和谐理念,关怀公众精神生活,传承××文化血统,整合集团文化资源,以艺术魅力提升文化内涵。

20××年××月××日,中共中央、国务院出台了关于深化国有企业改革的指导意见,提出以解放和发展社会生产力为标准,以提高国有资本效率、增强国有企业活力为中心,完善产权清晰、权责明确、政企分开、管理科学的现代企业制度,完善国有资产监管体制,防止国有资产流失,全面推进依法治企,加强和改进党对国有企业的领导,做强做优做大国有企业,不断增强国有经济活力、控制力、影响力、抗风险能力,主动适应和引领经济发展新常态,为促进经济社会持续健康发展、实现中华民族伟大复兴中国梦做出积极贡献。

基于对内外部环境的分析,20××年××月,××公司新一届领导班子召开党组会,会议一致认为,未来十年是公司向国际先进企业迈进的重要战略发展机遇期,必须积极应对公司内外部环境变化,推进战略转型。未来,××地产将凭借准确的战略规划、优秀的管理能力、专业的市场运作和不断深化的品牌影响力,不断发展,继续为实现"打造中国地产长城"的企业愿景而不懈努力。

为进一步推动中央企业提质增效等工作,20××年××月××日,国务院常务会议审议通过了《中央企业深化改革"瘦身健体"工作方案》。"要以改革促发展,以'壮士断腕'的勇气和决心,坚决打好打赢中央企业'瘦身健体'提质增效的攻坚战。"在本次会议上,李克强总理表示,中央企业要拿出直面困难的勇气拿下这块"硬骨头"。××月××日,在国务院新闻办公室举行的例行吹风会上,国务院国资委副主任张喜武对有关政策进行了深入分析和解读。张喜武表示,央企"瘦身健体"不是要从竞争性领域退出,而是要集中资源,切实增强企业的影响力、控制力和抗风险能力,更好地做强、做优、做大。

按照中央"瘦身健体"要求,××公司在总部层面成立了若干个"瘦身健体小组",专门负责执行总部发起的几个"瘦身健体"工作,你是其中一个小组的执行组长,小组成员均来自其他部门,核心成员包括姜××(总部基建部建设处主管)以及倪××(管理研究院主管)等,项目组还联合了各地项目开发公司等单位。

你的小组主要负责总部的"瘦身健体"方案编制,旨在进一步加快总部的"瘦身健体"工作、提升管理科级化水平。在你的带领下项目小组在上个月完成了"启动及自我诊断"的工作,并从去年××月份开始进行方案编制工作。

三、任务设定

现在是早上9点,你刚从外地回办公室处理一些事宜。这些事情都是以电子邮件、会议通知等形式呈交给你,需要你做出具体的回复、安排和决策。1小时后,你将要出发去出差,预计下周日晚返回。今天是休息日,没有其他人来打搅你的工作。另外,为了不影响其他人的假期,你也不方便与他人电话联络工作上的事务。因此,需要你以邮件、指示、备忘录、便条等形式处理多份文件,需要传达的文件周一上班时秘书会负责传达。

20××年××月份日历

周日	周一	周二	周三	周四	周五	周六
				1	2	3
4	5	6	7	8	9	10
11	12	13	14	15	16	17
18	19	20	21	22	23	24
25	26	27	28	29	30	

【文件一】

（考核维度：影响推动）

时间：9月2日

类别：邮件　工作进度汇报

来件人：姜×× 人资部组织处 主管

收件人：余×× ××公司战略策划部××处 处长

领导，我们"瘦身健体"小组的"公司一体化IT平台"项目目前正在进行第一轮验收测试，时间为下周，但在具体操作过程中我们遇到了挑战。最近我们在上大量的信息化项目，同时并行的IT项目特别多，很多单位都反映系统平台测试的工作量太大，已经影响到了正常业务工作。为此，我们几个组员也想了很多办法，做了非常详细的测试工作指导书发下去，也到现场去参与测试的组织和协调，但这两天的测试完成率非常不理想，我们也感到很是无奈。我们每个人除了参与这个项目，也都有各自处室的工作要进行，很多时候都要利用自己的休息时间来赶工，还要承受来自各个部门的抱怨，压力真的是很大。

从整个项目进度来看，这一轮验收测试是各使用部门最为关键的试用阶段，还请领导帮助我们推动这个工作，或者给予我们一些指导意见。

【文件二】

（考核维度：系统思考、经营决策）

时间：9月2日

类别：邮件

来件人：高×× 公司财务部 副部长

收件人：余×× 公司战略策划部×处 处长

老余，最近我们正在进行年中预算执行情况的汇总，发现各单位上报过来在管理提升方面的投入较去年有大幅度提升，大部分是以信息化系统、科技创新为主题的项目，我们比照了一下年初上报的预算计划，虽没有出现实际超支的情况，但有近30%的项目在费用支出方面已经接近了预算上限。公司这两年对全面预算管理的要求很高，要求从上到下的各级部门都严格控制自己的费用，目前这个情况还需要你配合我们的全面预算管理来制定一些约束制度，你先提一提大概的落实建议，我看一下具体情况，我们再约个时间来谈。

【文件三】

（考察维度：沟通协调）

时间：9月2日

类别：邮件

来件人：石×× GZ分公司"瘦身健体"小组组长

收件人：余×× 公司战略策划部×处 处长

余处你好！因为陶××（原GZ公司"瘦身健体"项目工作联系人）到总部中青班脱产学习去了，现在由我来负责GZ公司"瘦身健体"项目的组织协调，上周接到方案评审的通知，给我公司安排的时间是9月5日、6日、7日共三天。具体情况我已经向分公司领导报告了，公司领导非常重视，要求我做好准备工作。但现在是"牛津小镇"建设的特殊时期，我公司在6号有一个大项目推广活动，邀请了市领导参加，总公司领导都会来视察，7号有半天安排了集体的党风廉政教育活动，我很担心在既定的时间内能否完成规定的验收测试工作。另外，我对项目的前期情况都不是很了解，虽然有方案的初稿，但感觉还是很有挑战性，不知道届时会否有一些相关人员指导支持？以上，盼复！

【文件四】

（考核维度：战略思维、开拓创新、经营决策）

时间：9月2日

来件人：倪×× 住宅科学研究院 主管

收件人：余×× 公司战略策划部×处 处长

余处你好！在去年的"科技创新"推进会上，确定了以我们项目组为主导、总部科技研发部支持的"新能源和智慧住宅"新技术研究课题，前期的课题立项申请书和可行性研究报告得到了审核批复，但课题经费一块迟迟没有得到财务部门的批准。我们已经按照"提高效率、节俭支出"的上级指导精神进行了经费调整，由于新能源和智慧住宅需要进行多次试验校验，上报费用已经不能再降低了。我们报告中也说明了：一旦新能源和智慧住宅技术研发成功，可以为公司所开发的房地产产业带来领先优势和回报，这也是最能够体现科技创新价值的地方，还请你支持我们的项目工作，敦促课题经费审批。

【文件五】

（考核维度：专业知识技能、战略思维、开拓创新）

时间：9月2日

类别：OA系统会议通知

来件人：陈×× 公司总经办秘书

收件人：余×× 公司战略策划部×处 处长

20××年"瘦身健体"专项工作会议定于9月8日上午10点在公司三楼大会议室召开，由副总经理主持，主要议题是关于贯彻中央"瘦身健体"工作会议精神以及讨论"新能源和智慧住宅项目推进计划"，研究围绕上述两个主题，请各位管理提升项目组组长组织准备好近期的相关工作汇报总结和主题创新提案（三项左右）带到会议上来。

【文件六】

（考核维度：战略思维、风险管控、国际化能力）

时间：9月2日

类别：OA系统会议通知

来件人：陈×× 公司总经办秘书

收件人：余×× 公司战略策划部×处 处长

按照中央"一带一路"的总体部署，近期公司准备到海外开拓住宅和商业地产项目，9月9日上午10点在公司三楼大会议室召开讨论会，由副总经理主持，请你参会，并提交一份公司针对该事项的建议报告，带到会议上来进行讨论。

3. 情景案例题测试

情景案例题在考试测评中，运用非常广泛，是一种经常使用的方法，也是干部公开选拔竞争上岗中常用的题型之一。其设计思路是设计出"时空条件"，让应试者在给定的环境和条件进行答题，以测出人才的能力特质。在面试中使用时间法是连续提问和追问，并巧妙地设计出困难、压力、委屈等特定情景，从中可以测出人才的七八种能力特质，且这些特质多为稳定性特质，即素质。所以，设计一道好的情景案例题对于干部公开选拔竞争上岗非常重要。

（1）适用对象。适用于初、中、高各层级管理人员招聘使用，运用范围十分广泛。既可进行笔试，也可以进行面试，还可以进行实际的技能实操演练测试。

（2）测试维度。从例26的样题我们可以看出，情景案例题的题目设计，应紧密结合工作实际进行设计，不同的情景，考核不同的能力维度，比如情景一，重点考察专业知识、系统思考维度；情景二，重点考察危机处理、综合协调维度；情景三，重点考察团队管理、人力资源维度；情景四，重点考察系统思维、大局观维度；情景五，重点考察文字表达、思想品质维度。

（3）测试要点。设计情景案例题：一是要注意选择应聘者熟悉的话题（热点话题），要让应聘者有答题的愿望；否则，如果他对这个问题无从下手，就无法正常发挥实力和潜力。二是情景案例题的设计要真实，像真实发生的事情一样，随后的问题也要有真实感，这样面试者才会有参与感，其自身真实特质才能表现出来。三是案例中要让应聘者模拟应聘岗位的新环境。因为新的环境很难请人帮助,遇到事情需要自主解决,这样就可以充分展示其个人实力。四是题目设计上要掌握好难度。人才高水平的展示需要一个预热的过程,所以,案例设计都是最初简单,随后不断"加码",增加难度。五是测什么设计什么,就是要给应聘者设计的展示其特定才能的问题。案例中的难题是依据评判标准而设计,给面试者提供清晰的方向供其展示实力。

(4)评卷要点。情景案例题的判卷和公文筐判卷一样,需要判卷人具有较高的综合知识和积累。如果由人才评价机构判卷,则事前应对题目进行充分研究,研究制定出一个初步的判卷标准大纲,对参与判卷人员进行标准的统一。对于情景案例测试判卷,判卷方式如公文筐测试,此处不再赘述。

(5)题目构成。一般由答题说明、案例背景说明、角色身份设定、情境案例、问题五个部分组成。例27是一个情景案例的笔试样题,可供读者参考使用。

【例27】

情景案例参考样题

答题说明:

请您在规定的时间内,以模拟情境主人公的身份完成五道题目,在答题过程中需注意以下细节。

(1)请务必阅读完情境案例和相应问题后作答,避免因理解不当,影响对您作答的评价。

(2)每一题都设置答题字数限制,因此,答题应尽可能简洁明了,重点突出。

(3)请注意在答题过程中合理分配时间,确保情境案例都处理完毕,如果没有作答完毕,可能会影响对您作答的评价。

(4)请保持答卷干净、整洁,避免因试卷字迹不清等原因对评委造成不必要的干扰。

一、案例背景说明

华××电网公司成立于2002年年底,公司由中央管理,国务院国资委履行出资人职责,供电面积约100万平方公里,供电总人口约2.3亿人。

纵观近二十年以来,由于经济高速发展,电力需求快速增长和供电能力不足是电力工业面临的主要矛盾。厂网分开后,电网企业主要任务是加大电网投资建设规模,解决电力输配的"卡脖子"问题,华××电网投资建设规模也不断扩大,管理粗放的弊端日益显现,导致公司的净资产收益率低于平均资本成本率，负债率持续提高，原有的发展模式越来越不可持续。

我国仍处于工业化和城镇化进程中，"十二五"是我国全面建设小康社会的关键时期，是深化改革开放、加快转变经济发展方式的攻坚时期。期间，经济将保持平稳较快发展，经济结构将进行战略性重大调整，对能源的需求具有刚性特征，电力需求仍将保持快速增长。

基于对内外部环境的分析，2010年4月，公司新一届领导班子召开党组会，会议一致认为，未来十年是公司向国际先进企业迈进的重要战略发展机遇期，必须积极应对公司内外部环境变化，以战略为龙头，推行"服务型定位、经营性管控，集团化运作，一体化管理"，致力成为服务好、管理好、形象好的国际先进电网企业。

华××电网公司的管理界面按照网公司、省公司、地市供电局、区县供电局进行划分。所属的A省公司下辖3个供电局：

	甲供电局	乙供电局	丙供电局
地区	省会，大都市	沿海，中型城市	山区，八县一区
规模	客户数250万户，供电面积1900平方公里	客户数量90万户，供电面积1300平方公里	客户数量70万户，供电面积2500平方公里
经济发展状况	经济处于转型期，发展速度递减，短期提升空间有限	经济发展快速，但是基础较差，波动较大	受地理位置影响，以农牧业为主，经济发展水平落后
与地方政府关系	不温不火	关系紧密	相对恶劣
班子状况	稳定	稳定、同心协力	冲突矛盾较多
队伍状况	人才层次较高，工作经验普遍比较丰富，但动力不足	队伍规模逐步扩大，干劲十足，但普遍经验匮乏	作风散漫，工作能力不强，内部关系复杂
供电可靠性	电网成熟、作业规范，安全性较高	近期出现多起安全生产事故	受硬件条件限制，农电可靠性不足

二、角色身份设定

1. 如你现职为<u>处级人员</u>，则假设你在情境案例中的身份是<u>A省公司有关分管副总经理</u>

2. 如你现职为<u>科级人员</u>，则假设你在情境案例中的身份是<u>A省公司有关部</u>

门主任

三、情境案例

你在近期工作中碰到以下一系列管理情境和问题。

情境一：

2012年初始，A省公司将"成本管理精益化"列为今年管理水平提升的重点工作，并提出了坚持强本创新，树立全员、全方面、全过程成本管控理念，努力推进精益化管理的工作要求。然而，三个月以来，相关工作在供电局层面的推进却不尽如人意，主要现象表现在："眉毛胡子一把抓，缺乏重点""各业务条线各自为战，缺乏协同""下属各供电局管理水平参差不齐，难以统一""上热、中温、下冷，基层员工缺乏动力"等方面。为更好解决问题，你近期参加了一期丰田精益生产管理体系培训班，并初步了解了精益生产管理体系。

问题1：为解决以上问题，A省公司特成立了"降本增效"工作领导小组，并由你牵头负责。请你对标丰田公司的精益生产管理体系，分析"成本管理精益化"推行不力的深层次原因，并制定具体的推进措施。（字数：400字以内）

情境二：

为推动农电的"两改一同价"工作，丙供电局计划在年内撤销了100个乡镇电管站，并把原来的8个县市供电公司全部改组为统一核算的分公司，形成了省级电网公司、县级供电企业、乡镇供电所三级垂直管理体制，并将从乡镇电管站接近3000名农村电工中选聘1500人充实到新组建的供电所。

然而，在4月13日相关计划刚一公布，就在当地引起了轩然大波。一时间谣言、非议四起：有说选聘存在内幕，能否留下的完全靠关系；有说落聘就是炒鱿鱼，以后的生活没人管了；有说就算竞聘成功，原农村电工的待遇和现有供电局员工也有显著差距；甚至还有说华××是央企，怕群众闹事，赔多赔少就得靠上访、逼宫。

4月20日上午，一百多名农村电工拉着横幅围堵丙供电局大门，说要领导出面给大家一个交代。地方公安局出动警力维持秩序。此外，另有数十名农村电工到A省电网公司上访，声称如果得不到满意的答复就要组织去集团总部，甚至到北京上访。

新闻媒体第一时间已经赶到现场采访，同时事件在网络上通过博客、微博等新媒体迅速地扩大、发酵。

问题2：为此，A省公司紧急成立危机公关小组，并由你担任组长召开紧急会议，请你在会上提出危机处理的整体工作思路，并明晰所需人、财、物等各方面的资源支持和分工配合要求。（字数：400字以内）

第三章　干部公开选拔竞争上岗的实施

情境三：

最近，在一次A省公司的人力资源内部交流会上，下属各供电局局长纷纷吐苦水，并提出要你给予大力帮助和支持。

甲供电局领导在创先研讨会上抱怨用人难的问题。提及对标，认为国际先进企业在人力资源方面可以实现市场化配置，但是作为国企在这方面受到很大制约。例如：某些岗位明知不适合还不能炒人，怎么办？有的岗位职工年纪大了，不能推行下岗，还必须给他们安排安全的工作。从整体上看，人员数量不少但是真正人才不多，上级说定员不能太多，但是现有人员素质和质量又不能满足业务发展需求，而且，员工的积极性驱动力方面也比较弱，这些都是摆在眼前的令人犯愁的问题。

乙供电局反映，该局出现生产人员往非生产部门转的倾向，待遇是一个方面，生产人员的工作压力大，士气比较低，想往其他方面转，但是局里成熟的生产人员数量本来就很紧张，这类人员的培养周期较长，且工作经验多少对生产安全稳定性影响很大，但是由于人员士气低，思想有波动，最近差点出了人员事故，这块目前没有很好的对策，请求上级领导提供支持对策。

上任半年的丙供电局局长则忧心忡忡，提到："现在整个局，超过大专学历的员工不到1/3，平均年龄是39岁，基本上是高中初中学历占到一半，职工的思想认识都跟不上，'庸懒散'现象普遍。我根据省公司会议精神，积极推进人力资源工作改革，回局后马上部署搞考核，想把记工分的形式引入到电力系统来，建立明确工作标准，打破吃大锅饭。但是，现在情况很不理想，整个工作遇到各层面的阻力，首先是班子：除了书记以外的班子成员都反对，但我还是想要推，现在班子中意见纷纭，中层干部反对，员工也反对，说动了他们的奶酪，还说这样破坏气氛。"

问题3：请你在会上总结省公司及各供电局在人力资源方面所面临的困难和挑战，分析其深层次原因，并且提出你能为各供电局领导提供什么样的支持与帮助。（字数：500字以内）

情境四：

最近，A省公司召开的战略执行总结会上，通报了以下信息：

据A省公司一体化管理推进小组的调研摸底反映，目前一体化管理在各供电局层面，被有些领导简单化理解为就是收权，上面让我干什么我就干什么，包括下面很多员工也这么理解，上面怎么定，下面怎么做，不少人消极对待这个事。

一体化管理推进小组调研中还发现了一些具体的困难，比如现在对物资供应材料采购这块抱怨比较大，说现在上面资源配备没有充分，流程制度没有完

159

备，网络又不是那么的完善，下面要一根电缆，要一个变压器从报计划到给他起码要几个月，影响了正常工作开展，影响了优质服务。

问题4：请你在会上分析一体化管理战略推行不力的原因，并针对性地提出你的指导思路和方案。（字数：400字以内）

情境五：

在一次干部培训班上，有位学员提到一句话"不患无位，患所以立"，引发了学员们的热烈争鸣……

问题5：请你以学员的身份，结合你自身的现实工作和生活经历，谈谈你对这句话的理解。（字数：300字以内）

4. 材料分析题测试

材料分析，又名资料分析。主要类型有文字类资料、表格类资料、图形类资料和综合类资料（主要是前面三种基本资料的组合）四种基本形式。综合考查应试者的阅读、理解、分析、计算等方面的能力。根据对历年真题的分析，资料分析部分的材料类型主要有以下四种，分别是文字型、表格型、图形型和三种形式任意结合组成的综合型。本质上是一种能力测试。

（1）适用对象。一般适用于初级、中级管理人员的选拔测试，是干部公开选拔竞争上岗和公务员考试中行测的一类主要题型。

（2）测试维度。由于材料分析题是公务员考试的主力题型，当前市面上有许多书籍对其进行专门介绍。此处重点介绍干部公开选拔竞争上岗材料分析的特点。根据笔者对比研究，公务员考试由于参与考试的人员层级较低，多为大学刚毕业的学生，因此，在考核重点上，主要考核一些通用的言语理解与表达、逻辑判断和数量关系等基础性能力，而干部公开选拔竞争上岗的材料题，则要求结合岗位特点进行设置，考核拟竞聘岗位的专项能力维度。

（3）测试要点。一是在题目设计上应结合拟聘岗位的行业、专业特点进行有针对性的设计。二是要结合工作中的难点和棘手问题进行设计，充分考察应聘者处理复杂问题的能力。三是要结合热点问题进行设计，让大多数参评人员都能够作答。

（4）评卷要点。材料分析例题的判卷和公文筐判卷一样，需要判卷人具有较高的综合知识和积累。如果由人才评价机构判卷，则事前应对题目进行充分研究，研究制定出一个初步的判卷标准大纲，对参与判卷人员进行标准的统一。对于材料分析题测试判卷，判卷方式如公文筐测试，此处不再赘述。

（5）题目构成。一般由材料、问题等两个部分组成。提供的材料一般有以下几种方式：一是提供当时很棘手的现实或热点问题；二是提供许多材料，让应聘者在许多纷繁复杂的材料中，通过自行梳理找到有用材料进行分析；三是给定一些相对专业的问题，同步考察应聘者对公司价值观、重大方针政策的理解。

5. 其他类型题目测试

在干部公开选拔竞争上岗中，有时也采用命题作文、行政能力测试、词语联想等题型。

（1）命题作文。类似于申论，一般是指出题者给出一个既定的题目，要求应试者根据这个既定题目进行写作。它包含事件、人物、场面等要素。在各层级干部选拔中均有一定运用，特别是运用在较高层级干部选拔中。国家机关、公务员录用考试中，考生根据指定的材料进行分析，提出见解，并加以论证。命题作文主要考查应考人员对给定材料的分析、概括、提炼、加工，测查应考人员的阅读理解能力、综合分析能力、提出和解决问题能力、文字表达能力等。

（2）行政能力测试。行政职业能力测验（Administrative Aptitude Test，简称AAT）和智力测验一样，属于心理测验的范畴。它用来测试应试者与拟任职位相关的知识、技能和能力，是考察应试者从事公务员工作所必须具备的一般潜能的一种职业能力测试，主要考察的是应试者在行政管理方面的潜力和倾向。

行政职业能力测验是国家公务员考试公共笔试的一门。主要包括数量关系、判断推理、常识判断、言语理解与表达、资料分析这五个方面。主要考察应试者的反应能力，基本要求是速度和准确率，是对于人的能力的测试。例如，中央机关及其直属机构2014年度考试录用公务员公共科目笔试分为行政职业能力测验和申论两科，全部采用闭卷考试的方式。行政职业能力测验为客观性试题，考试时限120分钟，满分100分；申论为主观性试题，考试时限180分钟，满分100分。

（3）词语联想。在干部公开选拔竞争上岗考试中，目前有给定一组或多组词汇，请应聘者根据上述词汇写一段短文的方式，类似于"头脑风暴法"，重点是联想反应，联想是产生新观念的基本过程。每提出一个新的观念，都能引发他人的联想。相继产生一连串的新观念，产生连锁反应，形成新观念堆，为创造性地解决问题提供了更多的可能性。例28为一个词语联想样题。

【例28】

词语联想样例

（考察创新思维和逻辑思维）

请您根据以下几个词语（奥运、新能源车、国有企业改革、航天、火星、水、希拉里、普金、核、污染、太阳能、女人、孩子），充分发挥想象，拟写一篇300字左右的短文。

（七）结构化或半结构化面试命题

面试一般分结构化面试、半结构化面试、无领导小组讨论等模式。结构化面试是指面试的内容、形式、程序、评分标准及结果的合成与分析等构成要素，按统一制定的标准和要求进行，特别是指所问的问题是完全一致的，考官原则上不得自由提问的面试。半结构化面试是指面试构成要素中有的内容作统一的要求，有的内容则不作统一的规定，也就是在预先设计好的试题（结构化面试）的基础上，面试中主考官向应试者又提出一些随机性的试题。非结构化面试就是没有既定的模式、框架和程序，主考官可以"随意"向被测者提出问题，而对被测者来说也无固定答题标准的面试形式。半结构化面试是介于非结构化面试和结构化面试之间的一种形式。结构化面试可以减少盲目性和随意性，其特点是客观，有效性高，但对面试设计、组织以及主试的培训程度要求都比较高，同时也存在问题死板，不利于发现人才的综合特长等弱点。非结构的特点是简单、容易组织，但主考官的随意性较大，效度较低。半结构化面试较好地继承了结构化面试的特点，同时也保证了一定的灵活性，因此成为干部公开选拔竞争上岗的一种主要模式。半结构化面试的优点：①能获得丰富、完整和深入的信息；②收集到的信息较为可靠；③能够获得被试者的非言语行为。半结构化面试的缺点：①考官的态度会对结果产生影响；②面试过程中被试者的信息主要是自己报告，可信度会受到影响。

1. 面试流程

半结构化面试一般分为竞职演讲、命题答辩和自由提问三个环节。竞职演讲，是指请竞聘者讲述个人经历、竞职动机、主要业绩、竞职优势等；命题答辩，是指组织者结合招聘能力素质模型，结合考核维度分别设计3~4个问题进行提问，问题一般有标准答案和得分标准；自由提问，是指考官结合应聘者所答问题、应聘者工作经历、应聘岗位特点等进行提问。

2. 面试时间

招聘层级较低的，一般面试时间共20分钟，其中个人述职及任职设想时间为3分钟，面试提问12分钟（问4道结构化问题，每题3分钟），考评组自由追问5分钟。

招聘层级较高的，一般面试时间30分钟左右，其中个人述职及任职设想时间为 8 分钟，面试提问 16 分钟（问 4 道结构化问题，每题 4 分钟），考评组自由追问 6 分钟。

一般来说，为严格控制时间，面试时间原则上不允许阶段混用，每个阶段，时间一到，即使还没有完成答题，也必须打断。提前完成，剩余时间不得顺延到下一题使用。

3. 考核维度

半结构化面试，通常考察语言表达、沟通协调、带队伍等能力维度。以上文岗位能力测试模型为例，计划考核专业知识技能、战略思维、影响推动、沟通协调四个维度的能力，具体考核维度应根据职位访谈情况、岗位职责、选拔模型、公司战略和上级有关要求进行合理设计。

4. 面试题目

面试题目应结合考核维度进行合理设计，一般面试题本可参考例 29。

【例 29】

面试题本

岗位：××部××处处长

【考察专业知识】

1. 设备台账是掌握企业设备资产状况，反映企业各种类型设备的拥有量、设备分布及其变动情况的主要依据。请你谈谈目前在房地产领域的台账管理存在哪些重点和难点？未来进一步提升的方向是什么？

【考察系统思维】

2. 推进资产全生命周期管理是公司安全生产职能战略的重点之一。请结合实际，分析目前在建筑机械设备领域，推进资产全生命周期管理工作中主要存在哪些矛盾和瓶颈？假如竞聘成功，你将如何应对，以进一步促进建筑机械设备资产管理综合效益优化。

【考察安全意识】

3. 设备、设施是安全生产的重要基础，维护好设备、设施的健康是夯实安全生产的重要手段。请你谈谈目前公司建筑机械设备管理过程中主要面临哪些安全风险？假如竞聘成功，作为公司建筑机械设备管理处处长/副处长，你将如何进一步提升建筑机械设备的风险管控水平？

【考察沟通协调】

4. 目前，各业务部门在采购、建设、运行各环节对设备质量控制的力度不一，设备状态检修开展不充分，存在过度维护或维护不足等问题。请结合过往工作经验，谈谈在协同各业务部门开展建筑机械设备管理的工作中主要存在哪些难点？假如竞聘成功，你将如何应对？

5. 评分标准

评分标准可结合干部公开选拔竞争上岗素质模型参考选项中的评价标准进行评分标准设计，表3-13经常用于计算机打分系统，也可进行纸质打分，一般每项满分100分。评分标准为：优秀91~100分，良好76~90分，合格61~75分，待发展60分及以下。表3-14常应用于纸质打分，一般一人一表，该表的不足是不利于统一对比。

表3-13 面试评分标准（计算机版）

（每项满分100分。评分标准为：优秀91~100分，良好76~90分，合格61~75分，待发展60分及以下）

顺序	姓名	专业知识权重：25%	安全意识权重：25%	组织协调能力权重：20%	系统思维权重：15%	语言表达与形象气质权重：15%	评价意见
		定义：指应聘岗位专业所需要的相关专业知识、业务流程、政策、法规。优秀：熟练掌握专业知识的理论和业务流程，灵活运用相关政策和法规。良好：掌握专业知识的理论，熟悉业务流程，了解相关政策和法规	定义：指对于所从事的行业具有高度的敏锐性，工作过程中时刻将安全铭记在心，把安全放在第一要位，主动采取措施规避风险，在风险来临时能够采取正确方法将风险降至最低点，避免更大损失和伤害	定义：指有效协调，并运用人际资源来促进工作进展的能力；同时，拥有宏观的组织能力，能按照一定的规则对各类事物进行安排。例如：把纷繁复杂的工作条理化，良好的时间管理等	定义：思考问题全面、深入，能够对相关因素进行系统的思考，敏锐识别变化以及相互的关联，善于总结和归纳问题的本质和规律。优秀：熟练掌握专业知识、技能，实际解决问题过程中能够灵活结合过往经验，提出合理科学的方案	定义：候选人在现场展示的语言表达、仪表风范、职业成熟度等相关内容。优秀：举止谈吐文雅，演讲富有感染力，互动问答过程中体现出专业风范和领导才能	可简单填写对候选人素质、能力表现的评价性语言。如：表达流畅，观点清晰，应对灵活、行动方案的针对性强等

（续表3-13）

顺序	姓名	专业知识权重：25%	安全意识权重：25%	组织协调能力权重：20%	系统思维权重：15%	语言表达与形象气质权重：15%	评价意见
		合格：了解基本专业知识的理论和业务流程，知道相关政策和法规。待发展：对专业知识的理论和业务流程不太了解，不熟悉相关政策和法规	优秀：对于所从事的行业具有高度的安全敏锐性，工作过程中时刻把安全放在第一要位，主动采取有效措施消除隐患。良好：非常重视安全，并能采取正确方法将风险降至最低点。合格：能够认识到安全的重要性，避免更大损失和伤害。待发展：未能意识到不安全的因素，也不知道问题出现后如何处理	优秀：能协调并运用人际资源来促进工作进展，同时拥有宏观的组织能力，能够按照一定的规则对各类事物进行安排。良好：能把复杂的问题条理化，并组织相关人员解决问题。合格：能够尝试运用人际资源来解决较为复杂的难题，但解决效果差强人意。待发展：不能调动大家的积极性，组织较为混乱	良好：有效运用专业知识、经验来解决现实问题，针对性较强，考虑问题较全面。合格：基本具备岗位所需的专业知识和业务能力，考虑问题不够全面。待发展：不具备岗位所需要的专业知识和业务能力，考虑问题系统性差	良好：举止大方得体，能够清晰展示出过往经历中成熟的管理思路和措施。合格：稍显紧张，但尚能及时适应，较为全面地展示过往工作经历。待发展：举止拘谨，在人际场合下紧张，不能在短时间内快速适应，未能够展示出专业性和职业度	
1							
2							
……							

表 3-14　面试评分标准（纸质打印版）

面试考生：　　　　　　　　　　　　　　　　　　面试考官：

测评要素	专业知识	安全意识	组织协调能力	系统思维	语言表达与形象气质	合计
评价指标	指应聘岗位专业所需要的相关专业知识、业务流程、政策、法规	指对于所从事的行业具有高度的敏锐性，工作过程中时刻将安全铭记在心，把安全放在第一要位，主动采取措施规避风险，在风险来临时能够采取正确方法将风险降至最低点，避免更大损失和伤害	指有效协调，并运用人际资源来促进工作进展的能力；同时，拥有宏观的组织能力，能按照一定的规则对各类事物进行安排。例如：把纷繁复杂的工作条理化，良好的时间管理等	思考问题全面、深入，能够对相关因素进行系统的思考，敏锐识别变化以及相互的关联，善于总结和归纳问题的本质和规律	候选人在现场展示的语言表达、仪表风范、职业成熟度等相关内容	
分值	25 分	25 分	20 分	15 分	15 分	100 分
评分参考标准 优	20～25 分	20～25 分	15～20 分	10～15 分	10～15 分	
评分参考标准 中	15～19 分	15～19 分	10～14 分	5～9 分	5～9 分	
评分参考标准 差	0～14 分	0～14 分	0～9 分	0～5 分	0～5 分	

评分说明：小数点精确至 1 位。

（八）组织开展无领导小组讨论命题

无领导小组即多个人成立一个临时任务小组，共同讨论如何有效地完成任务。在小组讨论中，应试者被分为不同的小组，每组 6～8 人不等，就某些争议性比较大的问题，或者开放性比较高的问题，要求在有限的时间里（一般为一个小时左右）形成一致意见。在整个过程中，考官在最初阐明问题或交代清楚任务之后，就不再与组员进行交谈，也不再回答组员的任何问题，而是坐到旁边进行观察记录。如有可能，考官可以坐到讨论室隔壁的暗室中，通过电视屏或者单向玻璃观察整个讨论情形，通过扩音器倾听组员们的讨论，对照评价指标，观察小组成员的表现，看谁善于集中正确意见，并说服其他组员，达到一致决议。为了增加情景压力，考官还可以每隔一段时间，给小组发布一些有关议题中的各种变化信息，迫使其不断改变方案并引起小组争议。当情景压力增加到一定程度时，有的候选人就会显出其优点和弱点。这样就能把每个人的内在相关素质暴露无遗。小组讨论也可以分为两种形式，一种是指定领导角色的有领导小组讨论，另一种是没有指定领导角色的无领导小组讨论，后者较为常用。

无领导小组讨论对于在一群人中，找出几个组织协调能力较强的人，较为有效。但是也存在一定的不足，如果小组成员彼此有一定的熟悉度，讨论时产生了谦让，甚至按现有级别和资历形成领导者，则将严重影响其讨论效果。无领导小组讨论，对题目设计的要求较高，如题目设计，较为简单，小组成员很容易达成一致，那么效果将打一定折扣。

1. 关于题型

无领导小组讨论的讨论题一般都是智能性的题目，从形式上来分，可以分为以下五种。

（1）开放式问题。所谓开放式问题，是其答案的范围可以很广，很宽。主要考察应试者思考问题时是否全面，是否有针对性，思路是否清晰，是否有新的观点和见解。开放式问题对于评价者来说，容易出题。目前，还把开放式问题和排序问题结合使用，以增加信度和效度。

（2）两难问题。所谓两难问题，是让应试者在两种互有利弊的答案中选择其中的一种。主要考察应试者分析能力、语言表达能力以及说服力等。但是，此种类型的题目需要注意的是两种备选答案一定要有同等程度的利弊，不能是其中一个答案比另一个答案有很明显的选择性优势。

（3）排序问题。此类问题是让应试者在多种备选答案中选择其中有效的几种或对备选答案的重要性进行排序，主要考察应试者分析问题实质，抓住问题本质方面的能力。此类问题对于评价者来说，比较难于出题目，但对于评价应试者各个方面的能力和人格特点则比较有利。

（4）操作性问题。操作性问题，是给应试者一些材料、工具或者道具，让他们利用所给的这些材料，设计出一个或一些由考官指定的物体来，主要考察应试者的主动性、合作能力以及在实际操作任务中所充当的角色。如给应试者一些材料，要求他们相互配合，构建一座铁塔或者一座楼房的模型。此类问题，在考察应试者的操作行为方面要比其他方面多一些，同时情景模拟的程度要大一些，但考察言语方面的能力则较少，同时考官必须很好地准备所能用到的一切材料，对考官的要求和题目的要求都比较高。

（5）资源争夺问题。此类问题适用于指定角色的无领导小组讨论，是让处于同等地位的应试者就有限的资源进行分配，从而考察应试者的语言表达能力、分析问题能力、概括或总结能力、发言的积极性和反应的灵敏性等。如让应试者担当各个分部门的经理，并就有限数量的资金进行分配，因为要想获得更多的资源，自己必须要有理有据，必须能说服他人，所以此类问题可以引起应试者的充分辩论，也有利于考官对应试者的评价，但是对讨论题的要求较高，即讨论题本身必须具有角色地位的平等性和准备材料的充分性。

关于无领导小组讨论的题目设计和评分，相关人才评价书籍有详细的介绍，读者感兴趣的话，可以自行购买相关书籍进行详细学习，此处仅列出干部公开选拔竞争上岗阶段的几个样题和评分标准供参考。干部公开选拔竞争上岗无领导小组讨论题型一般较常采用排序题（见例30）、资源分配题和开放性问题，资源分配题于应聘人员而言较容易准备，因此一般在干部公开选拔中较少使用。目前，较多的是采用"开放式问题＋排序方式"（见例31），引入热点问题，让小组进行研讨，拿出几条建议并采取排序的方式进行，以充分发挥出干部的思维特点，同时降低出题难度和风险。

【例30】
××岗位无领导小组讨论题本（排序题）

【背景材料】

房地产企业是市场经济的主体之一，由于它所处的外部环境在不断变化，而且房地产企业亦需要不断推动自身的发展，因此它面临着越来越多的法律风险，在这种背景下，建立健全相应的法律风险防范体系，不光是市场经济体制的客观要求，也是企业自身持续科学发展的需要。房地产企业的管理经营在当前经营形式下就有必要牢固树立起法制意识，坚持依法治企，着力解决有法不依、有章不循；有令不行、有禁不止；监督不严、执行不力等问题，确保在依法治企的前提下，健康、良性发展是房地产企业在持续深化改革进程中取得成果不可或缺的重要保障。

为推动依法治企的发展，×房地产企业集思广益，提出以下建议：

1. 对各部门专职管理人员定期进行法律知识培训，使他们及时学习和掌握国家最新颁布和实施的法律法规，以提高他们的法律素质和依法管理能力。

2. 健全企业管理制度与工作机制，坚持依法制度化管理与规范化运作，查找弥补管理漏洞体现在依法治企工作中。

3. 加强过程控制与监督，始终抓紧控制环节不放松，重视各级各类检查中发现问题的整改落实，实施闭环管理。

4. 始终坚持"制度化管理与规范化运作"相结合的原则，查找管理的薄弱环节，及时制定完善相关制度，进行堵塞。

5. 结合企业管理体系，定期开展企业制度评估工作，不断完善法律风险防范体系在依法治企工作中的要素，加大企业制度的清理、修订和完善。

6. 建立由党政一把手负总责，各副职为骨干的依法治企工作网络，具体实施工作的各项任务，使依法治企工作做到整体推进，不留死角。

7. 把领导干部和经营管理人员能否"依法决策、依法经营、依法管理"作为干部考核的重要依据。

8. 通过形式多样的法制宣传教育，稳步提升法律风险预控能力，结合企业实际和业务特点进行法律知识的普及和风险防范提示。

9. 适当扩充法律顾问队伍，并通过培训、资质审查等方面全面提高企业法律顾问队伍素质。

10. 建立健全追究责任制度，并将相关负责人的年终考核及其任职期间的法律责任执行情况相挂钩。

讨论任务：

请大家按照有效性和可行性的原则，在以上10条措施的基础上补充至少2条措施，并对所有的措施进行排序（不得并列）（如有更好的措施，可替换以上10条），并阐明理由。

讨论开始前，请你们首先用5分钟的时间进行独立思考，做出自己的判断和选择。在此期间，请不要相互讨论。

在主考官宣布讨论开始之后再进行讨论。

讨论中，请大家遵守以下规则：

（1）必须通过小组充分、深入的讨论来解决问题；

（2）讨论开始前，首先要求每人轮流阐述自己的观点，时间不要超过2分钟；

（3）阐述完毕后进行自由讨论，每人发言次数不做限制，时间为30分钟；

（4）讨论结束时，小组必须就主题达成一致意见，即得出一个小组成员共同认可的结论，并推举一位代表做最终陈述，时间为3分钟；

（5）到了规定时间，如果还不能得出统一意见的话，则在你们每一个人的成绩上都要减去一定的分数。

【例31】
××岗位无领导小组讨论题本（开放式问题＋排序题）

【背景材料】

2016年5月18日，国务院常务会议审议通过了《中央企业深化改革"瘦身健体"工作方案》。"要以改革促发展，以'壮士断腕'的勇气和决心，坚决打好打赢中央企业'瘦身健体'提质增效的攻坚战。"在本次会议上，李克强总理表示，中央企业要拿出直面困难的勇气拿下这块"硬骨头"。5月20日，在国务院新闻办公室举行的例行吹风会上，国务院国资委副主任张喜武对有关政策进行了深入分析和解读。张喜武表示，央企"瘦身健体"不是要从竞争性领域退出，而是要集中资源，切实增强企业的影响力、控制力和抗风险能力，更好地做强、做优、做大。

讨论任务：

请大家按照有效性和可行性的原则，提出华×房地产公司"瘦身健体"10条以上措施，并对所有的措施进行排序（不得并列），并阐明理由。

讨论开始前，请你们首先用5分钟的时间进行独立思考，做出自己的判断和选择。在此期间，请不要相互讨论。

在主考官宣布讨论开始之后再进行讨论。

讨论中，请大家遵守以下规则：

（1）必须通过小组充分、深入的讨论来解决问题；

（2）讨论开始前，首先要求每人轮流阐述自己的观点，时间不要超过2分钟；

（3）阐述完毕后进行自由讨论，每人发言次数不做限制，时间为30分钟；

（4）讨论结束时，小组必须就主题达成一致意见，即得出一个小组成员共同认可的结论，并推举一位代表做最终陈述，时间为3分钟；

（5）到了规定时间，如果还不能得出统一意见的话，则在你们每一个人的成绩上都要减去一定的分数。

2. 关于流程

无领导小组讨论流程一般包含导入阶段、宣读规则、发放资料、组织讨论、中间适当引导、结束等过程，在命题过程中也应随题目编制考官主持词和导语（见实施阶段导语模板）。

3. 关于评分

在无领导小组讨论中，考官评价的依据标准主要是：受测者参与有效发言次数的多少；受测者是否有随时消除紧张气氛，说服别人，调节争议，创造一个使不大开口讲话的人也想发言的氛围的能力，并最终使众人达成一致意见；受测者是否能提出自己的见解和方案，同时敢于发表不同意见，并支持或肯定别人的意见，在坚持自己的正确意见基础上根据别人的意见发表自己的观点。受测者能否倾听他人意见，并互相尊重，在别人发言的时候不强行插嘴；受测者语言表达、分析问题、概括或归纳总结不同方面意见的能力；受测者反应的灵敏性、概括的准确性、发言的主动性等。

评分需要根据事先确定的评分维度进行（表3-15），通常无领导小组讨论重点考察分析归纳（权重：25%）、组织协调（权重：25%）、团队协作（权重：25%）、沟通表达（权重：25%）等维度。

表3-15 无领导小组讨论评分标准（目标岗位：××）

（每项满分100分。评分标准为：优秀91～100分，良好76～90分，合格61～75分，待发展60分及以下）

序号	姓名	分析归纳 权重：25%	组织协调 权重：25%	团队协作 权重：25%	沟通表达 权重：25%	评价意见
		定义：对信息进行分析，抓住事物本质，并在融合多方观点的基础上得出逻辑性的结论。 优秀：能够从繁杂信息中把握影响事物变化的根本因素，并整合各种观点的联系和区别，提升观点的高度。 良好：在信息处理上有一定的思路和方法，能够掌握重点；并将他人观点进行融合，逻辑连贯地表现出来	定义：通过制度安排、关系协调等方式平衡各方利益，促进组织整体目标的达成。 优秀：明确任务要求，制定讨论规则，组织团队成员积极贡献意见，促进整体目标达成。 良好：能够运用一定的协调技巧处理讨论过程中的矛盾，推动团队成员观点达成一致	定义：通过制度安排、关系协调等方式平衡各方利益，促进团队整体目标的达成。 优秀：能够从团队整体角度出发，以合作共赢的态度来处理团队冲突；能够有效平衡团队氛围和任务，促进团队目标的达成。 良好：对于团队成员之间的合作持以积极的态度，能够鼓励他人在团队中发挥作用，以促进共同目标的达成	定义：通过个人观点的表达、倾听、理解他人观点，促进沟通双方就某个问题达成一致意见。 优秀：心态开放，观点表达清晰、流畅，重点突出，富有感染力和影响力。 良好：掌握沟通和交流的技巧，语言准确得当，但对人际交流局面的掌控力度一般	可简单填写对候选人素质、能力表现的评价性语言。 如：表达流畅、观点清晰，应对灵活、行动方案的针对性强等

(续表3-15)

序号	姓名	分析归纳 权重：25%	组织协调 权重：25%	团队协作 权重：25%	沟通表达 权重：25%	评价意见
		合格：能够识别问题的主要矛盾，但分析不够深入；只能点对点地识别各方观点差异，缺乏提炼和整合。 待发展：分析问题杂乱无章，认识浅薄；难以理解他人观点	合格：有一定的组织、协调意愿，但技巧措施相对单一，协调的效果不够明显。 待发展：被动参与居多，不善组织，也不愿介入团队中的矛盾或分歧	合格：能够意识到合作的重要性，但对于团队目标的达成贡献有限。 待发展：只专注于自己的表现，无视团队其他成员的贡献，破坏团队的合作氛围	合格：能够与人进行沟通，能够做到了解他人观点，也能让对方明白自己意愿。 待发展：在语言技巧和沟通方式方面欠缺，存在一定障碍，未掌握与人交流的基本技巧	
1						
2						
……						

4. 观察记录

在讨论过程中，考官需要对所有应试者进行深入细致地观察。由于考官之间是具有认知差异的，对同一个人的同一个行为表现也会有不同的看法。为了保证评价的客观性，考官应该以应试者在讨论中的客观行为表现为基础，通过实际行为来推论其内在素质。因此，利用观察记录表（见表3-16）现场记录应试者的行为表现是非常重要的。观察记录表一般包括讨论的起始时间、结束时间，小组成员的姓名、角色、座次，整个小组的行为表现、个人行为表现等一些基本信息。由专门记录人记录，汇总供考官评分参考。

表3-16　无领导小组讨论观察记录（一）

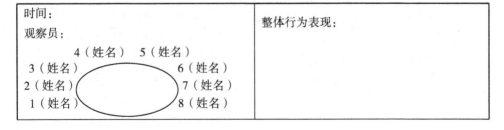

（续表 3-16）

1（角色）	2（角色）
3（角色）	4（角色）
5（角色）	6（角色）
7（角色）	8（角色）

除上述表格形式之外，也可采用结构化的方式进行记录，在空格中填写具体事件或内容，见表 3-17。

表 3-17　无领导小组讨论观察记录（二）

评价维度	应试者1	应试者2	应试者3	应试者4	应试者5	应试者6	应试者7	应试者8
发言次数								
发言先后								
倾听他人意见								
支持或肯定他人意见								
发表不同的意见								
坚持自己的看法								
消除紧张气氛								
鼓励他人表达								
主动成为领导者								
深入推动								
采取策略影响他人								
非言语表情								
反应灵敏								
妥善化解矛盾								
主动寻求合作								
提出新的见解和方案								

（九）组织开展演讲题命题

命题演讲也是干部公开选拔竞争上岗中常用的一种方法。有许多单位对此进行了一定的探索，并取得了一定成效。干部公开选拔竞争上岗一般采用以下流程：对应聘者封闭后，给定一个题目，在规定的时间内完成准备，然后开展专题演讲，最后，评委进行打分。

1. 演讲流程

准备演讲提纲30分钟，采用主题演讲方式进行，分为个人演讲和追问两个环节，演讲10分钟/人，专家追问5分钟/人，综合考虑，每人时间控制在10分钟。

2. 评分标准

根据题目设计情况，可以考察应聘者的语言表达能力、专业能力、系统思考、风险意识、经营决策等维度的能力。具体需要看题目设计情况。表3-18为一个针对年轻干部选拔培养的命题演讲评分标准，重点测试演讲内容、专业水平、形象气质、综合效果四个方面。

表3-18 命题演讲评分标准

（每项满分100分。评分标准为：优秀91～100分，良好76～90分，合格61～75分，待发展60分及以下）

序号	姓名	演讲内容 权重：20%	语言表达 权重：20%	专业水平 权重：30%	形象气质 权重：10%	综合效果 权重：20%	评价意见
		定义：演讲内容是否紧扣主题，主题是否鲜明、深刻，格调积极向上。 优秀：演讲内容能紧紧围绕主题，见解独到，内容丰富具体；演讲结构环环相扣，紧凑有力，构思巧妙	定义：表达是否清晰、流畅，语速、语气、语调适当。 优秀：语音规范，吐字清晰，声音洪亮圆润；表达准确、流畅、自然；语言技巧处理得当，语速、语气、语调、音量、节奏张弛符合思想感情的起伏变化，能熟练表达所演讲的内容	定义：演讲内容是否紧密围绕业务问题，体现出较扎实的专业性。 优秀：熟练掌握专业相关的理论知识、业务流程和相关政策和法规，并能灵活运用到工作中	定义：形象气质、衣着、仪表仪态与行为举止是否自然、得体。 优秀：行为举止有风范、有气质，在压力情境下能够能从容应对，充分展现个人的信心和魅力；着装得体，端庄大方	定义：考生在整个演讲过程中表现出来的综合素质。 优秀：具有非常强的吸引力、号召力和艺术感染力，能较好地与听众感情融合在一起，营造良好的演讲效果，引发共鸣	可简单填写对候选人演讲情况的评价性语言

(续表3-18)

序号	姓名	演讲内容 权重：20%	语言表达 权重：20%	专业水平 权重：30%	形象气质 权重：10%	综合效果 权重：20%	评价意见
		良好：演讲内容能紧密呼应主题，演讲素材较为丰富；演讲结构严谨，有一定的新意。合格：演讲内容能依照主题展开，并有相关素材作为支持；演讲结构遵循传统，基本能呈现主题。待发展：演讲内容和主题有一定的脱离，演讲素材不能有效支撑演讲主题；演讲结构不够清晰，不能紧扣主题	良好：用语规范，吐字清晰，表达准确、流畅、自然；能够有效使用恰当的语速、语气、语调等较好表达所演讲的内容。合格：用语规范，基本能清楚表达演讲内容；能够有效使用一些语言表达技巧来增强表达的效果。待发展：语言表达不够流畅，有普通话不标准、用错词、较长时间的停顿等现象，紧张等情绪在一定程度上影响了表达	良好：掌握专业相关的理论知识，熟悉业务流程，了解相关政策和法规，能够有意识地将其应用到工作中。合格：了解基本的专业相关理论知识、业务流程，知道相关政策和法规。待发展：对专业相关理论知识和业务流程不太了解，不熟悉相关政策和法规	良好：行为举止得体、有较为恰当的个人风格；能管理好个人的情绪并进行充分的展现；着装得体，端庄大方。合格：行为举止和着装外在表现较为规范，符合情境的要求；能控制好个人的情绪，进行积极的展现。待发展：会因为情绪紧张、压力等影响行为举止；在着装、肢体动作等方面存在不得体的情况，影响个人气质	良好：演讲有一定的亮点或新意，能够较好地吸引和感染听众，给人留下深刻的印象。合格：能通过演讲将个人的内容、主题等清晰传达到听众，并造成一定的影响力。待发展：未能营造出感染听众的氛围，不能给听众留下深刻的印象	如：主题新颖，内容严谨，表达流畅，形象气质好，感染力强
1							
2							
……							

3. 参考样题

命题演讲的题目应结合访谈内容、岗位职责、选拔胜任能力模型进行命题，一般可结合公司热点工作，或者国家的大政方针进行命题，应有一定的拟聘岗位专业能力以及一定的开放性。

（十）试题校对

试题校对是干部公开选拔竞争上岗中，比较容易忽略的一个环节。笔者在前期工作中也存在"重命题，轻校对"的情况。命题者往往沉浸在命题的环境和完成命题的"愉悦"中，而且出题者往往自己多次检查都难于发现存在的错误，因此引入科学的试题校对机制非常重要。

1. 常见试题错误

常犯错误：一是夹杂答案；二是夹杂错别字；三是选择题选项排版重复；四是题干错误；五是排序错误；六是分值设置错误；等等。诸如夹杂答案、夹杂错别字、选项排版错误等属低层次的错误，发生实属不该。试题的错误将可能给干部公开选拔竞争上岗的权威性带来一定影响，因此我们必须严格进行校对。

2. 试题校对方法

从笔者的经验来看，主要有以下几个方法：

（1）专人校对。由于命题人员一直沉浸在命题环境中，有时诸如夹杂答案、夹杂错别字，自己检查较难发现，因此在配置命题组时，应事先配置专门人员对试题进行校对。

（2）进行试做。特别重要的考试试题，命题人员应在封闭场所对试题进行试做。通过试做发现错误，同时也便于掌握题目用时和难度。

（3）销项检查。检查试卷应采用逐题画勾销项检查，确保检查不走过场。销项检查应采用表格法进行逐一检查销项。

（4）多道关口。试题检查应设置多道检查关口，笔者认为至少应设置两层5道防线。第一层，印刷前版本设置2道检查，由命题专家和专项校核人进行检查（见表3-19）。第二层，抽取印刷好的成品试卷进行多道检查（见表3-20），由命题专家、专项校核人、命题项目负责人进行检查，确保试题准确，提高命题质量。

表3-19 试题销项检查（第一层）

试题版本：印刷前版本　　　　　　命题专家（签名：　　）专项校核人（签名：　　）

题号	错别字检查	夹带答案检查	题干错误检查	选择项检查	分值设置检查	大题项检查	序号检查	其他项目	订正情况

表3-20 试题销项检查（第二层）

试题版本：正式版本　命题组长（签名：　　）　命题专家（签名：　　）
专项校核人（签名：　　）

题号	错别字检查	夹带答案检查	题干错误检查	选择项检查	分值设置检查	大题项检查	序号检查	其他项目	订正情况

（十一）试题封装

试题封装，是命题的最后一个环节，该环节的重点是要认真检查，对号入座，确保试题封装准确，同时还应设计相应的表格，如试卷袋（表3-21），答题纸袋（表3-22）等，粘贴在试题密封袋上，方便交回试题袋，同时试题密封完成后，应用专门试题密封条密封试题袋，并加盖出题部门的公章，进行密封。

表3-21 试卷袋
××岗位干部选拔测试知识测试（试卷）

序号	考场地点	应考人数	考试时间	袋内准备的试卷份数	回收的试卷份数	回收的空白试卷份数	监考人员签名	备注

注意事项：
1. 请认真核对考试时间，开考前5分钟才能拆封试卷；
2. 拆袋时，注意沿密封口拆封，保持纸袋完好；
3. 清理该类回收试卷数量，填写"收回的试卷份数"；
4. 收回的试卷请整理放回密封袋；
5. 把试卷和多余试卷，均放回原发放的袋子内，胶水粘贴，用密封纸密封，同时在密封纸上签署名字，交回考务室。

表3-22 答题纸袋

××岗位干部选拔测试知识测试（答题纸）

序号	考场地点	应考人数	考试时间	袋内准备的答题纸份数	回收的有效答题纸份数	回收的空白答题纸份数	监考人员签名	备注

注意事项：
1. 请认真核对考试时间，开考前5分钟才能拆封试卷；
2. 拆袋时，注意沿密封口拆封，保持答题纸袋完好；
3. 按20份左右为一份装订成册，随机排列答题纸，清理数量，填写"回收的有效答题纸份数"；
4. 装订答题纸，请用A4封头纸和订书机，沿装订线进行装订，装订牢靠后，再用胶水粘贴密封纸，同时在密封纸上签署监考老师名字，确保姓名、准考证号、单位信息保密；
5. 把密封好的该类答题纸和多余的该类答题纸，均放回原发放的袋子内，胶水粘贴，用密封纸密封，同时在密封纸上签署名字，交回考务室。

在试题制作阶段还需同步制作监考人员领取考试资料袋签收表（见表3-23）、交回资料签收表（见表3-24）、考场记录表（见表3-25）。

表3-23 监考人员领取考试资料袋签收记录

序号	考场地点	应考人数	知识测试试卷	知识测试答题纸	能力测评试卷	能力测评答题纸	稿纸袋	签字
1								
2								
……								

表3-24 交回资料签收记录

序号	考场地点	应考人数	实考人数	知识测试试卷	知识测试答题纸	能力测评试卷	能力测评答题纸	稿纸袋	笔试考场记录表	监考老师签名	备注
1											
2											
…											

表3-25 考场记录

竞聘岗位					
应到人数			实到人数		
缺考人员					
物料发放回收记录	试卷类型	使用份数（考生已作答）	未使用份数（考生未作答）	缺损份数	补充份数
	知识测试试卷				
	能力测试试卷				
	知识测试答题纸				
	能力测试答题纸				
	其他				
考场情况	考场纪律				
	突发事件				
备注					
				监考员签名： 年　月　日	

七、组织开展知识和能力笔试

干部公开选拔竞争上岗按照《考务方案》确定的实施计划，组织开展知识和能力笔试。干部公开选拔竞争上岗笔试的组织和高考等考试相似，具有一定共同之处，也有其成人选拔性考试的特点。

（一）选择合适的笔试场地

场地要求：考场应选择在相对独立、安静、不受外界干扰的地方。室内尽量宽敞、明亮、通风、冷暖适宜、布置整洁。应试者应单人单桌，或者座位之间留有间隔。考号一般粘贴在考生桌子的右上方。由于干部公开选拔竞争上岗的考生一般不多，为进一步加强管理，原则上最好绘制笔试场地定制图（见图3-7）。

7					7
6	没座位				6
5				KH-0176	5
4	KH-0164	KH-0168	KH-0172	KH-0177	4
3	KH-0165	KH-0169	KH-0173	KH-0178	3
2	KH-0166	KH-0170	KH-0174	KH-0179	2
1	KH-0167	KH-0171	KH-0175	KH-0180	1

手机、资料摆放点　　　　　　讲　台

图3-7　笔试考场布置示意

（二）配置监考和工作人员

一般15～20位应试者配备一名监考人员。

（三）设置全程录像和监控

在条件许可的情况下，对干部公开选拔竞争上岗考场进行全程录像和监控，确保有据可查。

（四）制作准考证和签到表

干部招聘的准考证（见例32），对于采用网上报名的，可以让考生自己提前打印；对于内部公开选拔竞争上岗的，可采用现场发放方式进行，通过核对工作证与身份证方式确定考生身份。由于招聘干部具有一定的层级，而且考试的人较少，因此假冒顶替考试的情况极少发生，但并不能因此放松检查，应严格进行人员比对。同时，需制作考场签到表，让参加考试的考生签到（见例33）。

【例 32】

准 考 证

| ××公司××岗位公开选拔
准考证存根

照　片

姓　　名：_____
身 份 证：_____
报考职位：_____
准考证号：_____
考　　点：_____
考试时间：_____ | ××公司××岗位公开选拔
准考证

姓　　名：_____　　照　片
身 份 证：_____
报考职位：_____
准考证号：_____
考　　点：_____
考试时间：_____

注意事项：
1. 考试前20分钟，凭准考证和身份证进入考场，对号入座，并将准考证、身份证放在桌面右上角；考试开始30分钟后，不得入场；考试开始30分钟后方可交卷。
2. 考生自备黑色字迹的钢笔或签字笔。
3. 考生在卷面或答题纸指定区域内填写考号或作答，严禁在卷面或答题纸上非指定区域填写个人信息或作标记，发现一律作零分处理。
4. 严禁将答题卡、试卷、草稿纸等带出考场。
5. 考生必须遵守考场规则，若有严重违纪行为，将被取消考试资格。 |

【例 33】

考生签到表

签到日期：

序号	姓名	联系电话	身份证号码	考试场地	准考证号	签到	备注
1				知识测试： 能力素质测评： 心理素质测评：			
2							
……							

(五) 上缴通信工具并检查

请考生上缴通信工具以及随身物品到指定地点存放，在条件许可的情况下，可以采购金属探测设备和无线电设备检测仪，加强对无线电和网络设备的检查，防止考生通过网络和无线电设备进行作弊。同时加强检查，防止考生通过夹带等方式作弊。

(六) 宣读考场纪律和须知

监考人员宣读考试纪律和考试须知（见例34），邀请考生代表检查试卷密封情况，打开试卷进行发放。

【例34】

××干部选拔知识笔试指导语

大家好！

欢迎你们参加今天的笔试环节。今天上午的笔试分为知识笔试和能力笔试两个部分。其中，知识笔试从 8:30 开始，10:00 结束。10:00—10:15 为休息时间，请大家在 10:15 前回到考试座位，准备进入能力笔试部分。能力笔试的开始时间为 10:15，结束时间为 11:45，请大家把握好答题时间。

知识笔试开始之前，先向大家宣读下考试纪律和规则：

1. 考生进入考场须持工作证和本人身份证。除携带钢笔、签字笔等必要的考试文具外，不得携带书籍、报纸、稿纸、字典、电子词典、计算器、笔记本电脑和手机、呼机等通信工具进入考场。已随身携带的，须按要求将上述用品交监考人员统一保管（通信工具应关闭），否则按违纪处理。

2. 请关闭通信设备，放入信封集中交到讲台；考试中不得交头接耳；迟到半小时取消考试资格；本部分的考试不可提前交卷；如考试中作弊，将取消考试资格。

3. 考试中，请在答题纸上填写姓名、考号、单位和正确答案，在试卷上作答无效。除在试卷和答题纸规定的位置填写姓名、工作单位外，不得在试卷和答题纸上作其他任何标记，否则试卷和答题纸作废。

4. 如考试中途需去洗手间，可先向监考老师示意，待同意后再去，监考随行监督。

5. 考试终止时间到，考生要听从监考人员指令立即停止答卷，将试卷和答题纸置于座位右上角，待监考人员收取并清点。全部考试结束，待监考人员收回试卷和答题纸并宣布可离场后,考生可取回自己的物品,有序离开考场,严禁将试卷、答题纸和草稿纸带离考场。

6. 考生必须严格遵守考场纪律,服从监考人员的指挥;考试时不准交头接耳,不准偷看他人答卷,不准夹带、传递、抄袭、换卷、代考。对有违纪行为者,监考人员有权取消其考试资格。

7. 本试卷的答题纸共有三张,单项选择题和多项选择题使用答题纸A,判断题使用答题纸B,填空题与简答题使用答题纸C,请在相应答题纸上作答。

8. 监考官一律不回答关于考题本身的任何问题,只回答跟考试规则相关问题。

大家对考试纪律和规则还有什么疑问吗?

先向大家展示一下我们试卷的密封性(将密封的试卷袋展示给考生,然后请考官拆封,做发卷准备)。

(七)加强考场监考和巡考

考试过程中,监考人员应加强监督,凡是发现存在违纪现象的,应立即进行制止,对于发现有用手机作弊的,应立即抓留证据,按规定进行从严处理。各级领导也应加强巡视,形成严肃的考试氛围。

(八)做好试题解答和应急

对于在试题中发现的试题问题,监考人员应及时向命题组现场代表进行联系,在征得组织人事部门同意后,统一向全体参加选拔的人员进行解释。对于在考场上出现的其他突发事件,应提前做好相关预案。比如准备好小药箱,以防参加考试的人员中途突发疾病。

(九)做好试题回收和密封

根据试题情况,按20份左右为一份装订成册,随机排列答题纸,清理数量,填写"收回的有效答题纸份数"。装订答题纸,请用A4封头纸和订书机,沿装订线进行装订,装订牢靠后,再用胶水粘贴密封纸,同时在密封纸上签署监考老师名字,确保姓名、准考证号、单位信息保密。把密封好的该类答题纸和多余的该类答题纸,均放回原发放的袋子内,胶水粘贴,用密封纸密封,同时在密封纸上签署名字,交回考务室。随同试卷一同交回的还有考试资料袋签收表、交回资料签收表、考场记录表等。

八、心理素质测试

北宋苏洵《心术》中曰:"为将之道,当先知人,知人之道,当先知心。"心理素质测评是通过观察人的具有代表性的行为,对于贯穿在人的行为活动中的心理特征,依据确定的原则进行推论和数量化分析的一种科学手段。心理测验的种类很多,包括量表形式、投射形式等。素质测评在测量应试者的人格特征、心理特质等方面具有优势:①有较强的客观性;②结果能够以图表和文字的方式呈现,可与指定的常模分数进行对比,有较好的效度;③表现形式具有相当程度的结构性,有较高的科学性。但是,心理素质测评可能会受到应试者心情条件、测验环境的影响,进而影响测验报告的可信度;某些心理测验的量表在国际上流行时间较长,各类文献上介绍和分析的比较透彻,在一定程度上,即使量表本身设计严密,仍然会影响测验效度;应试者多次重复相同的测验后,会影响测验结果;编制题目难度大,需要相当数量的常模样本支撑。

2011年11月,中纪委、中组部、监察部联合印发《关于关心干部心理健康提高干部心理素质的意见》(中纪发〔2011〕40号)提出要完善干部考核评价和日常管理工作。深入了解干部情况,及时掌握干部的思想动态和心理健康状况。把心理素质作为考察干部德才的重要内容,把心理调适能力作为衡量干部综合能力的重要方面。考核干部既要全面考察干部的德、能、勤、绩、廉,又要注意了解干部的心理素质,重点看其面对名利得失和进退留转、承受较大压力、遇到困难挫折时的精神状态和应对能力。开发符合我国干部特点的心理素质测试系统,逐步在干部录用、选任过程中引入心理素质测评环节。准确评估干部心理健康状况,并将有关信息作为选拔任用干部的参考依据。在领导班子调整配备中,注重班子成员性格的协调和互补,力求人岗相适,注意合理使用各年龄段干部,为干部的健康成长奠定基础。由此可见,中央对在干部选拔中引入心理素质测评工作的高度重视。

(一)选择心理素质测评指标

干部公开选拔竞争上岗主要测试应聘者的心理素质、个性特征和心理健康水平。心理素质包含基本潜能、管理潜能、动力三个维度;个性特征包含个性一个维度;心理健康包含精力水平、消极心态、心理症状、积极心理四个维度。全部测评内容共37项测评指标,总长89分钟时,详见表3-26。

表 3-26 心理素质、心理健康测评指标项

心理素质							
序号	分类	二级指标名称	测评时长（分钟）	序号	分类	二级指标名称	测评时长（分钟）
1	个性	独立性	1	24	基本潜能	关心下属	1
2	个性	规范性	1	25	基本潜能	安全意识	1
3	个性	合群性	2	26	基本潜能	工作导向	4
4	个性	坚韧性	2	27	基本潜能	分析思维	27
5	个性	进取性	2	28	基本潜能	服务意识	1
6	个性	开放性	2	29	基本潜能	市场意识	1
7	个性	客观性	2	30	基本潜能	吃苦精神	2
8	个性	乐观性	1	31	基本潜能	影响力	5
9	个性	灵活性	2	32	基本潜能	结果导向	2
10	个性	内控性	1	33	基本潜能	计划能力	1
11	个性	情绪稳定	2	34	基本潜能	学习能力	13
12	个性	同理心	1	35	基本潜能	沟通能力	13
13	个性	外向性	1	36	基本潜能	协调能力	2
14	个性	严谨性	2	37	基本潜能	抗压能力	2
15	个性	责任性	1	38	基本潜能	主动沟通	3
16	个性	正直性	1	39	基本潜能	积极倾听	3
17	个性	主动性	2	40	基本潜能	及时反馈	3
18	个性	自律性	2	41	基本潜能	人际洞察	3
19	个性	自信性	1	42	基本潜能	原因分析	5
20	个性	公平公正	5	43	基本潜能	推理判断	5
21	个性	容纳性	3	44	基本潜能	结果预测	5
22	个性	掩饰性	1	45	基本潜能	思维策略	5
23	基本潜能	创新能力	16	46	基本潜能	学习意识	15

(续表 3－26)

序号	分类	二级指标名称	测评时长（分钟）	序号	分类	二级指标名称	测评时长（分钟）
47	基本潜能	学习策略	15	56	管理潜能	抓重点	7
48	基本潜能	创新意识	6	57	管理潜能	前瞻性思考	7
49	基本潜能	创新策略	7	58	管理潜能	全局观	7
50	基本潜能	信任他人	4	59	动力	物质回报	4
51	基本潜能	容纳他人	4	60	动力	组织归属	4
52	基本潜能	集体精神	4	61	动力	获得尊重	4
53	基本潜能	助人精神	4	62	动力	自我实现	4
54	管理潜能	决策力	7	63	动力	理想抱负	4
55	管理潜能	发现规律与预测结果	7				

心理健康

序号	分类	二级指标名称	测评时长（分钟）	序号	分类	二级指标名称	测评时长（分钟）
1	精力水平	工作疲惫	4	13	心理症状	恐惧	1
2	精力水平	职业倦怠	2	14	心理症状	偏执	1
3	精力水平	神经衰弱	2	15	心理症状	强迫	2
4	精力水平	睡眠障碍	1	16	心理症状	人际关系紧张	4
5	消极心态	不定感	4	17	心理症状	神经质	1
6	消极心态	烦躁	2	18	心理症状	退缩	4
7	消极心态	浮躁	2	19	心理症状	抑郁	3
8	消极心态	急躁	2	20	积极心理	激情	3
9	消极心态	嫉妒	2	21	积极心理	幸福感	4
10	消极心态	攀比	2	22	积极心理	信任他人	2
11	消极心态	消极	2	23	积极心理	亲和性	3
12	心理症状	焦虑	3	24	积极心理	乐观	15

（二）选择心理素质测评量表

当前开展心理素质测评的量表很多，较为成熟的有职业性格测验以及16PF，职业性格测验更贴近管理潜质测评的目的，而16PF更多是响应客户对于情绪稳定性测评的要求。目前也有相关大型企业，如笔者所在的单位就开发有适合本单位干部特点的心理素质测评系统，可以开展在线测评。如果没有自行开发平台，可以借助第三方咨询机构的心理素质测评平台，或者选用一些成熟的心理素质测评量表，利用纸笔方式进行测评。常用的心理素质测评量表有如下很多种可供选择，可以组合使用，综合分析。

1. 性格类型测试量表

（1）DISC性格测试量表。测评采用了四个典型的人格特质因子，即支配（Dominance）、影响（Influence）、稳健（Steadiness）以及服从（Compliance），来衡量人群的情绪反应。DISC，代表了这四个英文单词的首字母。通过运用DISC测评，可以了解候选者的行为模式。

（2）卡特尔16PF测验。人格是稳定的、习惯化的思维方式和行为风格，它贯穿于人的整个心理，是人的独特性的整体写照。16PF测验的目的，就是利用成熟的人格测验方法对人格类型进行诊断，可为人事安置、调整和合理利用人力资源提供建议。

2. 职业取向测试量表

（1）MBTI职业性格测试。MBTI是一种迫选题、自我报告式的性格评估理论模型，用以衡量和描述人们在获取信息、做出决策、对待生活等方面的心理活动规律和性格类型。通过MBTI模型，性格和职业之间的联系得到了比较清晰的阐释。

（2）霍兰德职业兴趣量表。霍兰德的职业兴趣理论主要从兴趣的角度出发来探索职业指导的问题。他明确指出了职业兴趣的人格观，使人们对职业兴趣的认识有了质的变化。

（3）职业锚（职业价值观）测试。职业锚，是指当一个人面临职业选择时，他无论如何都不会放弃的职业中至关重要的东西或价值观。职业锚问卷是一种职业生涯规划咨询、自我了解的工具，能够协助组织或个人进行更理想的职业生涯发展规划。

3. 心理状态测试量表

（1）艾森克情绪稳定性测试量表（EES）。本测验主要用于测量被测对象的情绪状态特征。

(2) 症状自评量表（SCL—90）。用以了解被测对象的心理及生理状况。

(3) 学习适应性测验（AAT）。详细地调查研究被试如何进行学习，才能根据被测对象的性格、健康状况和环境条件，充分提高被测对象的学习能力。

(4) 人际关系综合诊断量表（RDT）。本量表主要衡量被测对象在人际交往方面的各种特点，包括人际交往的多种表现和能力。被测对象可以通过本量表了解自己在人际交往中的长处和弱点，更好地发挥优势，弥补不足。

(5) 社会适应能力量表（SFRS）。社会适应能力，是指一个人在心理上适应社会生活和社会环境的能力。社会适应能力的高低，从某种意识上说，表明了个人的成熟程度。

(6) 爱德华个人偏好测验（EPPS）。爱德华个人偏好测验是由美国心理学家爱德华于1953年编制的。全量表包括225个题目（其中15个重复题目，用以检查反映的一致性）。其主要功能是：经由个人对题目的选择而鉴别其在15种心理需求上的倾向，从而了解人的人格特质。这15种需求分别是：成就、顺从、秩序、表现、自主、亲和、省察、求助、支配、谦逊、慈善、变异、坚毅、性爱、攻击。

（三）组织开展心理素质测评

近年来，心理测验一般多采用网络测评的方式进行，条件不具备的也可开展纸质测评。

1. 做好停电网络中断应急措施

开展干部心理素质计算机系统测评，应做好停电和网络中断的应急措施，以及防止答题完成后计算机系统数据丢失不能生成报表的应急措施。原则上计算机系统必须具备每隔1～3分钟自动保存一次，或者实时保存功能。

2. 及时导出心理素质测评报告

对于非常重要的选拔性测评，在测评完成后应立即组织导出心理素质测评，导出成功后，再让测评人员离开。此举一是确保测评成功；二是杜绝后台人员篡改数据风险。

九、组织开展面试

按照《考务方案》确定的实施计划，组织开展半结构化面试、无领导小组讨论、命题演讲。干部公开选拔竞争上岗面试组织是干部公开选拔竞争上岗中一个非常重要的环节。

(一) 选择场地

面试考场一般由考务办公室、面试室、候考室和候分室组成。面试室只提供给面试考官、面试室工作人员和考生使用，内设考官席、监督员席、计分员席、核分员席、计时员席、考生席。候考室只提供给等候面试的考生、候考室工作人员使用。候分室只提供给等候宣布面试成绩的考生和候分室工作人员使用（少部分单位会用现场公布成绩方式进行，多数单位不现场公布成绩）。未经同意，其他人员不得进入面试室、候考室和候分室。必要时，可增设旁听席或旁听室，邀请群众代表现场观看面试全过程。面试场地应选择在相对独立、安静、不受外界干扰的地方。室内尽量宽敞、明亮、通风、冷暖适宜、布置整洁，一般选在较大会议室进行。会议室应重新布置，以适应半结构化面试、无领导小组讨论、命题演讲的要求。由于干部公开选拔竞争上岗的考生一般不多，为进一步加强管理，原则上最好绘制面试场地定制图。

1. 半结构化面试场地基本要求

半结构化面试的场地一般可由常规的会议室进行适当调整布置见图3-8、图3-9。在布置时应注意考官和考生之间保持一定的距离，一般在1.5~3.0米之间较为恰当，太近会让考生觉得局促，太远又会让考官不易观察聆听。如果采用计算机打分的，一般现场要布置好无线或有线网络以及共享打印机，方便考官打印评分表。

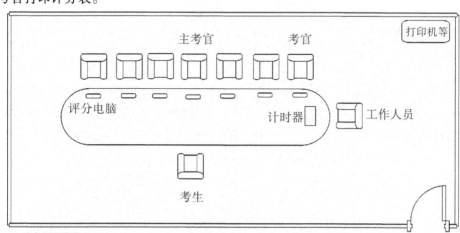

准备物品说明：
1. 考官：每人台面放一张A4纸、一支签字笔、一支铅笔。
2. 考生：一张A4纸、一支铅笔。
3. 工作人员：一台笔记本电脑，并安装好计时程序。每位应聘人员开始面试，工作人员即启动一次程序。
4. 每个考场设一工作人员位置（靠近门），方便传唤面试人员。

图3-8 半结构化面试考场布置示意（一）

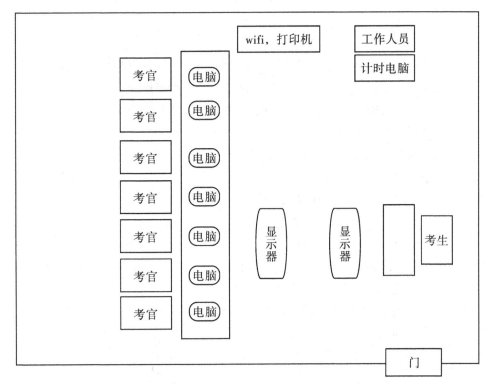

备注：计时电脑通过分屏器和大屏显示器（电视机）相连，考生采用座位；该会议室第一排座位折除，考生桌子和考官桌子距离3米左右。

图3-9 半结构化面试考场布置示意（二）

2. 无领导小组讨论面试场地基本要求

无领导小组讨论的场地一般需进行特殊布置，最好采用具有单向玻璃的专用无领导小组讨论室（见图3-10）。如果没有，则尽可能采用圆桌或椭圆形桌（见图3-11），摆放计时器，考场布置应整洁舒适，装饰物淡雅，无考试相关信息，或其他不良信息。如果采用计算机打分的，一般现场要布置好无线或有线网络以及共享打印机，方便考官打印评分表。

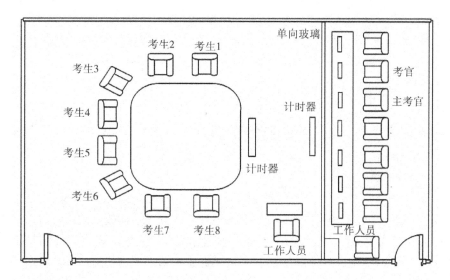

准备物品说明：
1. 考官：每人发放一张A4纸、一支签字笔、一支铅笔。
2. 考生：一张一张A4纸、一支铅笔。
3. 工作人员：一台笔记本电脑，并安装好计时程序。计时电脑通过分屏器和大屏显示器（电视机）相连，考生采用座位。讨论由主考官主持分个人阐述观点、小组讨论两个部分；工作人员分别计时。
4. 每个考场设1~2名工作人员位置。

图3-10 无领导小组讨论考场布置示意（一）

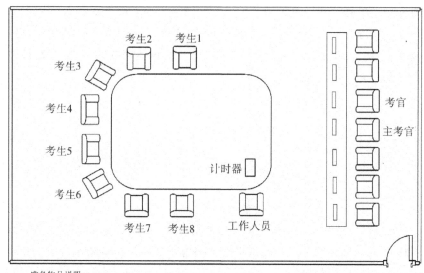

准备物品说明：
1. 考官：每人发放一张A4纸、一支签字笔、一支铅笔。
2. 考生：一张一张A4纸、一支铅笔。
3. 工作人员：一台笔记本电脑，并安装好计时程序。讨论由主考官主持，应聘人员在35分钟内完成相关讨论。分个人阐述观点、小组讨论两个部分，工作人员分别计时。
4. 每个考场设一工作人员位置。

图3-11 无领导小组讨论考场布置示意（二）

（二）监考计时

一般每个考场配备 1~2 名工作人员，协助进行计时和记录。

（三）全程监控

在条件许可的情况下，干部公开选拔竞争上岗考场进行全程录像和监控，确保有据可查。

（四）组织签到

一般来说干部公开选拔竞争上岗无领导小组讨论，是通过笔试、半结构化面试后进入的人选，一般为前 8 名或前 16 名人选，因此准考证等可继续使用前阶段的，但是监考人员在候考室也一定要认真检查查验准考证等信息，并组织做好签到。

（五）考官培训

重点是请公司领导强调面试工作的重要性，提高认识，熟悉面试过程，评分标准。采用计算机系统的，提前熟悉计算机打分系统操作，特别是要重点强调如何评分。良好的考官培训，对于提升考官评分的信度和效度具有十分重要的作用。一般分为：背景介绍（介绍招聘的过程）、面试流程（介绍面试流程、面试人员角色与分工、参考样题等），面试技巧及注意事项（介绍如何评分、如何防止误差等）。

（六）面试技巧

1. 半结构化面试

（1）评分流程及要求。要整体性评价：通过候选人在面试整个过程中的表现进行整体评分。

（2）观察记录及评分技巧。指导语统一化：避免个性化指导语产生的差异性行为。候选人答题时，考官尽量不要给予点头或摇头等回应。要注意控制时间，各环节应有时间限制，要及时提醒和打断。追问，问题具体化，一问一答，不要同时问 3 个及以上问题。

（3）评分误差处理。要避免评分误差，具体可参考表 3-27。

表 3-27　半结构化面试评分误差处理

评分误差	处理措施
考官常见的评分误差包括：首因效应、晕轮效应、从众效应、疲劳效应等。 在问、听、观的过程中缺乏必要的操作技巧，影响应试者现场的发挥，从而使面试结果无法真实反映应试者的实际情况。 由于考官的态度等原因，与应试者之间无法建立信任的关系。 对面试时间操作不当，无法有效控制面试时间	1. 针对评分误差，主要通过考官培训、事先模拟演练，以提高提问、追问和插话的技巧。 ——自然、亲切、渐进、聊天式导入 ——通俗、简明、准确 ——提问要先易后难 ——坚持问准、问实的原则 ——给应试者提供弥补缺憾的机会 ——平等待人，给予应试者理解和关心倾听的技巧 ——善于发挥目光和点头的作用 ——善于把握和调节应试者的情绪 ——善于从应试者的言辞、音色、音量、音调等方面区别应试者的内在素质水平 2. 与应试者建立信任的技巧。 在开始阶段，问一些轻松的问题，减轻应试者的心理压力，消除应试者的顾虑，建立双方和谐、信任的气氛 3. 时间控制技巧。 ——主考官应严格遵守面试的程序和内容 ——除要求应试者能主动控制时间外，考官自己要严格把握面试进度

2. 无领导小组讨论

（1）评分流程及要求。先定性后定量。先找每种能力的标杆考生，汇总行为证据，结合评分标准打分，然后参照标杆分数给其他考生打分。

1）每位面试官先按照评分标准，结合考生在小组讨论中的行为表现，给各个测评指标打出初评分。

2）考生离开测评现场后，面试官在主持人的组织和引导下进行讨论，逐一对各个测评指标的评分进行修正。建议的操作模式为：面试官先就一个测评指标（如沟通能力）通过交流讨论找出表现最好的考生（标杆人物），汇总其与此指标相关的典型行为表现，在对这些行为证据进行充分讨论评价的基础上，结合评分标准对该考生在该测评指标上的表现进行定量打分。然后以该考生为评分标杆，对其他考生进行评分，并按此模式对其他指标逐一讨论打分。

（2）观察记录及评分技巧。

1) 讨论一结束，建议面试官立即根据"记录""录像""记忆"，对考生的能力素质水平进行判断，给"测评指标"打分。如果已临近用餐时间，最好也是评分结束后再用餐，充分利用好清晰的印象，以免信息损失。

2) 讨论的过程比结果更重要，考生在讨论过程中的行为表现是评分的主要依据。

3) 面试官评分时应以观察到的客观行为作为依据，紧扣评分标准。

4) 小组讨论实际上是人与人之间的一个互动过程，面试官应主要观察考生的两个方面：一是讨论的内容，二是互动的过程。有经验的面试官总是能兼顾这两个方面，而且更注重观察过程；而没有经验的面试官总是观察讨论的内容，这是观察的一个误区。因为面试官自己也去做题了，进入了考生的角色，和自己观点相一致就获得较高程度的认同，导致其评分也高，主观性过强。

5) 在观察过程中，为保证评分的准确性，面试官不应在讨论进程过半前打分，对那些把握不大的指标（即观察的行为证据不充分），面试官暂不进行评分，留待面试后面试官之间交流讨论后再打分。

6) 对于小组中不活跃的考生，不能仅是因为没有表现就全部给低分，应该多听取其他面试官收集的证据，并经过充分讨论后给分，如果仍不能打分则应注明"需参考其他测评方法进行评价"。

（3）常见意外情况及其控制方法。无领导小组讨论过程中可能会出现意外情况，如发生此类情况，可按表3-28处理。

表3-28 无领导小组讨论常见意外情况及其控制方法

常见意外情况	控制建议
讨论材料没有引起测评对象的观点交锋，争论不多，很快达成一致，完成任务	主持人根据讨论情况进行干预，指出其尚未完成的任务，或者提出新的相关任务请其继续讨论
讨论过程中，小组成员中无人关注时间，导致任务无法完成	主持人在宣读指导语时应强调时间限制和不能按时完成任务的后果，讨论过程中可视情况适当提醒时间进行干预
小组中出现一个非常强势的人主导整个讨论，使得其他考生没有机会表现	主持人可在小组讨论结束后增加一个面试官和小组成员的互动环节，通过抛出新的问题请其他成员借机会发言，为面试官提供补充观察证据

(续表3-28)

常见意外情况	控制建议
面试官由于观察不足无法评价，出现不打分情况	主持人应该引导面试官就不能打分项充分讨论，如果仍不能打分，需对该项统一做不打分处理，并在最终的记录表中注明不打分原因

（七）考生候考

由于半结构化面试和无领导小组讨论，同一岗位一般均采用同一套题，因此参加半结构化和无领导小组讨论的考生需提前进行封闭管理。考生进入候考室后由主考官宣读考生面试须知。

（八）开展面试

验卷拆封。面试开始前10分钟，面试试题袋经监督人员检查无误后交主考官当场拆封，拆封后将试卷背面朝上放置于考生席。主考官将试题发给考官，考官组统一评分标准。拆卷后，面试室内人员不得擅离面试室。

1. 半结构化面试

考生由工作人员带入面试室后，由主考官宣读面试指导语，引导考生开始面试。

2. 无领导小组讨论

全部考生由工作人员带入面试室后，由主考官宣读面试主持词，引导考生开始面试。

（九）成绩签字

考官应严格按照评分标准进行成绩评定，采用计算机系统打分的，一般需导出三类表格：一类是考官评分表（见表3-29），须经各考官签名确认，主要用于考官确认打分使用；二类是成绩汇总表（见表3-30），需经现场工作人员认真核算、监督人员检查、现场负责人签名确认，用于选拔总成绩计算；三类是按维度评分汇总表（见表3-31），用于绘制能力维度图。在计算过程中要注意考官权重的不同，把考官权重应用于计算的各环节。

表 3-29　××岗位（半结构化/无领导小组）面试评分

（每项满分 100 分。评分标准为：优秀 91～100 分，良好 76～90 分，合格 61～75 分，待发展 60 分及以下）

序号	姓名	分析归纳 权重：25%	组织协调 权重：25%	团队协作 权重：25%	沟通表达 权重：25%	评价意见
1						
……						

考官签字：　　　　　　　　　　　　　　　　　　　　日期：　　年　　月　　日

表 3-30　××岗位（半结构化/无领导小组）面试考官成绩统计

序号	姓名	各考官打分情况							总成绩
		主考官	考官1	考官2	考官3	考官4	考官5	考官6	
1									
……									

备注：总成绩按考官权重进行加权计算，主考官占 25%，其他考官占 75%。

统计：　　　　　校对：　　　　　审核：　　　　　监督：

日期：　　年　　月　　日

表 3-31　××岗位（半结构化/无领导小组）面试分项汇总成绩

序号	姓名	各维度平均				总成绩
		分析归纳 权重：25%	组织协调 权重：25%	团队协作 权重：25%	沟通表达 权重：25%	
1						
……						

备注：各维度成绩按考官权重进行加权计算，主考官占 25%，其他考官占 75%。

十、汇总计算总成绩，编制相关测评报告

在完成上述工作步骤后，干部公开选拔竞争上岗工作将进入一个开展内业工作的阶段。主要工作是汇总计算成绩、编制综合素质评估报告、职业发展路径图、心理素质和心理健康测评报告等。见图 3-12。

图 3-12　汇总计算总成绩，编制相关测评报告

（一）汇总计算总成绩

一般按总成绩排名，2012 年以前一般取前三名。目前，应结合工作实际表现情况，综合研判，坚决纠正唯票取人、唯分取人等现象，用好各年龄段干部，真正把信念坚定、为民服务、勤政务实、敢于担当、清正廉洁的好干部选拔出来。笔者认为，参照现在中央有关规定，应加大履历分析分值，因此较为恰当的总分占比建议为：履历分析（占 30%）＋知识测试（占 10%）＋能力测试（占 20%）＋半结构化面试（占 15%）＋无领导小组讨论（占 20%）＋心理素质（占 5%）。根据各阶段的考试、测试结果，汇总计算各考生总成绩，见表 3-32。

表 3-32　××公司公开招聘高级高级管理人员成绩汇总

岗位：

序号	姓名（性别）	出生年月（岁）	学历学位	毕业院校及专业	主要工作简历	履历得分	知识笔试成绩	能力笔试成绩	第一轮总成绩	半结构化面试	无领导小组讨论	心理素质	第二轮总成绩	综合成绩
1														
……														

（二）编制综合素质评估报告

综合素质评估报告是干部公开选拔竞争上岗的一个主要输出成果，简称"一报告"，主要包含候选人个人信息及各环节成绩一览表、候选人典型特点与风格描述、候选人适岗能力表现、突出优势、存在不足、候选人适岗发展建议等内容。具体指标描述根据能力笔试、面试环节的考官评语，以及从心理素质报告中得出。

(三) 编制候选人职业发展路径图

职业发展路径图是干部公开选拔竞争上岗的一个主要输出成果，简称"一张图"，主要包含适岗突出优势、适岗发展建议、个性特点与风格描述、职业成长路径、应聘和个人简要信息。

(四) 心理素质和心理健康测评报告

心理素质包含基本潜能、管理潜能、动力三个维度；个性特征包含个性一个维度；心理健康包含精力水平、消极心态、心理症状、积极心理四个维度。不同的心理素质测评系统输出的测评报告各不相同。

十一、综合研判各阶段人选

此处的所谓综合研判，就是综合各方信息，对干部公开选拔竞争上岗人选进行全面分析和科学比较，准确判断出进入考察的人选和干部培养任用的方向。在竞争性选拔时，要研判所有参与竞争人选，以便好中选优、优中选适。对这一工作，组织人事部门必须以理性的思维和辩证的眼光，从理论层面、制度层面、实践层面进行科学理解、判断和把握，牢牢掌握选人用人主动权和主导权。

2013年6月28日，习近平总书记在全国组织工作会议上曾指出："用人得当，首先要知人。知人不深、识人不准，往往会出现用人不当、用人失误。'不知人之短，不知人之长，不知人长中之短，不知人短中之长，则不可以用人，不可以教人。'对干部的认识不能停留在感觉和印象上，必须健全考察机制和办法，多渠道、多层次、多侧面深入了解。"2013年9月23日至25日，习近平总书记在参加河北省委常委班子专题民主生活会时的讲话时指出："考察领导班子，要看班子日常运转和决策执行情况，看领导干部政治素质和行为表现如何，不能简单进行结果性评价。"由此可见习近平总书记对干部选拔任用分析研判工作的高度重视。时任中组部部长赵乐际曾指出："研判工作是组织工作的一个重要任务，组织部门要经常分析、研究、评判领导班子。"综合分析研判在优化班子结构、增强整体功能，选准用好干部、实现人岗相适等方面发挥着越来越重要的作用。

开展领导班子和领导干部综合分析研判是党的十八届三中全会做出的重要决策。2012年以前，干部公开选拔竞争上岗一般按总成绩排名，一般取前三名进入考察人选。党的十八届三中全会后，应结合工作实际表现情况，综合研判，坚决纠正唯票取人、唯分取人等现象，用好各年龄段干部，真正把信念坚定、为民服务、勤政务实、敢于担当、清正廉洁的好干部选拔出来。

由于该项工作中央刚提出不久，各地对于综合研判程序及使用环节都还在探索之中，并没有很好的经验可供借鉴，以下为笔者通过近年来从事干部工作的研究和经验积累所得出的一些经验（见图3-13），如成立研判小组、建立研判模型、集体综合研判，在选择参加考试人员、选择进入面试人选、选择进入考察人选、选择拟任上会人选等阶段均应很好地开展综合研判，避免唯分取人、唯年龄取人等。

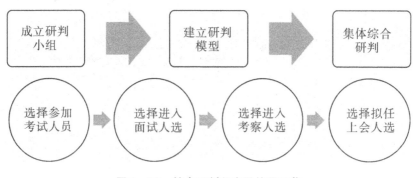

图3-13 综合研判程序及使用环节

（一）成立研判小组

建立研判组织实施机制，选择谁进入干部公开选拔竞争上岗考察人选，是干部公开选拔竞争上岗工作的重要程序，必须明确责任主体、组织主体和参与主体，构建起党委领导、组织部门实施、相关单位配合的研判工作格局。建议由组织人事部门、人才测评专家、分管组织人事的党委领导组成综合研判小组对前期成果进行综合研判。

（二）建立研判模型

从目前组织部门开展综合研判的情况看，较为认同的方法是建立综合研判模型，为此笔者根据研究提出了研判参考模型（见表3-33），以深入贯彻中央坚决纠正唯票取人、唯分取人等现象，该模型选拔考试分值占40%，其他维度得分通过综合研判得分进行。对于干部公开选拔竞争上岗而言，成绩无疑是重要的一个模型维度，对于体制内人员，可以增加原始档案、一贯表现、年度考核情况、教育培训情况、关键时刻表现，问责情况、信访举报情况、违规违纪情况等维度，由综合研判组进行综合研判。该模型的详细指标解释和使用，感兴趣的读者可以联系笔者继续做深入交流探讨。

表3-33 干部公开选拔竞争上岗推荐考察人选研判模型

序号	项目	参考权重	得分	合计占比	说明	综合研判推荐人选
1	履历分析	30%		40%	根据总分排名进行赋分。如综合排名第一，赋分40；第二名赋分37；第三名赋分34；第四名31；第五名28；第六名25；依次类推	择优、比选，拟定最优推荐人选排名和推荐理由。坚决纠正唯票取人、唯分取人等现象，用好各年龄段干部，真正把信念坚定、为民服务、勤政务实、敢于担当、清正廉洁的好干部选拔出来
2	知识笔试	15%				
3	能力笔试	15%				
4	半结构化面试	20%				
5	无领导小组讨论	20%				
6	心理素质	参考，有关指标项过低否决				
7	心理健康	参考，有关指标项过低否决				
8	企业价值观认同	参考，有关指标项过低否决		60%	根据上述项目，由综合研判组对其上述情况进行综合打分和研判	
9	英语	参考或加分				
10	原始档案	10%				
11	个人信用档案	10%				
12	一贯表现	30%				
13	年度考核	25%				
14	教育培训	5%				
15	关键时刻表现	20%				
16	问责情况	否决或减分				
17	信访举报	否决或减分				
18	其他	否决或减分				

（三）集体综合研判

提出考察人选建议，必须严格按照《党政领导干部选拔任用工作条例》（2014年版）规定的程序进行。围绕"好干部"标准及个性特点，重点分析干部政治表现、履职绩效、工作作风等的情况。结合考试综合成绩情况，拟定推荐人选排名和推荐理由，坚决纠正唯票取人、唯分取人等现象，用好各年龄段干部，真正把信念坚定、为民服务、勤政务实、敢于担当、清正廉洁的好干部选拔出来。考察人选建议向党委（党组）主要领导成员报告后，在一定范围内进行酝酿，形成工作方案。

为确实体现不唯分、不唯票，综合研判工作可以提前到选择进入面试阶段人员进行。以往一般是通过知识笔试、能力笔试选择前 8 名或前 16 名进入面试，这样也存在唯分的情况，因此干部公开选拔应"考 + 研"结合，即"考试成绩 + 综合研判"，确定进入考试人选、进入面试人选、进入考察人选、确定拟任人选。

在推荐进入考察阶段人选时，建议均采用差额考察方式，即同一职位可选择多名（2~6 名）考察对象进行考察，通过考察，综合研判确定最终人选。

十二、开展民主推荐、测评、考察、外调，研究提出人选方案

组织开展民主测评、考察、外调，是干部公开选拔竞争上岗的必经环节，这几个环节的操作，必须严格按照《党政领导干部选拔任用工作条例》（2014 年版）规定的程序进行。由于干部公开选拔竞争上岗已经通过"考试成绩 + 综合研判"，确定了进入考察的人选，因此在进行民主推荐时，建议进行定向民主推荐。

（一）民主推荐

按照《党政领导干部选拔任用工作条例》（2014 年版）规定选拔任用党政领导干部，必须经过民主推荐。民主推荐包括会议推荐和个别谈话推荐，推荐结果作为选拔任用的重要参考，在一年内有效。民主推荐，应当经过下列程序："（一）召开推荐会，公布推荐职位、任职条件、推荐范围，提供干部名册，提出有关要求，组织填写推荐表；（二）进行个别谈话推荐；（三）对会议推荐和谈话推荐情况进行综合分析；（四）向上级党委汇报推荐情况。"

（二）民主测评

按照《党政领导干部选拔任用工作条例》（2014 年版）规定选拔任用党政领导干部，应开展民主测评。民主测评就是发放民主测评表，可以从德、能、勤、绩、廉等各维度，以及民生改善、社会进步、生态效益等指标和实绩纳入测评范围进行测评打分。

（三）组织考察

按照《党政领导干部选拔任用工作条例》（2014年版）规定选拔任用党政领导干部，必须经过组织考察。确定考察对象，应当根据工作需要和干部德才条件，将民主推荐与平时考核、年度考核、一贯表现和人岗相适等情况综合考虑，充分酝酿，防止把推荐票等同于选举票，简单以推荐票取人。

1. 考察内容

考察党政领导职务拟任人选，必须依据干部选拔任用条件和不同领导职务的职责要求，全面考察其德、能、勤、绩、廉。

突出考察政治品质和道德品行，深入了解理想信念、政治纪律、坚持原则、敢于担当、开展批评和自我批评、行为操守等方面的情况。

注重考察工作实绩，深入了解履行岗位职责、推动和服务科学发展的实际成效。考察地方党政领导班子成员，应当把有质量、有效益、可持续的经济发展和民生改善、社会和谐进步、文化建设、生态文明建设、党的建设等作为考核评价的重要内容，更加重视劳动就业、居民收入、科技创新、教育文化、社会保障、卫生健康等的考核，强化约束性指标考核，加大资源消耗、环境保护、消化产能过剩、安全生产、债务状况等指标的权重，防止单纯以经济增长速度评定工作实绩。考察党政工作部门领导干部，应当把执行政策、营造良好发展环境、提供优质公共服务、维护社会公平正义等作为评价的重要内容。

加强作风考察，深入了解为民服务、求真务实、勤勉敬业、奋发有为，反对形式主义、官僚主义、享乐主义和奢靡之风等情况。

强化廉政情况考察，深入了解遵守廉洁自律有关规定，保持高尚情操和健康情趣，慎独慎微，秉公用权，清正廉洁，不谋私利，严格要求亲属和身边工作人员等情况。

2. 参加人员

按照《党政领导干部选拔任用工作条例》（2014年版）规定进行。

3. 谈话提纲

根据考察内容，全面考察其德、能、勤、绩、廉的内容，例35是一个常用的干部公开选拔竞争上岗干部考察提纲，可供读者在使用中参考。

【例35】

谈话提纲

一、引导谈话对象推荐人选

根据××干部公开选拔竞争上岗方案，经过严格考试、筛选和综合研判，目前××同志,按照中央《党政领导干部选拔任用工作条例》规定,已经进入考察阶段,请你谈谈你是否同意推荐××同志为该岗位人选?

请简述推荐或不推荐的理由。

二、引导谈话对象评价被推荐人选

1. 被推荐人的政治素质、大局意识、责任意识和执行力如何?
2. 被推荐人的性格特征如何?
3. 被推荐人在什么岗位最适合?最擅长的是什么?
4. 被推荐人的组织领导能力如何?员工是怎样评价的?
5. 被推荐人有什么特长、强项?
6. 被推荐人的潜质怎样?是否具有担任上一级职务的知识和能力?
7. 被推荐人学习能力怎样?是否有发展潜力?可塑性怎样?
8. 被推荐人在现岗位履行职责情况怎样?有何工作亮点或突出成绩,请您至少举三个例子给我们。
9. 被推荐人在有质量、有效益、可持续的经济发展和民生改善、社会和谐进步、文化建设、生态文明建设、党的建设方面的成效如何?
10. 被推荐人处理各种关系的能力如何?
11. 被推荐人的开拓创新意识和能力如何?
12. 被推荐人的廉洁自律情况如何?
13. 被推荐人在反对形式主义、官僚主义、享乐主义和奢靡之风方面的情况如何。
14. 被推荐人的主要缺点是什么?有无最突出的缺点?

(四) 综合研判

综合研判,即为考察对象"画像",撰写考察材料。干部考察材料关系到干部一定时期是非功过的评价,关系到对干部的正确使用、培养,需要存入档案,须慎重对待。在撰写时要注意:坚持实事求是,着力刻画个性特征、德、能、勤、绩、廉情况,突出考察政治品质和道德品行,深入了解理想信念、政治纪律、坚持原则、敢于担当、开展批评和自我批评、行为操守等方面的情况,评价要恰如其分,简明扼要。研判领导干部要聚焦个体情况:一是基本情况,包括政治品质、学历专业、性格特征、心理素质、精神状态等;二是现实表现,包括岗位胜任能力、履行职责情况、解决复杂问题本领等,尤其是在关键时刻、急难险重任务和重大项目建设中的表现;三是优势缺点,包括专业特长、个人优势、适合岗位、性格弱点、存在不足等；四是培养方向，包括个人发展方向、成长空间、培养目标、锻炼路径等。通过研判静态信息和动态信息，既看综合素质也看实践能力，既知其所长又识其所短，既立足现职也瞄准趋向，准确把握干部过去、现在和将来。

（五）外部调查

干部公开选拔竞争上岗中，对于进入考察阶段非公司系统内人员，必须组织开展外调。对于党政机关和国有企事业单位人员，可协调该单位配合，按《党政领导干部选拔任用工作条例》（2014年版）组织开展民主推荐、测评、考察、外调。

（六）提出人选

按照《党政领导干部选拔任用工作条例》规定，党政领导职务拟任人选，在讨论决定或者决定呈报前，应当根据职位和人选的不同情况，分别在党委（党组）、人大常委会、政府、政协等有关领导成员中进行酝酿。对拟破格提拔的人选在讨论决定前，必须报经上级组织（人事）部门同意。越级提拔或者不经过民主推荐列为破格提拔人选的，应当在考察前报告，经批复同意后方可进行。

十三、党委（党组）讨论决定

按照《党政领导干部选拔任用工作条例》（2014年版），选拔任用党政领导干部，应当按照干部管理权限由党委（党组）集体讨论做出任免决定，或者决定提出推荐、提名的意见。属于上级党委（党组）管理的，本级党委（党组）可以提出选拔任用建议。

十四、履行任职手续

按照《党政领导干部选拔任用工作条例》（2014年版），实行党政领导干部任职前公示制度。提拔担任厅局级以下领导职务的，除特殊岗位和在换届考察时已进行过公示的人选外，在党委（党组）讨论决定后、下发任职通知前，应当在一定范围内进行公示。公示内容应当真实准确，便于监督，涉及破格提拔的，还应当说明破格的具体情形和理由。公示期不少于5个工作日。公示结果不影响任职的，办理任职手续。实行党政领导干部任职试用期制度。提拔担任非选举产生的厅局级以下领导职务的，试用期为1年。试用期满后，经考核胜任现职的，正式任职；不胜任的，免去试任职务，一般按试任前职级安排工作。

十五、文书档案整理

按照《党政领导干部选拔任用工作条例》（2014年版），考察党政领导职务拟任人选，必须形成书面考察材料，建立考察文书档案。已经任职的，考察材料归入本人档案。除上述档案材料外，干部公开选拔竞争上岗还应形成选拔过程的全程纪实文书档案，主要材料应包括：①公开选拔和竞争上岗工作方案；②公布岗位、岗位职责、任职条件及有关要求的材料；③报名与资格审查材料；④能力测评材料（知识测试材料、能力素质测评材料）；⑤面试材料；⑥根据测评结果确定的考察对象名单；⑦组织考察材料（民主测评材料、谈话记录）；⑧人事部门根据能力测评和考察情况提出的任用建议材料；⑨党组（委）或党政联席会讨论决定材料；⑩任前公示材料；⑪征求有关方面意见材料；⑫其他材料。

十六、本章小结

本章节主要介绍当前我国干部公开选拔竞争上岗实施的各个环节，各个环节严格按照《党政领导干部选拔任用工作条例》（2014年版）要求进行开展。本章节融入了笔者自己十多年从事干部公开选拔竞争上岗的工作经验积累，同时也结合党的十八大以来中央的最新干部政策，对以往的表格和做法进行修订，提供多个可供实际使用的图、表、模板等。同时，为与时俱进，增加了党的十八届三中全会以来，中央关于坚决纠正唯票取人、唯分取人等现象，用好各年龄段干部，真正把信念坚定、为民服务、勤政务实、敢于担当、清正廉洁的好干部选拔出来的精神要求。在以往各环节增加了综合研判的内容，并研究建立了综合研判参考模型。本章节除综合研判环节，没有实际使用过外，其他章节均开展过实际运用，具有很强的实践运用价值，可以供读者在本单位的干部公开选拔竞争上岗工作中应用。

第四章
干部招聘公开选拔竞争上岗支持系统

工欲善其事，必先利其器。干部公开选拔竞争上岗工作是一个系统工程，在实施过程中需要一定的支持系统来开展相关工作，以提高工作效率，提升干部公开选拔竞争上岗的科学化水平。笔者通过多年研究积累，具体负责研究开发了干部招聘系统，该系统较好地支撑了笔者单位从事干部公开选拔竞争上岗工作的顺利进行。本章节将对该系统的功能和开发情况做简单介绍，供大家开发类似系统时做参考，共同做好干部公开选拔竞争上岗的各项工作，顺应时代发展的趋势。

一、建设目的

目前，许多单位干部公开选拔竞争上岗工作主要通过文件及门户网页发布信息，用电邮接受报名简历，报名汇总、资格审查、履历分析、短信通知、分数汇总等工作仍需要通过人手操作进行，整个干部公开选拔竞争上岗工作未全面运用信息系统，运作效率有待提高，未能充分体现现代企业人力资源管理水平。

通过建设干部招聘系统，以建立干部公开选拔竞争上岗网上信息发布及网上报名管理平台、建立干部公开选拔竞争上岗数据分析系统、建立干部履历分析网上分析处理系统，为干部公开选拔工作提供有效支撑，助力提升干部管理的科学化水平，推进干部公开选拔竞争上岗工作向更高水平迈进。

二、建设思路

（一）建立规范的人才信息采集标准

在人才招聘过程中，规范和统一简历及相关的调查问卷信息是一项基础的但非常重要的工作，也是后续招聘过程的重要数据支撑。所以，如何实现和管理简历及相关问卷信息的采集过程是干部招聘系统实现的一个关键点。

(二) 建立规范的履历分析标准

履历分析是干部招聘中最重要的工作之一。而且，履历分析是一套非常复杂的分析工作，要求针对候选人的各类经历建立不同的分析模型，以适应不同干部岗位对人员的要求，所以，如何建立一个良好易用的分析模型和计算机制，也是干部招聘系统实现的关键点。

(三) 建立规范的人才选拔过程

干部招聘系统不仅是招聘数据分析工具，更是一个干部招聘信息化管理平台。需要全面支撑公司干部公开选拔竞争上岗工作，有效地管理干部公开选拔过程中职位发布信息、报名汇总、资格审查、履历分析、短信通知、分数汇总等各个环节的工作。

三、主要功能

开发干部招聘系统，提供干部公开选拔操作平台，有利于更好地宣传和推广干部公开选拔竞争上岗工作，让更多的人更深入地了解公司的干部选拔工作，开发干部招聘系统，有利于大幅度提高招聘效率，经初步测算和运用，系统能将简历筛选效率提高70%以上，能将与候选人事务性联络的沟通时间减少50%，将对候选人履历分析的时间减少70%以上。系统实现了对招聘流程的固化与持续优化；实现了招聘团队、用人部门、面试官、外部服务商等各角色和部门之间基于流程的协同工作；实现了各类用户基于角色的功能授权以及基于职位的数据授权；实现了对用户招聘过程与招聘结果绩效的量化分析；实现了招聘过程的历史信息全程跟踪记录，便于追溯。

笔者所负责开发的干部招聘系统，从2011年开发至今，历经多次干部公开选拔竞争上岗实际运用和不断完善，系统已经基本能适应干部公开选拔竞争上岗工作，功能日趋完善，初步具备了在推广运用、服务干部公开选拔竞争上岗考务工作的条件。

(一) 在线发布招聘信息

可在网络上发布公开选拔竞争上岗信息（可自由配置网页），基本参照了国务院国资委招聘央企高管的网站配置模式，见图4-1。

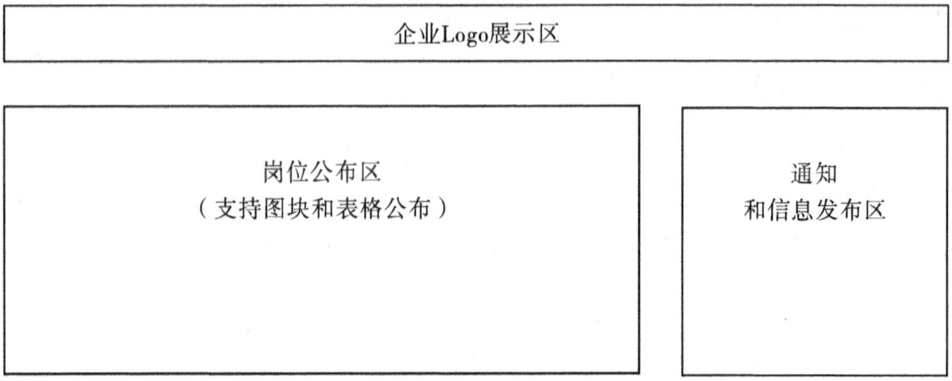

```
┌─────────────────────────────────────────────────────┐
│                  企业Logo展示区                       │
└─────────────────────────────────────────────────────┘
┌───────────────────────────┐   ┌─────────────────────┐
│         岗位公布区          │   │        通知          │
│    （支持图块和表格公布）    │   │     和信息发布区      │
│                           │   │                     │
└───────────────────────────┘   └─────────────────────┘
```

图 4-1　干部招聘系统网站配置模式

（二）考生在线报名

拟应聘人员进入公开招聘平台网站，页面上即显示发布的招聘信息，点击招聘岗位进入，即可查看到该招聘岗位的主要职责、职务描述等相关信息，点击在线报名按钮即可进行报名。考生注册登录后即可进入报名页面，填报各类信息。

（三）自动履历分析

根据事先设定的履历分析模版，系统自动进行履历分析，除业绩等少部分字段需要人工复核外，其他固定字段均可以实现自动履历分析。

（四）笔试安排

可以安排布置笔试考场，批量打印准考证、打印笔试签到表等。一个命令即可批量打印全部准考证，打印笔试签到表，也可导出准考证，笔试签到表 word 版等资料可自行编辑。

（五）面试安排

可以安排布置半结构化面试、无领导小组讨论、英语面试等，打印签到表等。

（六）面试考官在线评分

考官可以通过系统进行在线评分，自动按权重汇算成绩，打印评分表，考官现场打印签字确认。

（七）人才库管理

系统可以建立历次招聘的人才库，便于查询、管理和人才的统筹使用。人才库根据报名时的数据进行建立，人才库和招聘模块间数据可以自由调动。

（八）实用化报表输出

统一干部招聘中的简历模板、履历分析模板、面试评价模板等标准。系统可以输出我们常用的干部简历、干部名册、审查列表、报名表、签到表等多种和中央组织部干部管理实际相符的表格。

（九）多用户支持

系统按总分公司版进行开发，只要给予账号，总公司和各分子公司即可独立使用，自行配置网页发布信息、自行定制除简历模板外的其他任何信息，如人才库、招聘流程等，互不干扰，信息各自保密。

四、主要模块

（一）主要模块内容

干部招聘系统主要包括十一个模块：干部公开选拔竞争上岗网上信息发布管理平台；干部公开选拔竞争上岗网上报名管理平台；干部公开选拔竞争上岗数据分析系统；资格审查系统；干部公开选拔竞争上岗履历分析流程系统；短信通知系统；面试系统；无领导小组讨论系统；综合计分系统；阶段信息发布系统以及与现有人力资源信息系统实现数据共享，见表4-1。

表4-1　干部招聘系统主要模块介绍

模块名称	功能概述
1. 发布招聘信息管理	维护及查看公司干部公开选拔竞争上岗网上信息，可在内网和外网（可选）发布公开选拔竞争上岗信息（由人事部同志自由配置网页）；主要的操作包括新建、修改、删除、发布

(续表 4-1)

模块名称	功能概述
2. 公开招聘平台	维护公司干部公开选拔竞争上岗网上报名管理平台，用于各个竞选人员在网上进行公司干部公开选拔竞争上岗的网上报名，通过进入公司公开招聘平台网站，页面上将显示各个发布的招聘信息，点击招聘岗位进入即可查看到该招聘岗位的主要职责、职务描述等相关信息，点击在线报名按钮进行报名
3. 数据分析	用于公司干部公开选拔竞争上岗数据分析，对网上报名人员的数据进行处理；在该页面可查看到网上报名结束后，所有竞选人员提交上来的申请信息。可根据各个竞选人员填写的报名表，形成报名汇总表、简历等。主要操作包括：生成××岗位报名干部名册、生成简历、生成公开选拔干部报名表
4. 履历分析模块	用于干部履历网上分析处理，电脑自动分析，人工按流程审核。履历分析可设置多个个固定模板，模板内的分值可由人事部的同志自由配置，同时再设置自由模板编辑器，供人事部的同志根据需要自由设计模板
5. 资格审查模块	由人事招聘主管设置资格审查条件（主要为学历、不同学习的工作年限、基层工作年限、年龄、报名人员身份、履历分析表内容等）。 由人事招聘主管设置资格审查员，并把报名的人员信息分发给相应同志进行资格审核，审核完成后，汇总到人事招聘主管，人事招聘主管可根据需要二次分发给不同人员（包括领导）进行再审核，也可以完成该流程。 计算机可根据预先设置的资格条件，对报名人员的条件进行自动分析，给出自动判断条件，并作提示。 人工审核主要对计算机自动判断的内容进行修改
6. 短信通知模块	与公司短信平台接驳，通知面试人员等参加面试，实现短信通知和反馈信息自动收集和分析
7. 面试模块	建立面试计分网络系统，可实现考官在面试现场用笔记本电脑在网上计分（打印签字），分数自动汇入平台，能够生成和打印汇总表、分析表，也可以由工作人员录入纸质分数等。 构建面试视频音频监控系统，可把现场情况录入系统，可现场监控和后台远程实施调看（后台授权领导可实时查看 5 个考场的实时情况，也可单独切换、放大、旋转、聚焦等）

（续表 4-1）

模块名称	功能概述
8. 无领导小组讨论模块（功能基本同面试系统）	建立无领导讨论面试计分网络系统，可实现考官在面试现场利用笔记本电脑在网上计分（打印签字），分数自动汇入平台，能够生成和打印汇总表、分析表。也可以由工作人员录入纸质分数等。 构建无领导小组讨论视频音频监控系统，可把现场情况录入系统，可现场监控和后台远程实施调看（后台授权领导可实时查看5个考场的实时情况，也可单独切换，放大、旋转、聚焦等）
9. 综合计分模块	建立综合计分模块，设置权重，对报名人员的综合分数进行统计，能够生成和打印汇总表、分析表（打印签字）
10. 阶段信息发布模块	可以在网站上配置发布招聘的阶段过程信息
11. 数据共享模块	与公司现有人力资源管理系统的数据实现兼容，公司人力资源信息系统可以从报名系统中读入数据，对于系统内员工报名，系统也可以从人力资源库中读取数据（可选）

（二）流程框图

干部招聘系统主要流程包括九个模块：准备环节；公告发布；简历收集；资格审查；履历分析；笔试；面试（半结构化面试、无领导小组面试、英语面试）；考察人选；确定人选，见图 4-2。

| 一、准备环节
● 招聘方案
● 岗位胜任能力模型
● 费用预算表 | | 二、公告发布
● 能够在网页上发布公告，分三种模式可选，（图框、列表、表格）
● 编制岗位计划表
● 报名表分系统内厅级、系统内处级、系统外、技术专家等，最高系统管理员可自由定制 | | 三、简历收集
● 按岗位收集简历
● 输出统计表、报名人员干部简历、干部名册、报名表
● 报名人员统计分析表
● 实时统计图表，可随时点击查看 |

| 四、资格审查
● 可自由定制资格审查模版
● 根据模版进行分析，自动提示，精确指向
● 导出资格审查列表 | | 五、履历分析
● 可定制履历分析模版
● 根据模版进行分析，对分析字段点击后可精确指向
● 导出和Excel完全一致的，也可手工分析的表格 | | 六、笔试
● 定义考场、考试
● 自定义准考证模版
● 自定义准考证编码
● 布置笔试
● 打印、导出准考证
● 打印导出笔试签到表、考场布置表、桌面粘贴条等，导出的文件不加修改即可打印使用 |

七、面试（并列流程，需能够同步一次性部署）

| ● 半结构化面试
（1）定义考场、考试、考官组、考官权重（保留小数点后2位）
（2）用户自定义面试表（横版、竖版2种）
（3）考官登陆在网络上面试、打分、签字
（4）后台调整抽签序号
（5）导出面试签到表、抽签表、抽签号等
（6）导出总分汇总表、各分项权重表，要求导出的Excel格式文档不加编辑即可用 | ● 无领导小组面试
（1）同半结构化面试要求，要求能够同时部署
（2）面试考官打分要求能够确保网路暂时断网时也能够使用，联网提醒考官上传 | ● 英语面试
（1）面试结构化面试要求，要求能够同时部署
（2）面试考官打分要求能够确保网路暂时断网时也能够使用，联网提醒考官上传 |

| 八、考察人选
● 输出1张图
● 输出干部任免审批表
● 考察方案等 | | 九、确定人选
● 输出上会材料表
● 输出任免审批表
● 输出全程记实文书表 |

图4-2　干部招聘系统流程模块

（三）管理框图

干部招聘系统主要管理模块包括：人才库、系统管理、系统报表、面试官库、合作单位库五个模块，见图4-3。

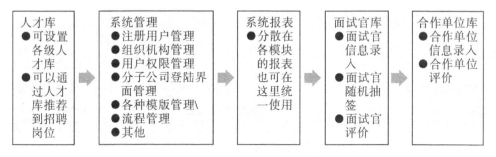

图4-3 干部招聘系统管理模块

五、系统开发

干部招聘系统以国家有关标准和规范为建设依据，以标准安全技术为安全保障手段。系统结构选择当前比较成熟可靠的J2EE多层B/S架构进行系统开发；软件的设计中利用先进的面向对象技术、设计模式和组件技术来提高软件的通用性和复用性；考虑到网络招聘系统工程建设项目安全性、可靠性的需求，在系统设计中，充分注意系统的安全性和可靠性，采用了多种安全防范技术和措施，保障系统的信息安全，保障系统长期稳定可靠运行。

（一）开发框架

本系统采用"strutsMVC + Spring + hibernate + Jquery"框架开发。运用spring框架进行开发运用依赖注入进行bean的管理简洁明了。hibernate在本系统中的成功应用，充分体现了该应用框架设计的易于维护性，也进一步提高对系统今后拓展业务的需求。该框架可以适用于任何的数据库，统一接口，可以让开发人员快速的上手，结构稳定。基于Ajax的界面技术，通过异步传输数据可以实现界面无刷新，让用户摒弃传统的界面模式。它使浏览器可以为用户提供更为自然的浏览体验。在Ajax之前，Web站点强制用户进入提交/等待/重新显示范例，用户的动作总是与服务器的"思考时间"同步。Ajax提供与服务器异步通信的能力，从而使用户从请求/响应的循环中解脱出来。借助Ajax，可以在用户单击按钮时，使用JavaScript和DHTML立即更新UI，并向服务器发出异步请求，以执行更新或查询数据库。当请求返回时，就可以使用 JavaScript 和 CSS 来相应地更新 UI，而不是刷新整个页面。最重要的是，用户甚至不知道浏览器正在与服务器通信——Web 站点看起来是即时响应的。

（二）系统部署拓扑

该干部招聘管理系统将设置独立的 Server，可灵活采用互联网域名，并在的主页上提供到此地址的链接，供所有成员单位的招聘人员访问使用。

为了满足全国各地访问的便捷性和可靠性，甚至国际国内差旅中途访问的需要，该 Server 将位于高速 IDC 机房内，提供 7×24 小时高效访问。该系统提供高可用性服务，并提供高安全级别的备份和恢复服务。网站通过对外接口模块与招聘网站进行数据交互。招聘管理系统的所有访问用户直接通过互联网、采用浏览器访问，不需要安装任何客户端软件。

六、发展方向

上述干部招聘系统主要功能开发完成于 2011 年，近年来随着计算机技术的进步和移动互联网技术的发展，为进一步适应新形势、新任务，干部招聘系统也需要进一步完善和发展。

（一）完善功能

1. 研究开发可快速统计录入分数的系统和硬件设备

支持高速扫描仪扫描判卷系统和评分统计，通过高速扫描仪扫描试卷，分发给各位专家进行网络评分；研究开发可快速统计录入分数的系统和硬件设备，比如二维码准考证、手持扫描仪等，可以快速准确录入各环节分数。

2. 新增工作人员管理模块

支持移动显示技术，通过移动技术展示时间、展示试题等；完善工作人员授权模块。

3. 优化履历分析模块

继续对履历分析功能进行优化，实现导出和 Excel 版的便捷功能；完善分段导出履历分析结果功能，目前只能重新生成，应考虑历史数据的留存和重新生成。

4. 提高安全可靠性

支持离线的面试考官应用；支持临时服务器局域网和 wifi 部署方案。完善安全保障措施，确保报名数据安全，避免黑客攻击。

5. 全流程支持

支持后续考察人选，自动生成输出"一张图"，输出干部任免审批表（接口中组部干部任免生成打印系统）、考察方案等。确定人选阶段，输出上会材料表、全程纪实文书表等。

（二）移动互联

1. 新增移动应用方式

开发相应 APP，支持 apple、surface 和安卓版的移动面试考官的在线和离线应用；支持移动方式报名；支持微信推送和发布通知、公告的方式。

2. 优化美化系统界面

目前，用户登录、后台管理界面比较呆板，应结合当前"80后"、"90后"用户的要求和发展，以及用户的体验，不断优化美化。

七、本章小结

本章节笔者重点对干部招聘系统的功能和开发情况做了介绍，供大家开发类似系统时做参考。相关的心理素质测评系统、题库系统、标准化考试读卡机系统、考试监控和防作弊系统等支持系统等，在干部公开选拔竞争上岗中均有一定的运用，笔者在实际工作中均进行了研发，并投入了使用。这些系统共同构成了干部公开选拔任用的一个支持体系。按照当前中央关于加强在干部公开选拔中注重分析研判，防止"带病提拔"等的要求，更加注重运用现代人力资源管理的理念和方法以及成熟的测评手段，对领导班子运行和领导干部能力素质情况进行测评，给分析研判提供量化依据。特别是组织部门考试测评中心和干部信息管理中心要积极主动地发挥自身职能作用，综合运用现行人力资源管理模型及相关能力素质测评、心理测试等工具，加大对领导班子运行情况、领导干部实绩表现以及发展潜质等方面的测评，并对各类测评指标进行量化，推动领导班子和领导干部综合分析研判从感性认识向量化研判的转变。

第五章
干部公开选拔竞争上岗的新方法新模式

本章节将简要介绍美国高级公务员选拔，美国 GE、Google 公司干部选拔的一些前沿做法，以及大数据和人工智能在干部公开选拔竞争上岗中的运用。他山之石，可以攻玉。希望能够给从事干部公开选拔竞争上岗的同志以参考，借鉴其中一些科学的做法，共同提升我国干部公开选拔竞争上岗的科学化水平。

一、美国高级公务员选拔

美国国会 1978 年通过的《公务员改革法》（Civil Service Reform Act），建立高级公务员序列，联邦政府公务员共分 18 个职等，高级公务员序列的公务员有职业任用、非职业任用和限定任用三种方式。其中，非职业任用政治性强，主要从事帮助并维持有政治意义的政策，或作为政务官个人的助手或顾问，是政务官控制行政机关的工具。

（一）选拔流程

美国职业高级公务员的选拔任用，贯彻功绩制原则，实行公开竞争。选拔程序和方法由各地各部门根据各自的实际情况而定，不尽一致。但一般有如下程序：一是公布职位空缺情况。一般按照统一格式在 USAJOBS 网站进行公布，至少 2 周时间。二是候选人提出书面申请。三是用人单位进行资格审查。四是考试。组织对候选人进行全方位考试测评，包括本岗位相关的技术能力、高级公务员行政能力资格测试，一般由相关机构参加，使用职业问卷、结构性面试等方法来进行。五是考官委员会提出推荐意见，部门负责人初定人选。六是联邦人事总署资格审查委员会认定任职资格，部门负责人决定任用。七是试用一年。期满考核合格后正式任职。选拔一名高级公务人员一般需要半年至一年的时间。从选拔流程上看，和我国现行干部公开选拔竞争上岗基本一致。

(二) 测评方法

1. 评价模型

为保证招聘质量，美国联邦人事总署确定了选拔高级公务员的任职资格和条件（任职模型）。1997年版为五个评价维度：领导变革、领导他人、追求结果、业务才干、合作和沟通。每个评价维度均制定了详细的评价标准，见表5-1。

表5-1 美国高级公务员选拔胜任能力模型

序号	能力维度	标准描述
1	领导变革	包括为达成组织目标而在组织内外进行战略变革的能力，要求具备在一个持续变化的环境中设定并达成
2	领导他人	包括领导员工达成组织愿景、任务和目标的能力
3	追求结果	要求具备应用科技知识、问题分析、风险计算等做出正确的决策，促成高质量任务成果的能力
4	业务才干	要求对人、财、物、信息等资源进行战略管理的能力
5	合作和沟通	要求在组织内部，以及与联邦机构、州与地方政府、华盛顿政府组织、私营部门、外国政府、国际组织建立合作联盟，并达成共同目标的能力

2. 评价方法

从调查的情况看，美国高级公务员选拔主要基于上述五个维度的核心能力进行测评，在测评中主要采用以下几种评价方法。美国高级公务员一般只采取资料分析＋背景调查＋结构性面试的方法进行，见表5-2，较少采用笔试的方式进行。

表5-2 评价方法

序号	项目	主要内容	国内方法
1	核心能力资格叙事法	对申请者核心能力资格的职业和联邦政府经历、教育、培训、获奖情况进行分析。报告一般都遵循"挑战—背景—行动—结果"的行文模式，以体现他们的领导技能，尽量将达成的成果量化	类似履历分析

(续表 5-2)

序号	项目	主要内容	国内方法
2	成就记录法	申请者需要提交一份简历和一份有针对性的能力叙述报告，以此体现所需要的核心能力资格和技术能力资格。其叙事报告的写法与核心能力资格叙事法的报告相似，采用"挑战—背景—行动—结果—核实"模式，即在前者的基础上，添加了"核实"环节，申请者需要在文末添加可以证明上述报告的核实人信息与联系方式。此人可以是报告者的同事、上司、朋友等等	类似进行考察，进行综合研判
3	简历法	申请者需要提交能体现其核心能力、资格能力以及相关技术能力资格的简历。官方规定典型的简历需要包括以下信息：①申请人姓名、邮箱与电子邮箱地址、电话号码；②职位空缺公告号码；③教育信息，包括学校信息与学位类型；④有偿与无偿工作的相关信息，包括工作名称、职责与成果，雇佣者的姓名、地点，雇佣持续时间与薪水等；⑤所获得相关荣誉、奖项和特殊成就。在撰写简历时，申请人仍然需要注重体现其核心资格能力，相关经历也可按"挑战—背景—行动—结果"模式进行叙述	类似履历分析
4	结构性面试	在通过行政资源委员会的初步筛选之后，符合资格的申请者可能需要进行结构性面试。在结构性面试中，所有的被面试者所得到的问题都是相同的，并以同一个标准进行评分，保证了候选者拥有平等的机会展示自身信息，保证了公平性	同国内。国内更多采用半结构化面试
5	评价中心技术（情景模拟、文件筐作业、现场模拟）	综合采用现代人力资源测评手段，采用搭建现场模拟环境，请应聘者模拟实操方式进行，考官在旁进行观察	类似于国内的能力笔试、无领导小组讨论模式，国内更倾向于采用较低成本的纸笔测试模式

二、美国 GE 公司人才选拔

美国通用电气公司 GE 是世界企业管理的标杆企业，业内研究人才选拔一般都要对标 GE 公司。该公司业务遍及 100 多个国家，从家用电器到工业控制，从金融服务到媒体娱乐，从飞机制造到医疗服务，GE 旗下 12 个事业部成为各自市场上的领先者，9 个事业部入选《财富》500 强，连续 3 年被《财富》杂志推选为"全球最受欢迎的公司"。GE 是至今为止仍在道·琼斯工业指数上版的一家长寿企业，被《金融时报》评为"世界最受尊敬的公司"，被《福布斯》杂志评为"全球超级 50 强"之首。前任董事长及首席执行官（CEO）是杰出的杰克·韦尔奇，现任董事长及首席执行官（CEO）是杰夫·伊梅尔特。

（一）选拔流程

GE 公司在前任董事长杰克·韦尔奇的带领下，确立"领导者是公司最重要产品"的理念，建立一套选拔培养领导人才的基本方法。其高层人才选拔基础是"九宫格"里选人才，开展继任者计划和实践培养计划。

九宫格是由增长型价值观和业绩两个纬度组合而成的，业绩和价值观的考评各分成三等，即需要改进、满足期望值和超出期望值，在由两个象限组成的九个格子中，每个格子都反映了被考评人在业绩和价值观中的表现处在哪一位置。从新员工踏入公司的大门起，便纳入了人才培养的序列。在这个简单而有效的选拔体系中，有人中规中矩地晋级，有人则破格跃升，一杆统一的"九宫格"衡量标尺让员工们对干部选拔心服口服。

如果将九宫格简化成四格，其实也反映了企业内部的四种人，即 A 类，业绩和价值观都优秀（提升）；B 类，业绩不行、价值观优秀（给予机会重新开始）；C 类，业绩优秀、价值观不行（解雇他们，并尽快摆脱他们，不需花费时间、金钱和精力试图把他们变成 A 类或者 B 类）；D 类，业绩和价值观都不行（解雇他们，并尽快摆脱他们，不需花费时间、金钱和精力试图把他们变成 A 类或者 B 类）。

（二）测评方法

1. 评价模型

GE 考核选拔干部主要围绕价值观和业绩来进行。GE 的干部必须是"又红又专"：红，认同与维护 GE 价值观，核心是诚信；专，实际业务能力强。GE 价值观要根据实际表现来评估，体现在以下方面：愿景、以客户/质量为中心、正直、承担义务、沟通/影响、共享所有权/无边界、团队的建设者/授权、知识/技能/智慧、创新速度、全球智慧,见表5-3。

表5-3 GE价值观测评模型

序号	能力维度	标准描述
1	愿景	能够为所在组织规划并传达一个清晰、简洁、关注于客户的远景/方向;事先考虑周全、延伸能力水平、挑战想象力;激发和激励他人实现远景,捕获灵感,用事例领导;在适当的时候更新调整远景,以反映对业务产生影响的持续的、加速的变化
2	以客户/质量为中心	倾听客户的需求,将客户满意度赋予最高的优先级,包括内部客户;激发并展示在工作的每个方面具有追求卓越的热情;力争在所有提供的产品/服务中满足对质量的承诺;经历客户服务并在整个组织中建立服务意识
3	正直	在行为的方方面面都保持不容置疑的诚实/真挚;敢于承担责任,能够为自己的错误负责;完全顺应、遵守公司政策中的伦理义务;言行一致;深得他人信任
4	承担义务	设置并承担进取性的承诺以实现业务目标;显示勇气/自信以支持自己的信念和想法;在做艰难的决定时,依然保持公正和同情心;在防止对环境造成危害时,显示绝不妥协的责任
5	沟通/影响	以开放、坦诚、清晰、完全和前后一致的方式进行沟通——允许他人的回应和异议;有效地倾听并探索新的想法;运用事实和理性的讨论来影响和说服他人;打破界限,并培养跨团队、跨职能和跨层级的有影响力的关系
6	共享所有权/无边界	自信,能够跨越传统上的边界与他人共享信息,对于新想法持开放的心态;激励/促进团队共享远景和目标;信任他人,鼓励承担风险和无边界行为;拥护 Work-out,并使之成为倾听每个人声音的工具,对来自任何地方的想法持开放心态
7	团队的建设者/授权	挑选有才干的人;提供培训和反馈,使得团队成员能够充分发挥潜力;对所有的任务进行授权;授权给团队成员使效率最大化;自己也是团队成员之一;能够确认并奖励团队的成就;创造积极的,令人愉快的工作环境,充分利用团队成员的多样化(文化、种族、性别)以实现业务成功

(续表 5-3)

序号	能力维度	标准描述
8	知识/技能/智慧	拥有并乐意分享职能的/技术知识和专业技能。对学习有持续的兴趣，显示了跨职能/跨文化的广博的业务知识/见解；在有限数据支持下做出较好决策，充分运用自己的智慧；迅速从不相关的信息中得出相关的结果，抓住事物的本质并付诸行动
9	创新速度	创造真正的、积极的变革，将变革视为机会；预见问题并寻找新的更好的做事方法；憎恶/避免/消除官僚主义，并努力做到简洁、简单和清晰；理解速度的重要性，并将其作为竞争优势之一
10	全球智慧	显示全球化意识/敏感性，并乐于建设多样化/全球化团队；重视并充分利用劳动力的全球化和多元化；考虑每个决定对全球的影响；积极学习全球性的知识；以尊重和信任的态度对待每个人

2. 评价方法

从调查的情况看，GE 公司在干部选拔方面，主要通过年度 Session C 会议进行评估其范围和内容如下：一是事业集团中层以上干部。这些人又分为不同的层次，如高级经理和其他的优秀干部、模范干部。二是事业集团业务评估检查（包括财务指标和非财务指标的完成和发展趋势），这种组织检查实质上是财务业绩评价和企业组织管理检查。业绩评估通过 Session C 会议、组织检查、绩效诊断、绩效辅导来完成，并把绩效结果应用在两个方面：①绩效改进计划评估和职业发展计划评估；②股权奖金、心理薪酬、培训、干部选拔、职位晋升。GE 干部考核选拔主要采用五个步骤：EMS（内部简历）、360 度评估、挑战型任务、分区图、继任计划表，见表 5-4。

表 5-4　GE 干部考核选拔步骤

序号	步骤	内容	作用
1	EMS（内部简历）	由人力资源部提供表格，内容包括员工经历和近年业绩	详细了解员工经历和业绩
2	360 度评估	从十个方面采用五分制对员工能力进行评分	全方位客观评估员工能力
3	挑战型任务	对表现出色的员工进行委派	进一步发挥员工潜能，提高公司业绩

(续表 5-4)

序号	步骤	内容	作用
4	分区图	按 5-4GE 四种解决方案，对员工进行分布	对全体员工进行定位，以确定去留升降名单
5	继任计划表	在公司各个部门的职位上排写候选人名单	提高晋升制度的透明度，保障各部门管理层的连续性

（三）选聘经验

杰克·韦尔奇是当今世界最伟大的 CEO 之一，其对人才招聘有独到的见解，杰克·韦尔奇曾说："要让企业能'赢'，没有比找到合适的人更要紧的事情了。世界上所有精明的战略和先进技术都毫无用处，除非你有优秀的人来实践它。"在其撰写的《赢》一书中，他介绍了一套 GE 的人才招聘方法。

1. 4E 和 1P 计划

第一个"E"是积极向上的活力（Energy）。就是有所作为的精神、渴望行动、喜欢变革。有活力的人通常都是外向的、乐观的。他们善于与人交流、结交朋友。他们总是满怀热情地开始一天的工作，同样充满热情地结束一天的辛劳，很少会在中途显出疲惫。他们不抱怨工作的辛苦，他们热爱工作，也热爱享受。总之，充满活力的人热爱生活。

第二个"E"指励别人的能力（Energize）。这也是一种积极向上的活力，它可以让其他人迅速行动起来。懂得激励别人的人能鼓舞自己的团队，承担起看似不能完成的任务，并且享受战胜困难的喜悦。实际上，人们会因为有机会与他们共事感到万分荣幸。

第三个"E"是决断力（Edge）。即对麻烦的是非问题做出决定的勇气。有决断力的人都知道什么时候应该停止评论，即使他并没有得到全部的信息，也需要做出坚决的决定。

第四个"E"是执行力（Execute）。指落实工作任务的能力。执行力是一种专门的、独特的技能，它意味着一个人要知道怎样把决定付诸行动，并继续向前推进，最终完成目标，其中还要经历混乱或者意外的干扰。有执行力的人非常明白，"赢"才是结果。

一个"P"是指激情（Passion）。所谓激情，是指对工作有一种衷心的、强烈的、真实的兴奋感。充满激情的人特别在乎别人，发自内心地在乎同事、员工和朋友们是否取得了成功。他们热爱学习、热爱进步，当周围的人跟他们一样时，他们会感到极大的兴奋。

2. 招聘需注意的四个特征

杰克·韦尔奇在介绍4E和1P计划时，他还强调在招聘高级经理时还要注意以下四个特征。

第一特征是真诚。真诚是有关自信和信念的品质，它能使一个领导者变得勇敢而果断，这在那些需要采取快速行动的时刻是必不可少的。真诚可以使领导者显得和蔼可亲，领导者不能够有一丝一毫的伪装，他们必须清楚自己的本色，从而能直面众人，激励自己的追随者，以真诚带来的威信去开展领导工作。

第二个特征是对变化来临的敏感性。优秀的领导者还必须有预见外部变化的特殊才能。在商业生活中，那些最出色的领导者在残酷的竞争环境中对市场变化有第六感，也能感知现有的竞争者和后来者的动向。知道自己的"敌人"在思考什么，甚至比对手自己都要先想到。这样的敏感性就是想象出不可想象的事物的能力。

第三个特征是爱才。领导者希望周围的人能够比自己更优秀、更聪明。一位优秀的领导者就要有这样的勇气，他敢于把最优秀的人集中到自己的团队里来而不怕把自己变成会议室里看上去最傻的人！我知道这听上去有点违背常理。部门都希望自己的领导是会议室表现最出色的人，一旦如果他真的是这样表现的话，他就不能得到做出最佳决策所需要的员工的支持。

第四个特征是坚韧的弹性。每一位领导都会犯错误，都会跌倒、摔跤，对于高层领导者而言，一个重要的问题是，他能从自己的错误中得到教训吗？他能否重新振作起来，以全新的速度、理想和自信心继续前进？这种特征称之为弹性，它非常重要。作为一个领导者你必须学会把它贯彻到自己的工作当中。

3. 招聘常见的六个问题

（1）如何进行面试。杰克·韦尔奇认为：永远不要依赖一次面试！他认为不管你的时间有多紧迫，或者不管某个应试者的表现有多么积极，你都应该多安排几名公司的人与每一位候选人做多次接触。

1）如何问问题？他认为在面试过程中，轮到你提问的时候，你可以试着夸大招聘职位的挑战性，把它描述成最糟糕的情况——艰苦、充满争议、有政治斗争和所有不确定的因素。当你加快语速以后，看看这个人的表现。

2）如何进行背景调查？他认为不要只看应试者给你的个人资料。你需要给了解应试者背景的人打电话，在通电话的时候，不能只拣自己喜欢听的消息。要准备一个问题清单，在交谈中，不要附和对方的话。

3）如何了解情况？杰克·韦尔奇认为如果在面试过程中只能了解到应试者的一个方面，那他希望知道，应试者离开自己原来的职位的原因，以及上一次离职的原因。是环境？是老板？还是团队？到底是什么原因使其离开原来的公司。从回答的答案中可以发现非常多的信息，要不断地发掘其中的原因，最关键的一点是：仔细倾听，深入应试者的内心。为什么一个人会放弃自己原来的职位，这可能比其他任何数据都更为重要。

（2）如何招聘技术专才。杰克·韦尔奇认为，如果能找到一个既是技术明星，又能具备4个"E"的品质的人最好。但如果只是迫切地需要招到某种专业人士，那么他只需要具备部分的品质就足够了，即创造力、激情、出色的智慧、漂亮的履历，以及正直的品格。

（3）如何招聘管理人员。在招聘管理职位的时候，所有的候选人至少应该具备第一、第二个"E"，即积极向上的活力和激励别人的能力。杰克·韦尔奇认为它们都属于个人的本性，很难通过培训来弥补。他认为在招聘任何岗位的时候，无论是不是经理人，都最好不要雇用那些缺乏积极活力的人，因为没有活力的人将削弱整个组织的动力。杰克·韦尔奇认为决断力和执行力可以靠经验积累和管理培训来提高。

（4）4E与成功的关系。杰克·韦尔奇认为不具备4个"E"品质和激情的人也能够在事业中获得成功。有的人只是依靠自己的绝顶聪明，或者不顾一切一意孤行的作风，就可以达到了不起的高度，他们当中大多数人都是世界知名的发明家或创业者。但是在一个组织中，不具备4个"E"品质和激情的人，能够成功的却并不多见。

（5）应招聘有潜力的人选。进行人员招聘的时候，往往需要做一些权衡。你是希望找到很快就能把任务完成的人呢，还是更愿意发现有长远成长潜力的人？杰克·韦尔奇的建议是：可以选择第二种类型。努力寻找那些有极大潜力的、能够与业务共同成长，未来能够到其他部门得到更高职位的人是合算的。在招聘员工时，不要给他们提供职业生涯的"终极职位"。

（6）试用期多长合适。通常是在一年以内，最多不超过两年。

三、美国谷歌公司人才选拔

谷歌公司（Google）是一家位于美国的跨国科技企业，业务包括互联网搜索、云计算、广告技术等。2016年6月8日，《2016年BrandZ全球最具价值品牌百强榜》公布，谷歌公司以2291.98亿美元的品牌价值重新超越苹果公司成为百强第一，是目前世界上最大的互联网企业。谷歌公司行为准则是拒绝邪恶的事物。公司使命是整合全球信息，使人人皆可访问并从中受益。Google公司今天之所以成长为全球最大的互联网企业，同时也是最具创新性的公司，与其独特的人才价值观有关。Google公司的人才策略是："我们邀请优秀的人才加盟并鼓励他们实现自己的梦想。我们推崇勤奋的工作、愉悦的工作环境，以及背景各异的人才相互碰撞激荡出的创造力。"Google公司的成员中有奥林匹克运动员和猜字冠军，也有专业厨师和独立电影制片人。无论你在全世界哪一个Google公司的办公地点工作，你的灵感都能被激发。在Google公司，每个人都被寄予厚望。Google公司连续多年被优兴咨询（Universum）评选为"全球最具吸引力雇主"。

（一）选聘流程

Google公司的员工招聘流程是很标准化的，只是评价方面会有不同，其主要招聘流程见表5-5。

表5-5 Google公司招聘流程

序号	招聘流程	主要内容
1	求职测试	"谷歌求职者调查"测试（Google Candidate Survey）。这是谷歌自制的个性测试，旨在衡量潜在应聘者的文化吻合度
2	建立档案	谷歌的每名求职者都有四五十页的卷宗。卷宗里包含了谷歌所能收集到的有关申请人的所有信息，不管是从字面上看，还是从隐喻意义上看，谷歌总能有效"用谷歌搜索"人。卷宗里一般会有求职者的高考分数（SAT）和排名；简历；工作样品（发表的论文、媒体文章，甚至交货的产品）；推荐书；网络信息，如博客文章，甚至社交网络上的帖子
3	人工筛选	从技术性要求、受教育程度以及工作经验来筛选应聘者。如果应聘者的简历不合适，应聘者会得到一个礼貌的"您暂时不合适"回应，但是应聘者的简历会被存档。而且Google公司的招聘人员会在一个新的职位开放招聘之后检查现有的存档简历，如果他们认为应聘者合适，招聘人员会联系应聘者并进行一个电话筛选面试

（续表5-5）

序号	招聘流程	主要内容
4	电话筛选	一位 Google 公司的招聘人员会联系应聘者，解释这个流程，并让应聘者知道预期状况。如果这是一个技术性的工程师职位，招聘人员可能会询问应聘者的大学入学成绩和在大学的 GPA。电话面试通常由一位相关岗位的 Google 公司员工进行，通常持续 30 分钟。可能会有两次甚至更多的电话面试。如果这是一个技术职位，在面试时，应聘者甚至会被要求在一个共享的 GoogleDoc 文档中写代码。这么做的目的是更深入地评价应聘者的技术能力、从业经验，以及应聘这个职位的动机
5	现场面试	第一次的面试会安排 4～5 个求职者，每人面试 45 分钟。面试官包括经理以及相似职位的工作人员，这次面试会深入了解应聘者的技术能力和特定领域知识。如果应聘者应聘的是一个技术职位，应聘者会被要求当场解决一些技术问题，包括写出一个解决方案的代码或者在白板上写出应聘者的设计。非工程师职位会有不同的评价方式。市场营销和公共关系管理的应聘者会被要求写出草案，或者回答如何解决一个精心设计的公共关系管理事件。商业方面的应聘者会被询问如何定位某一产品以区别开其他产品，或者如何去评估竞争性的供应。其他人可能需要去处理一个假设的问题并回答他们如何衡量成功。 谷歌的候选人会在同一天内连续接受 5 轮现场面试，每一次都由不同的面试官主持
6	面试反馈	每个面试官都会在一个标准表格中填写他们的反馈，并给应聘者打分。面试官会给候选人以下 4 档"分数"："我认为我们不应该聘用这位候选人"；"我认为我们不应该聘用他，但如果其他人另有看法，我也愿意接受"；"我认为我们应该聘用他，但如果其他人另有看法，我也愿意接受"；"强烈主张聘用他"。招聘人员会处理这些反馈，并将之和其他应聘相同或类似职位的应聘者比较。同时，Google 公司有一个从应聘者之前的同学或同事获得反馈的过程。Google 公司所有员工的简历都保存在数据库里，通过搜索，那些和应聘者共事过的员工的简历会被找到
7	招聘委员会集体决策	对于每个主要的职位大类，Google 公司都会设置招聘委员会。这个委员会由高级经理、部门主管和该领域的资深员工组成。他们查看该领域所有的候选者，并对于招聘职位的技能要求和高质量员工的效益有很强的意识。这个委员会审阅应聘者的简历、工作经验和先前的反馈。如果委员会一致同意向这个候选人提供职位，那么将进入执行审批阶段

（续表 5-5）

序号	招聘流程	主要内容
8	部门经理审批	高级经理审查每一个拟聘职位。在 Google 公司，聘用员工是非常慎重的事情，雇佣伟大的员工是 Google 公司最重要的事情，这对于公司未来的发展有着深远影响。如果执行审批通过了，薪资委员会将决定职位中涉及的薪资问题
9	薪资审批	如同应聘者认为的那样，薪资委员会决定了拟聘职位的合适总体薪资。委员会有权审查特定领域的所有拟聘职位，因此，他们能调整薪资使其合适公平，并保证相对于其他公司的竞争力
10	公司领导审批	在拟聘职位发出前，Google 公司最高管理层中的某位将查看所有雇用拟聘人选

（二）选聘经验

从谷歌招聘员工的流程情况看，谷歌公司非常重视名牌学校、在校成绩、背景调查。有以下几点值得我们在干部公开选拔竞争上岗工作中学习借鉴：一是多轮多面试官面试。谷歌新员工招聘，至少需要 4～5 轮面试，谷歌的面试官并不直接做出聘用决定。他们的任务是展开出色、强硬的面试，并报告结果。报告中要解释问了什么问题，得到了怎样的回答，面试官对答案有怎样的看法。每名评审可以独立形成个人意见，但"集体智慧"的效果最好。这是谷歌招聘的一条原则。因为意见的平均值，很可能接近真实情况。谷歌要求，在提交各自的报告之前，面试官之间不能讨论候选人。而我们干部招聘一般只有两轮面试（半结构化和无领导小组），可以适当增加面试场次和参加人员。二是详细的背景调查和大数据分析。谷歌的每名求职者都有四五十页的卷宗。卷宗里包含了谷歌所能收集到的有关申请人的所有信息，不管是从字面上看，还是从隐喻意义上看，谷歌总能有效"用谷歌搜索"人。卷宗里一般会有求职者的高考分数（SAT）和排名；简历；工作样品（发表的论文、媒体文章，甚至交货的产品）；推荐书；网络信息，如博客文章，甚至社交网络上的帖子。而我们干部招聘的数据，掌握得还是不够深入，特别是对互联网信息的搜索、检索还不够。三是层层审批把关。谷歌公司在面试委员会做出判断后，还需要招聘委员会集体决策、部门经理审批、薪资审批、公司领导审批。干部招聘在审批流程上可以进一步借助集体力量，以减少误判和"带病提拔"的风险。

四、大数据和人工智能运用

近年来，随着科学技术的发展，大数据和人工智能必然将走入干部公开选拔竞争上岗的工作中，并且必将成为提升干部公开选拔竞争上岗和人才测评的主要手段和工具，应用前景极其广阔，用时髦的话语讲，将是未来30年的"风口"。探讨大数据和人工智能运用的书籍较多，此处仅做简单列举，希望能够给读者以启发。

（一）大数据与干部公开选拔竞争上岗

大数据（large data），指无法在一定时间范围内用常规软件工具进行捕捉、管理和处理的数据集合，是需要新处理模式才能具有更强的决策力、洞察发现力和流程优化能力的海量、高增长率和多样化的信息资产。大数据技术的战略意义不在于掌握庞大的数据信息，而在于对这些含有意义的数据进行专业化处理。换言之，如果把大数据比作一种产业，那么这种产业实现盈利的关键，在于提高对数据的"加工能力"，通过"加工"实现数据的"增值"。2015年9月，国务院印发《促进大数据发展行动纲要》（以下简称《纲要》），系统部署大数据发展工作。《纲要》认为，大数据成为推动经济转型发展的新动力；大数据成为重塑国家竞争优势的新机遇；大数据成为提升政府治理能力的新途径；大数据同时也将成为推进选人用人科学化水平的利器。

1. 网络大数据搜索，对人选进行背景调查

当前我国干部考察，普遍是采取查阅档案、民意调查、专项调查、延伸考察、实地走访、家访等办法，广泛深入地了解干部，较少开展网络数据检索和比对。从上面的资料看，美国谷歌公司已经走在了前面，为每个人进行信息检索，建立了每人四五十页的背景材料，就能较为详细地分析人选情况。国内目前的干部考察，也应该逐步建立和增加网络考察内容。通过检索人选在网络上的情况，建立相应的网络考察情况报告。

2. 建立最优人选数据库，对人选适岗比对

通过大数据分析建立该岗位最适合人选和高绩效、高潜力人才的竞聘模型，对人选进行适岗比对，找出最优人选。

3. 建立测评题库大数据，提升出题的水平

通过大数据建立考试测评题库，能够适应不同场景和环境，提升出题的水平。

4. 建立素质测评大数据系统，提升信效度

通过大数据的积累，不断丰富和完善心理素质测评、心理健康测评、领导力测评、道德测评、职业和价值观测评、情商测评等测评系统的常模，通过完善常模，提升测评系统的信度和效度。

5. 建立人才储备数据系统，方便筛选人选

在确保信息安全的前提下，不断收集和丰富人才数据库，并给人才进行详细的分类，建立每个人才的能力素质大数据。用人时可以通过数据进行检索，以达到量才使用的目的，最大化发挥人才作用，规避选人用人风险。

（二）人工智能与干部公开选拔竞争上岗

人工智能（Artificial Intelligence），英文缩写为 AI。它是研究、开发用于模拟、延伸和扩展人的智能的理论、方法、技术及应用系统的一门新的技术科学。人工智能是对人的意识、思维的信息过程的模拟。人工智能不是人的智能，但能像人那样思考，也可能超过人的智能。人工智能在干部公开选拔竞争上岗以及整个人力资源管理领域具有十分广泛的运用空间。

1. 智能招聘猎头

通过智能机器人或软件，从简历收集到简历筛选、履历分析等全流程由智能机器人全程参与和部分参与，实现人才的招聘和猎头。

2. 智能化面试官

在面试环节引入面试机器人，由面试机器人参与对候选人进行面试，提出参考面试意见。

3. 智能考察官

智能机器人还可以参与干部考察，通过参与谈话，自动进行文字转换，智能分析谈话内容，智能研判，输出干部考察参考报告，等等。

4. 智能简历筛选

智能履历筛选，目前已经实现了一定的简单功能，但是还有许多完善的空间。如在前述笔者开发的干部招聘系统内，只要事先设置好履历筛选条件，以及履历分析条件，计算机就可以进行自动筛选和自动履历分析。但是目前均只能进行给定条件的判断，还不能实现模糊搜索和判断，需依赖于填写的情况和条件判断句。

5. 智能综合研判

结合当前干部考察加强综合研判的要求，可以开发智能研判"机器人"，由智能机器人按照中央选人用人规定，对候选人各个方面的情况进行综合研究，给出综合研判评分和参考意见。

6. 智能人才管理

结合人才大数据，对人才进行智能管理，自动提出考察、培养、晋升、调动等参考建议。当某岗位出现空缺时或需要新增人选时，自动推荐适合参考人选。对班子成员进行智能分析，提出选优、配强班子成员的参考建议意见。

7. 智能人才培养

结合人才大数据，对干部进行智能分析，自动提出干部的培养参考建议方案，如培训计划、锻炼计划、挂职计划、到艰苦复杂地区历练的计划等等。在干部培训方面，甚至也可考虑引进智能干部培训讲师，为干部开展一些灵活、丰富的在线培训等课程，提升干部综合素质和能力。

8. 智能出题判卷

根据目标岗位和招聘需要，智能出题组卷，具备自学习功能，不断自我更新题库，对主观题进行智能判卷，等等。

五、改进和创新竞争性选拔干部办法

前面的章节我们重点介绍了目前我国干部公开选拔竞争上岗的起源、有关文件规定、主要流程和实施操作的细节，介绍了干部公开选拔支持系统的建设经验以及美国高级公务员、GE 公司、谷歌公司等在干部人才选拔方面的一些成功经验。可能有的读者会提出，上述方法有效吗？笔者的答案是肯定的，干部公开选拔竞争上岗具有很高的信度和效度，是目前选拔人才的一种可行和高效的方法，不仅经过了长期实践验证，也经过了国内外专家分析论证，得到了企业领导、政府领导的高度认可。所选拔的人才绝大多数在各自岗位上起到了积极的作用，取得了很好的效果，得到了人民群众的肯定。

但不可否认，随着时代的发展，任何事物都需要不断改进，以适应新形势、新要求的发展。正所谓"世界潮流，浩浩荡荡，顺之则昌，逆之则亡"，干部公开选拔竞争上岗的方式和方法也必须与时代同行，方能够繁荣昌盛。下面将结合当前中央对党政领导干部以及国有企业改革的最新要求，探讨在前面章节的基础上如何坚持正确选人用人导向，改进竞争性选拔干部办法，创新干部公开选拔竞争上岗的新模式，科学规范测试、测评，突出岗位特点，突出实绩竞争，注重能力素质和一贯表现，防止简单以分数取人。

（一）坚持正确的选人用人导向，党组织全程介入把关

党的十八届六中全会通过的《关于新形势下党内政治生活的若干准则》（以

下简称"《准则》")确立了"党要管党必须从党内政治生活管起,从严治党必须从党内政治生活严起"的管党治党指导思想,强调坚持正确选人用人导向是严肃党内政治生活的组织保证。必须严格标准、健全制度、完善政策、规范程序,使选出来的干部组织放心、群众满意、干部服气,形成能者上、庸者下、劣者汰的选人用人导向。严格执行党章规定的干部条件,就是要坚持和落实习近平总书记提出的"信念坚定、为民服务、勤政务实、敢于担当、清正廉洁"好干部标准和"三严三实"、忠诚干净担当等要求。

习近平总书记指出,理想信念坚定,是好干部第一位的标准,是不是好干部首先看这一条。在干部公开选拔竞争上岗中,要保证应聘人员"信念坚定、为民服务、勤政务实、敢于担当、清正廉洁",可以考虑以下几点:一是在报名审核阶段,报名者所在单位党组织进行党性和廉洁审批。二是在资格审查阶段,重点审查应聘者在党性修养、廉洁自律方面和纪律方面的表现,如发现存在违反党规党纪的情况,则作为否决条件运用。三是在素质测评阶段加入党规党纪的测评内容,目前已经有相关的测评产品问世,可以提供一定的参考价值。四是在考察和综合研判阶段,重点研判应聘人选是否牢固树立政治意识、大局意识、核心意识、看齐意识,把爱党、忧党、兴党、护党落实到各项工作中。五是在决定聘任阶段。由党委(党组)进行最终把关,坚持优中选优、宁缺毋滥原则,把不符合中央选人用人导向的人选进行剔除。六是加强任职监督,党委(党组)在干部试用及后期任职中,加强政治把关,对不符合用人导向的人员进行免职调整等,确保选人用人的正确导向。

(二)加强实绩、担当和履历分析,避免"唯分"取人

2013年6月,在全国组织工作会议上,习近平总书记一针见血指出了一段时期干部工作中出现的"四唯"(唯票、唯分、唯生产总值、唯年龄取人)问题的要害。就解决唯分问题,习近平总书记指出,公开选拔和竞争上岗的范围和规模要合理,不宜硬性规定竞争性选拔比例,更不能搞什么"凡提必竞"。习近平总书记在庆祝中国共产党成立95周年大会上的讲话中强调,选用干部要坚持事业为上。要避免"唯分"取人,在干部公开选拔竞争上岗中:一是要严格按照习总书记的要求和《党政领导干部选拔任用工作条例》严格界定干部公开选拔任用的范围。二是要确实加大在干部公开选拔竞争上岗中工作实绩和履历分析的分值。三是要把能否干事创业,在艰苦一线、急难险重、重大事件关头的表现纳入选拔考核的范围。

（三）要加强选聘综合研判，进行全面分析和科学比较

分析研判，就是结合干部在平时、重大关头、关键时刻的一贯表现，综合各方面建议和信息收集情况，对干部的政治品质、道德品行、作风表现、履行选人用人职责、廉洁自律、专业素养、工作业绩、依法办事、遵守法律、诚信、领导能力（平衡力、创新力、工作活力、激励能力、决断力、执行力、工作激情）等的情况，进行全面分析和科学比较，准确判断出选拔人选和干部培养任用的方向，为干部画像，做到以事择人、依岗选人、人岗相适，使选出来的干部组织放心、群众满意、干部服气，形成能者上、庸者下、劣者汰的选人用人导向，把信念坚定、为民服务、勤政务实、敢于担当、清正廉洁的好干部选出来，把想改革、谋改革、善改革的干部及时用起来，并在工作中旗帜鲜明地为敢于担当的干部担当，为敢于负责的干部负责，激励更多的干部勇挑重担、奋发有为。

分析研判工作，近年来在组织系统进行了一定的探索，并取得了一定的成效。如2009年陕西省委正式确定建立领导班子分析研判制度，陕西省委组织部主持制定《领导班子和领导干部综合研判实施办法》，并在全省实施推行，先后运用在换届、日常管理、干部任免等工作中。2014年1月，中共中央印发《党政领导干部选拔任用工作条例》提出："组织（人事）部门综合有关方面建议和平时了解掌握的情况，对领导班子进行分析研判，就选拔任用的职位、条件、范围、方式、程序等提出初步建议。"

2016年8月，中共中央印发《关于防止干部"带病提拔"的意见》，其中特别强调"注重分析研判"，要求充分运用日常了解掌握的情况，根据干部一贯表现，突出对政治品质、道德品行、作风表现、履行选人用人职责、廉洁自律等情况的综合分析，发现线索，查找问题。根据问题线索，及时对干部进行谈话或函询，认真调查核实情况。对干部有关问题及其性质、程度等进行会诊辨析、筛查甄别，做出判断。对现任党政正职、党政正职拟任人选、近期拟提拔或进一步使用人选、问题反映较多的干部要重点研判。开展经常性分析研判，党委（党组）书记应当注意听取研判情况汇报，并有针对性地参加专题研判，全面深入掌握干部情况。

要做好综合研判工作：一是要充分利用现代人才测评技术。现代人才测评是指根据一定目的，综合运用定量与定性方法，对人的智力、性格、心理健康、能力、业绩等进行测量与评价的活动。与传统人才评价相比，现代人才测评更多地运用了定量、客观的技术与方法，突出了测量的特征，其目标则是解决如

何客观、准确知人识人的问题。现代科学的人才测评理论和技术自20世纪初期始于西方，随着心理测验的发展及在军事、管理等领域的应用，人才测评得到越来越多的关注，并且越来越专业化、丰富化，逐步被应用到组织发展与人才管理的各个领域中。人才测评在国内的发展始于20世纪80年代初期，至今国内人才测评行业已进入繁荣发展阶段，人才测评的应用不断扩大，新的人才测评手段不断出现，从事人才测评研究和服务的机构也在不断增多。实践领域，常用的人才测评技术包括心理测验技术、评价中心技术、面试、360度评价等。其中，心理测验是一种测量人的心理状态的技术手段，主要类型包括人才测验、能力测验、动机与价值观测验、兴趣测验等；评价中心是一种包含多种测评方法和技术的综合测评系统，情景模拟是其核心特征，主要类型包括无领导小组讨论、公文筐测验、角色扮演、演讲答辩、管理游戏等；面试主要是指结构化面试，包括情境面试和行为面试；360度评价是指由上级、平级、下级等进行多维度的反馈评价。二是要科学研判。笔者认为，借鉴现代人才测评技术的胜任能力模型理论，建立分层、分类的研判模型，并进行一定的定性和定量化分析，对于规范和提升研判的信度和效度具有较好的作用。三是要全面收集资料。科学的研判必须建立在翔实准确的信息之上，信息失真，研判效果必然会打折扣。应全面收集应聘者的各方面信息，包括理想信念、廉洁从业、八小时内外，工作学习经历、朋友圈、生活圈、诚信信息、家庭信息、以往工作情况等全方位的信息进行综合分析。四是要加强工作人员培训。提升研判资料的收集整理水平，为研判决策者提供第一手真实资料。五是要严格按程序进行研判。严格按照《党政领导干部选拔任用工作条例》的规定进行研判。

（四）要加强人选面试工作，进行多轮面试，认真比选择优

借鉴美国高级公务员和GE、谷歌等公司招聘高管的经验，国外招聘人选，非常重视面试工作，一般都要经过电话面试、人资部门初步面试、团队面试、就餐面试、最高领导者面谈等多面试官的多轮面试，以切实加强对人才的识别，避免识别风险。当前我国干部公开选拔竞争上岗的面试一般只有半结构化面试和无领导小组讨论2轮，总时长一般不超过1.5小时，面试时间较短，对于了解一个干部来说，还是时间稍短，笔者建议在面试时可以考虑增加面试轮次，同时尝试采用不同的面试问题和工具，以提升面试的信度和效度。

（五）要加强背景调查，充分发挥互联网和信用档案等的作用

美国高级公务员选拔，要进行电话背景调查。谷歌公司每名求职者都有四

五十页的卷宗，卷宗里包含了谷歌所能收集到的有关申请人的所有信息，不管是从字面上看，还是从隐喻意义上看，谷歌总能有效"用谷歌搜索"人。卷宗里一般会有求职者的高考分数（SAT）和排名；简历；工作样品（发表的论文、媒体文章，甚至交货的产品）；推荐书；网络信息，如博客文章，甚至社交网络上的帖子。我们干部公开选拔以及考核考察的信息收集，较谷歌公司而言还有一定差距。因此，我们在干部公开选拔中应做到以下几点：一是要全面加强应聘者的信息收集，从传统的干部档案查询，同时兼顾互联网信息收集分析，并把互联网信息收集分析作为干部考察的一个组成部分。二是要加强与公共信息平台的收集工作。比如考察干部也可以参考其银行信用记录、交通违法情况记录等，做到全面分析。三是科学收集和分析收集资料。由于收集到的资料较多，因此建立背景资料收集模型也非常重要，否则收集到一堆资料，没有头绪也无法有效利用。

（六）要加强人员培训，规范流程，精益化管理

干部公开选拔竞争上岗的原则性很强，技术含量较高，要组织好一次高水平的干部公开选拔竞争上岗工作，需要不断提升组织人事部门从事该项工作的能力和熟练度，因此有必要进一步加强干部公开选拔竞争上岗人员的培训力度；同时，进一步加强考务工作的管理，严格程序，特别是要做好保密工作，避免"跑风漏气"、泄题、漏题，在整个考务过程中实行精益化管理，认真编制任务分解表，确保每个环节都有人负责，都能够落实责任，并加强对考官和应聘人员的服务工作，确实体现干部公开选拔竞争上岗部门、干部之家的作用。

（七）要选好素质测评系统，出好专业和能力测试、面试题目

当前市面上有许多素质测评系统，在条件和费用允许的情况下可考虑多使用几套系统进行素质测评，进行综合研判，在费用和条件不允许的情况下，应采用信度和效度都比较高的测评系统进行测评，以提高素质测评的准确性。出好专业和能力测试题目，以及面试题目，对于保障选聘的成功至关重要，因此应高度重视招聘的出题工作，在出题时，不能一味依赖第三方及人力资源公司的参与，本单位的中高层领导同志也要参与，最好由拟招聘岗位的直接上级参与出题，则能够取得较好的成效。

（八）加强全过程监督，确保选聘结果客观、公平、公正

为避免在招聘过程中出现不规范现象，避免泄密、"跑风漏气"等情况的存

在，在干部公开选拔竞争上岗中，进行全程无缝监督显得特别重要，因此应建立干部选聘的全程监督机制。

（九）探索集中招聘方式，基层用人单位申报，省级集中进行素质和能力测评，基层进行考察和综合研判

针对干部公开选拔竞争上岗存在的成本相对较高，有的招聘单位招聘人数较少，但是所动用的资源和所需要的流程且都是一致的，导致单位人选的招聘分摊费用较高；同时，由于组织单位组织能力参差不齐，导致招聘效果有限，甚至影响公开招聘的效果，给干部公开选拔竞争上岗带来不良影响。为减少此类问题和风险，笔者认为，可以探讨以省级为单位的集中分批开展干部公开选拔竞争上岗的方式，来充分发挥干部公开选拔竞争上岗另一个渠道发现干部的特点，五湖四海，选贤任能。以党政机关为例，各县市、地市每年根据班子和干部空缺情况，上报一定的拟公开选拔竞争上岗的名额（含各方面要求）到各省委组织部，由省委组织部组织，在全省每年开展2～3次的干部公开选拔竞争上岗，可按1:3或1:5的比例向申报单位提供拟考察人选，具体由申报单位进行考察使用。采用"分散—集中—分散"的模式，可以把干部公开选拔竞争上岗中最为复杂、技术含量较高、费用较高的流程进行集中，充分发挥集中的技术和人才优势，发挥规模优势，提升选聘质量、降低选聘费用、降低选聘风险。又可以充分发挥基层党组在选人用人方面的把关、识别作用，确保能够选到"信念坚定、为民服务、勤政务实、敢于担当、清正廉洁"好干部。集中招聘方式流程，见图5-1。

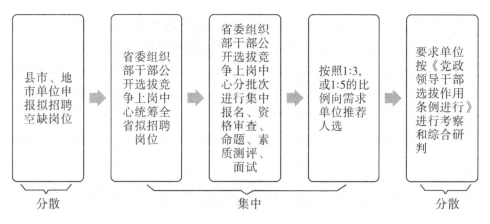

图5-1 集中招聘方式流程

六、本章小结

本章节主要介绍了美国高级公务员选拔、美国 GE 公司人才选拔、美国谷歌公司人才选拔的一些基本做法。对比我国目前常用的干部公开选拔竞争上岗流程，借鉴美国选拔的经验看，我国干部公开选拔竞争上岗，应重点改进考试和面试测评环节，重点加大背景调查，增加以往业绩的权重，以及适当增加面试的轮次和方式。可以适当借鉴美国谷歌公司的做法，增加面试轮次和面谈环节，进一步加强干部全面信息的收集，用于综合研判，进一步提升选人用人的科学化水平。同时，应积极拥抱互联网、大数据和人工智能技术，与时俱进，充分利用互联网，开展基于互联网的干部背景调查和考察，建立干部公开选拔竞争上岗大数据系统，利用大数据为选准、用好干部服务；充分发挥想象空间，积极开发基于人工智能技术的智能招聘猎头、智能化面试官、智能简历筛选、智能综合研判、智能人才管理、智能人才培养等，为培养一支规模宏大的干部队伍提供"智能"支持。

为进一步推进干部公开选拔竞争上岗工作，笔者也在本章节对如何坚持正确选人用人导向，改进竞争性选拔干部办法进行了一定的探讨，在前面章节的基础上，在严格遵守《党政领导干部选拔任用工作条例》的基础上进行适当的改进和创新。希望起到一个抛砖引玉作用。

当前，由于世界经济、政治格局等都在不断的变化之中，科学技术、人才评价技术等日新月异，美国高级公务员选拔、美国 GE 公司人才选拔、美国谷歌公司人才选聘也将不断发生变化。从研究的情况看，美国公务员选拔和英国公务员选拔一样，都部分借鉴了我国历史上的考试制度的成果。美国 GE 公司公司人才选拔也借鉴了我国传统文化中诸如诚信、道德经等的理念和精华。从干部公开选拔竞争上岗情况来看，目前我们所开展的一切工作，也有一定的领先性。5000 多年文明发展中孕育的中华优秀传统文化，将是我们开展好干部公开选拔竞争上岗最好的借鉴。我们有了"自信人生二百年，会当水击三千里"的勇气，就能毫无畏惧面对一切困难和挑战，就能坚定不移地开辟新天地、创造干部公开选拔竞争上岗的新奇迹。

后　　记

　　写作本书的动因，来源于我近期对工作、生活的思考和探索。

　　1972 年 6 月，我出生于云南景东，1995 年 7 月大学毕业即入职中央企业工作。从县城到省城，再到一线城市，不知不觉间就度过了自己的青春岁月，慢慢步入了不惑之年。随着年龄的增长，自己也开始思考一些人生的问题。耄耋之年的老母亲，也在每天的电话中，叮咛我要有品德，要隐忍，有所为，做好人，做善事。妻子余开英女士也鼓励我，一定时间内要专注于一件事，尽力有所成就，而不是每天都那么匆忙，多年过去，却好似什么也没有做，只是白白耗费了精力和青春韶华。因此，我觉得人生不能虚度，要勤学善思，可以做一些自己力所能及的对社会有益的事。

　　鉴于此，我决定把我这十多年以来从事干部公开选拔竞争上岗的工作经验积累和研究成果进行系统整理，在严格遵守单位保密和脱密规定的基础上，结合 2012 年以来中央的最新文件规定和精神，对有关资料进行了全面研究和修订，汇集成此书，以奉献给社会各界同仁，希望能够对促进我国干部的公开选拔竞争上岗工作有所贡献。

　　购买本书并对干部公开选拔竞争上岗有兴趣的各位领导和同仁，可以加入"干部公开选拔竞争上岗"QQ 群（群号：249159688），以及搜索并关注"干部公开选拔竞争上岗"微信公众号，进行交流探讨。衷心祝愿大家身体健康、工作顺利、阖家幸福、万事如意！

作者：李　海

2016 年 12 月于广州